Walking through Chinese Economy

중국경제산책

중국경제에 대한 오해와 진실, 그리고 전망

中國經濟散策

한재현

박영사

머리말

코로나19 바이러스가 전 세계를 휩쓴 2020년에도 미·중간 갈등과 헤게모니 싸움은 그치지 않고 계속되었으며 지금도 여전히 진행중이다. 기존의 강대국을 위협하는 신흥국의 부상과 이들 두 국가 간의 경쟁을 의미하는 소위 '투키디데스의 함정(Thucydides's Trap)'을 생각할 때 이러한 갈등은 앞으로도 상당 기간 지속될 것이 틀림없다. 정치적으로는 미국과, 경제적으로는 중국과 더 밀접한 관계에 있는 우리로서는 매우 곤혹스러운 상황이라 할 수 있다. 단순히 정치와 경제를 분리해서 기계적으로 대응할 수 있는 문제가 아님도 물론이다. 우리가 미국과 중국의 정치, 경제, 사회, 문화 등의 속성을 잘 파악하고 분석해서 전략적으로 대응해야 할 필요가 여기에 있다.

저자는 2020년 초에 「쉽게 배우는 중국경제」라는 중국경제 개론서를 펴낸 바 있다. 중국경제의 특징, 개혁개방 과정, 주요 이슈, 중국 경제지표 읽는 법 등을 설명한 책이었다. 당시 이 책에 대해 개괄적 설명이 잘 되어 있다는 평가가 있었던 반면 너무 어렵다는 비판도 있었다. 저자도 당시 목표로 한 주요 독자층이 중국경제를 전공하는 대학생이었던바, 책이 다소 어렵고 딱딱하지 않았나 하는 생각을 해왔다.

이번에는 중국경제와 관련된 다양한 주제를 이야기식으로 모아 보았다. 중국경제의 최근 이슈뿐만 아니라 우리가 흔히 중국경제에 대해 가지는 오해와 선입견 등을 소개하고 설명하였다. 한국은행에서 중국경제 관련 공부와 업무를 오랫동안 해 온 저자는 그동안의 경험과 공부한 내용을 많은 사람들에게 쉽게 이야기해주고 싶다는 소망을 가져왔다. 정보가 넘쳐나고 있지만 왜곡, 편향된 정보 또한 많은 세상이다. 중국 및 중국경제에 대해서도 마찬가지이다. 독자들이 관련 뉴스 기사나 자료를 읽을 때 좀더 균형잡힌 시각을 가지는 데 이 책이 작게나마 도움이 될 수 있다면 좋겠다. 물론 그냥 재미로 읽으면서 다양한 중국경제 상식을 익히는 것만으로도 충분할 것이다.

부모님과 장모님의 기도는 저자에게 늘 힘이 되어주는 삶의 등불이다. 주님의 평안과 위로가 늘 함께 하시기를 기도한다. 마지막으로 항상 긍정적이고 따뜻하며 모든 일에 최선을 다하는 현명한 아내 문선에게 사랑하고 고맙다는 말을 해주고 싶다.

2021년 4월
한재현

차 례

제 2 장
중국과 중국인

제 3 장
중국경제에 대한 선입견과 과제

제 4 장
중국경제의 트렌드 변화와 미래

시작하는 글

　전북 전주 출신이라면 누구나 알고 있는 '풍패지관(豊沛之館)'은 우리
나라 보물 583호로 흔히 '객사(客舍)'로 불린다. 조선시대 관리들이 묵
었던 일종의 관사이다. 여기서 풍패란 풍읍패현(豊邑沛縣)의 줄임말인
데, 바로 한(漢)을 건국한 유방(劉邦)의 고향이다. 현재는 중국 장쑤(江
蘇)성 쉬저우(徐州)시에 위치해 있다. 이후 '풍패지향(豊沛之鄕)'이란 말
은 건국 군주의 고향을 일컫는 말로 흔히 사용되었다. 조선 태조 이성
계(李成桂)의 본관인 전주에 풍패지관이라는 명칭의 건물이 존재하는
이유이다.

　이처럼 중국과 중국문화의 흔적은 우리 생활 곳곳에서 쉽게 찾아볼
수 있다. 물론 앞에서 이야기한 풍패지관이 무슨 뜻인지 모른다 해도
사는 데에는 아무 지장이 없을 것이다. 그렇지만 사물이건 풍경이건 우
리가 알고 볼 때와 모르고 볼 때는 그것이 우리에게 다가오는 느낌과
감정이 다를 수밖에 없다. 현상을 보고 본질을 이해하는 인식의 측면에
서도 물론 그러하다. 우리가 중국을, 그리고 중국경제를 잘 알아야 하
는 필요성이 여기에 있다.

제1장에서는 현재 중국경제와 관련된 주요 이슈와 쟁점들을 몇 가지 짚어보았다. 코로나19 이후 중국경제는 어떤 모습으로 변할 것인지, 미·중 패권경쟁은 어떻게 전개될 것인지, 중국은 중진국 함정에서 벗어날 수 있을 것인지 등을 다루었다. 공유경제 문제, 식량 문제, 2022년 예정된 베이징 동계올림픽 등의 이야기도 덧붙였다.

제2장은 중국과 중국인 이야기이다. 중국으로서는 2021년 올해가 중국공산당 창당 100주년을 맞이하는 역사적인 해이다.[1] 그런데 현대 중국의 건국이 1949년이었으니 중국은 국가보다도 당이 먼저 설립된 독특한 성격을 지닌 국가이다. 또한 건국 이후 공산당이 계속 집권하였으니 2021년 현재 73년째 집권중인 일당독재 국가이기도 하다. 우리는 중국과 중국인에 대해 모르는 부분이 많다. 2장에서는 중국과 중국인에 대한 몇 가지 단상들을 모아 놓았다. 중국어와 한자, 중국과 북한·대만·홍콩 간의 관계, 중국의 독특한 호적제도, 중국인의 돼지고기 사랑과 비만 문제, 빅 브러더 국가인 중국과 감시 자본주의 문제 등을 다루었다.

제3장은 우리가 중국경제에 대해 가지는 선입견과 과제를 담고 있다. 중국에서 제일 길고 세계에서 세 번째로 긴 장강(長江)의 길이는 6,300km에 달한다.[2] 그런데 우리에게는 장강보다는 양자강(揚子江)이라는 표현이 더 익숙하다. 심지어 일부 사전에서는 장강을 양자강의 중국식 표기라고 해 놓고 있다. 그러나 이는 잘못된 표현이다. 양자강은 장강이 양저우(揚州)를 중심으로 한 하류 지역을 흐를 때의 호칭일 따름이다.[3] 이와 같은 현상은 근세 서구 열강에 의한 중국 침략의 산물로 발생하게 된 것이다. 그들의 침략 기지가 주로 상하이(上海), 난징

---

1) 중국공산당은 1921년 7월 23일 상하이의 프랑스 조계지에서 창당되었다.
2) 이는 지구 반지름(6,378km)에 해당하는 길이이다.
3) 장강은 어느 지역을 흐르느냐에 따라 통천하(通天河), 금사강(金沙江), 민강(岷江) 등으로 다양하게 불린다. 즉, 양자강을 포함하여 이들은 모두 장강의 지류(支流)를 부르는 호칭이라고 할 수 있다.

(南京) 등 장강 하류 지역이었고, 지역 주민들의 입을 통해 들은 강 이름을 그대로 기록하다 보니 세계에 그렇게 알려지게 된 것이다. 그런 이유로 중국 지식인들은 양자강이 장강의 별칭으로 불리는 것을 싫어한다고 한다.[4] 이처럼 우리가 중국에 대해 알고 있는 상식 중 잘못된 부분이 많은 것처럼 중국경제에 대해서도 마찬가지이다. 중국이 실질적인 자본주의 국가인지, 중국의 통계는 믿을 수 있는지 등 중국경제에 대해 흔히 가지는 선입견을 소개하고 이를 설명하였다. 또한 향후 중국경제가 지속가능한 발전을 위해 해결해야 할 부채 축소, 부동산시장 안정, 소득 불평등 완화, 환경 및 에너지 문제 대응 등의 과제에 대해서도 설명하였다.

제4장은 현재 중국경제의 트렌드 변화와 미래 전망에 관련된 이야기이다. 중국이 아무리 사회주의 체제를 유지하고 있다고 해도 과거와 같은 통제시스템을 유지하기는 쉽지 않다. 인터넷 등을 통한 글로벌 흐름의 영향을 어느 정도 받을 수밖에 없다는 의미이다. 새롭게 뜨고 있는 시장인 옌즈(顔値) 경제, 독신 경제 등과 함께 디지털화폐, 빅테크 및 플랫폼 경제 등 중국경제의 다양한 최신 모습을 다루고 있다. 그동안 세계의 공장으로서 제품생산에만 치중해 왔던 중국경제가 어떻게 소비 중심의 경제시스템으로 변화중인지, 그리고 4차 산업혁명의 거대한 흐름에 대응하여 어떤 준비를 하고 있는지 등에 대해서도 이야기하였다.

윈스턴 처칠(W. Churchill)은 '좋은 위기를 낭비하지 마라(Never waste a good crisis)'는 말을 남긴 것으로 알려져 있다. 한자어 위기(危機)가 위험(危)과 기회(機)로 나눌 수 있다는 것과 같은 맥락의 말이다. 코로나19로 모두가 힘든 시기이지만, 우리 모두의 지혜로 이 어려움도 잘 이겨낼 수 있을 것이라고 믿는다. 자, 이제 선입견과 오만을 버리고 중국과 중국경제에 대한 여행을 떠나보자.

---

4) 김언종, 한자의 뿌리 2, 문학동네, 2001.

제1장

중국경제
주요 이슈와 쟁점들

전염병과 자연재해

– 코로나19 이후의 중국경제 방향은?

　20세기 중반의 중국사 전문가 월터 멀로리(Walter H. Mallory)는 일찍이 중국을 '재황(災荒)의 나라(The Land of Famine)'로 부른 바 있다.[1) 중국이 역사상 얼마나 많은 재해, 재난을 겪은 나라인지를 한마디로 요약한 표현이다. 중국은 홍수·가뭄·지진·전염병 등 자연재해, 전쟁 및 내란으로 인한 피해에 더해 근대 이후에는 인구 증가와 자연 파괴로 인한 재난까지 겪고 있다. 중화민국 시기[2) 재해사 연구의 권위자인 등척(鄧拓)에 의하면 기원전 1766년부터 1937년까지의 3,703년간 중국에서는 총 5,258회의 각종 재해가 발생하였다고 한다.[3) 이는 평균 8개월에 한 번씩 재해가 발생했다는 의미이다.

　2000년대에 들어서만도 중국에는 2002년 사스, 2008년 쓰촨성 원촨(汶川)대지진[4) 등의 굵직한 재해가 있었다. 여기에 2020년에 발생하여

---

1) Walter H. Mallory, Nature 120, pages 836~837(1927)(이석현, 중국의 재해·재난 연구와 '재난인문학', 인문학연구 제59집, 2019.2.24 전재).
2) 중국에서 중화민국 시기란 쑨원(孫文)이 청나라를 멸망시키고 중화민국 설립을 선포한 1912년부터 공산당에 의해 중국대륙이 통일된 1949년까지를 일컫는다.
3) 이석현(2019).
4) 원촨 대지진으로 인한 사망자 수만 8만 명이 넘으면서, 1976년 허베이성 탕산

여전히 전 세계를 위협중인 코로나19 바이러스5)의 진원지도 중국 우한(武漢)으로 알려져 있다. 코로나19가 초기에 '우한폐렴'으로 불렸던 이유이다. 코로나19는 바이러스로 인한 전염병 중에서도 전파범위나 속도 등에서 유례를 찾을 수 없을 정도의 기록을 보이고 있다. 2019년 12월 처음 보고된 코로나19는 1년만에 전 세계 218개 국가로 퍼졌으며, 2021년 4월 12일 현재 누적 확진자는 1억 3,650만 명을, 사망자는 294만 명을 돌파하였다.6)

그동안 인류사의 각종 전쟁에서 무기보다도 더 많은 군인을 죽음으로 내몬 것이 바로 전염병이었다. 그리고, 이들 대부분은 인수공통전염병(zoonoses)이었다. 인수공통전염병이란 척추동물과 인간 사이에 상호 전파되는 병원체에 의해서 발생하는 질병을 총칭한다.7) 최근 문제가 되고 있는 신종감염병의 거의 대부분이 바로 야생동물로부터 유래된 바이러스

코로나19의 진원지로 알려진 중국의 도시 우한(武漢). 중국 후베이(湖北)성의 성도(省都)로 중국 중부지역의 군사·교통·공업 중심지이다.

(唐山)대지진(24만여 명 사망) 이후 중국 내에서 발생한 최대의 자연재해로 기록되었다.
5) 미생물학자 레더버그(J. Lederberg)는 '지구의 지배를 위협하는 유일하고 진정한 경쟁상대는 바이러스이다. 인간의 생존은 예정되어 있지 않다'라는 언급을 통해 바이러스의 치명적인 위험성에 대해 지적한 바 있다(조녀선 와이너, 핀치의 부리, 동아시아, 2017).
6) 코로나19 치사율은 1~2% 내외로 일반 독감(0.1%)보다는 훨씬 높지만 과거 스페인 독감(20%)이나 천연두(30%) 등과 비교하면 낮은 상황이다.
7) 천병철, 인수공통전염병의 역학적 특성과 생태학적 이해, 한국농촌의학회지, 제26권 제1호, 2001.

가 원인인 인수공통전염병이다. 에이즈는 물론이고 2002년 사스 바이러스, 2009년 H1N1 신종인플루엔자 바이러스, 2012년 중동호흡기증후군(MERS) 바이러스 등은 박쥐, 사향고양이, 돼지 및 낙타 등이 자연계 병원소 또는 중간 증폭 숙주로 작용하여 사람 감염을 초래하였다.[8] 역시 인수공통전염병인 코로나19의 경우 2021년 초 현재까지 아직 어느 동물로부터 바이러스가 유래되었는지 불분명한 상황이다.

　많은 사람들이 왜 코로나19와 같은 인수공통전염병의 발병이 점점 증가하고 있는지 궁금해하고 있다. 이에 대해 전문가들은 크게 병원균, 사람, 환경의 세 가지 차원에서 설명하고 있다.[9] 우선 병원균이 유전적 적응변화를 통하여 사람 감염 및 확산 전파능력을 획득하고 있다는 점이다. 항생제 남용에 따른 병원균의 내성 증가를 떠올리면 쉽게 이해할 수 있을 것이다. 두 번째로 사람 요인으로는 노령화 및 면역 저하 환자 증가 등의 인구학적 변화, 국제교역 및 여행 증가 등을 들 수 있다. 2019년의 경우 우리나라 전체 인구 5,171만 명 중 해외 출국자는 2,871만 명이었다. 절반이 넘는 수치이다. 국제적인 이동이 얼마나 잦은지를 잘 알 수 있다. 마지막 환경요인으로는 온난화 등의 기후 및 날씨 변화, 경제개발에 따른 삼림 파괴, 가난과 사회 불평등, 도시 집중화, 공중보건체계의 미비 등을

2021년 현재 세계를 휩쓸고 있는 코로나19 또한 인수공통전염병(zoonoses)의 일종이다. 그러나 아직 이 바이러스의 중간 숙주는 밝혀지지 않은 상황이다.

8) 김우주, 신종인수공통전염병의 출현 전망과 대응 전략, 2016년 대한인수공통전염병학회 춘계학술대회, 2016.
9) 김우주(2016).

들 수 있다. 이상의 요인들을 잘 생각해 보면 이번 코로나19 사태가 끝이 아니고 이후에도 계속 새로운 인수공통전염병이 발생할 수 있을 것이라는 다소 암울한 전망을 할 수밖에 없게 된다.

그렇다면 백신[10] 개발과 접종 등이 성공하여 코로나19 사태가 진정된 이후 중국 및 중국경제는 어떤 변화를 겪게 될까? 크게 다음 세 가지 측면에서의 변화를 예상한다.

우선, 온라인상거래, 온라인교육, 원격근무, 신선유통 이커머스(E-Commerce), 온라인 의료 등 온라인을 이용한 신산업 발전이 한층 가속화될 것이다. 이 같은 현상은 어느 국가나 마찬가지일 것으로 보이지만 중국은 특히 그 변화속도가 더 빠를 것이다. 중국은 이미 2002~2004년 사스(SARS) 사태를 계기로 전자상거래 규모가 급성장했던 경험이 있다. 당시 중국의 상당수 지역이 격리되면서 온라인 쇼핑 붐이 일었고 이는 그때만 해도 신생기업이었던 알리바바(Alibaba)[11]의 쇼핑 포털 타오바오(淘寶)가 이름을 알리게 된 계기로 작용한다. 코로나19를 계기로 이제는 더 이상 비대면(untact)[12] 경제행위가 낯설지 않게 되었다. 이번 사태를 통해서 온라인 소비가 기존의 젊은층에서 중장년층으로 자연스럽게 확대되는 계기가 마련되었다고 할 수 있다. 이는 비대면 기술이나 활동이 상거래 등의 새로운 표준으로 자리잡게 되었다는 의미이다. 또한 관련 앱이나 플랫폼의 성장세도 자연스러운 현상이다. 대표적인 업무용 모바일앱인 알리바바의 딩딩(Ding Talk), 텐센트(Tencent)의 위챗워크(WeChat Work), 화웨이(Huawei)의 위링크(WeLink) 등이 그

10) 백신(vaccine)이라는 말은 천연두 예방법으로 우두(牛痘)를 이용하는 종두법을 도입한 제너(E. Jenner)가 우두를 부른 명칭인 variolae vaccinae에서 유래한다. vaccinae는 라틴어로 암소를 가리키는 vacca에서 변형된 것이다. 천연두 예방 백신이 인류 최초의 백신이다.
11) 알리바바는 1999년 설립되었다.
12) untact는 사실 영어권 국가에서 쓰이는 영어가 아니다. 서울대 김난도 교수가 '2018년 10대 소비 트렌드'를 선정하면서 만든 신조어이다. 접촉을 의미하는 'contact'에 반대를 의미하는 접두어 'un'이 결합되었다.

예이다. 온라인교육 기관으로는 VIPKID, 후지앙(沪江), 위엔푸다오(猿輔導) 등이 유명하다. 특히 위엔푸다오는 400만 명의 유료회원에 기업가치가 155억 달러가 넘는 것으로 추정되는 온라인 종합교육 플랫폼 기업이다. 한편 신선식품 온라인 플랫폼인 메이르요우셴(每日優鮮), 딩동마이차이(叮咚買菜), 허마셴성(盒馬鮮生), 쑤닝차이창(蘇寧菜場) 등도 급성장할 가능성이 높다. 특히 오랫동안 오프라인 구입 중심이던 신선식품마저 온라인 구입이 자연스러운 현상이 되었다는 점은 이후 코로나19 사태가 완화 내지 종식되어도 온·오프라인 쇼핑이 자연스럽게 병존하게 될 것임을 시사한다.

한편 사회적 거리두기,[13] 이동제한 조치 등으로 외출과 대면 접촉이 감소하면서 가정에서 이루어지는 경제활동을 의미하는 소위 '홈코노미(home + economy)'가 활성화될 것이다. 더불어 상품의 구매나 수령 방식도 한층 다양화될 것으로 본다. 온라인에서 구매한 상품을 매장에서 픽업하는 '보피스(BOPIS: Buy Online, Pick-Up in Store)'나 차에 탄 채로 상품을 수령하는 '드라이브스루(Drive-through)' 방식이 대표적이다.

최근에는 전염병 예방을 위한 격리 및 방역과 이를 전제조건으로 가정한 상태에서의 다양한 산업과 경제활동이 발전하는 소위 큐코노미(Qconomy, Quarantine + Economy)라는 신조어가 생겨나기도 하였다.[14] 이와 같은 흐름은 중국 역시 예외가 아닐 것이다.

둘째, 글로벌 경제와 중국경제와의 디커플링(decoupling) 현상은 한층 가속화될 것이다. 디커플링 현상은 탈동조화(脫同調化) 현상이라고도 하는데 일정 국가·지역의 경제가 인접한 다른 국가나 보편적 세계경제 흐름에서 벗어나 독자적인 모습을 보이는 현상을 의미한다. 이번 코로

---

13) 사회적 거리두기(social distancing) 개념이 처음 등장한 것은 20세기 초의 스페인독감 유행시기였다.
14) 이준영, 경제는 큐코노미 체제, 사회는 코로나 카스트…, 한국일보, 2020.8.6.

나19 사태는 글로벌 가치사슬(GVC)[15]구조 하에서 중국에 대한 높은 의존도로 인해 세계경제가 얼마나 취약한지를 보여준 사건이었다. 결국 글로벌 가치사슬의 일부 붕괴를 경험한 각국은 앞으로 제조업의 본국회귀 정책 즉, 리쇼어링(reshoring) 정책을 강하게 추구하게 될 것이다.[16] 그동안 원가 등의 이유로 중국에 진출했던 많은 글로벌 기업들이 자국으로 회귀하는 현상이 심화될 것이라는 의미이다. 이는 그동안 글로벌 경제의 생산기지로서 세계의 공장 역할을 해온 중국의 역할에 변화가 발생하게 될 것임을 시사한다. 이러한 변화는 사실 코로나19 이전에 이미 시작되었다. 예를 들어 미국의 아시아 지역 수입품에서 중국이 차지하는 비중은 2013년 67%에서 2019년 6월 기준 56%로 감소한 바 있다. 다만 이번 코로나19 사태는 그 변화속도를 더욱 빠르게 촉진하는 계기로 작용할 것이다. 중국 정부가 제14차 경제사회발전 5개년 계획(2021~25년)에서 기존의 수출중심 성장전략의 한계를 인식하고 거대한 내수시장을 활용하기 위한 성장전략으로 국내·국제의 '쌍순환(雙循環, dual circulation)' 방식을 제시한 것도 이와 같은 배경에 기인한다. 수출과 내수의 양방향 순환이 상호 성장을 촉진하는 방향으로 경제발전을 추진하겠다는 것이다.

마지막으로, 세계의 반중(反中) 성향이 한층 강화될 가능성이 있다. 감염병은 패닉을 동반하고, 패닉은 원망과 분노의 책임을 물을 희생양 찾기에 몰두하게 만든다.[17] 트럼프 행정부 시절 코로나19 발생의 책임

---

15) Gloval Value Chain. 글로벌 가치사슬이란 기업의 가치창출 활동인 제품 기획, 부품·원재료 조달 및 가공, 생산, 조립, 유통, 판매 등 일련의 과정이 국경을 넘나드는 글로벌한 차원에서 이루어지는 것을 의미한다.

16) 우리나라도 2013년 '해외진출 기업의 국내 복귀 지원에 관한 법률'을 제정하면서 리쇼어링을 장려하고 있으나 실적은 아직 미미하다. 다만 최근 다소 증가세이다. KOTRA에 따르면 국내로 복귀한 해외진출 기업 수는 2017년 4개, 2018년 9개, 2019년 16개, 2020년 24개이다.

17) 김수경, 감염병·이념·제노포비아: '코로나19'의 정치화와 반중(反中) 현상, 다문화와 평화 제14집 1호, 2020.

국가로 중국을 지목하면서 강하게 비판했던 것도 같은 맥락이다. 이는 2002년의 사스 사태 당시 중국 정부가 초기 대응을 잘못하여 세계적인 재난을 초래한 사례가 이미 있었기 때문에 빌미를 제공한 측면이 있기도 하다.[18] 정도의 차이는 있지만 특히 유럽을 중심으로 각국에서 제노포비아(xenophobia, 외국인 혐오) 현상이 발생한 것도 이와 같은 배경에 근거한다. 감염병의 확산과 같이 스트레스가 높아지는 상황에서는 인종혐오, 집단주의, 자민족 중심주의가 발생할 가능성이 높다는 점에서 미국과 유럽 중심의 반중 정책은 앞으로도 한층 강화될 가능성이 높다. 이는 이미 커진 중국의 경제력과 영향력을 두려워하던 서구권 국가들에게 코로나19 사태가 대중 정책을 전환할 수 있는 정치적 명분을 주었다고 해석할 수도 있다. 특히 이번 코로나19 사태는 무자비한 지역봉쇄, 강력한 언론 통제 등 중국식 발전모델의 어두운 면을 부각시킨 부분이 많았다는 점에서 더욱 그러하다. 코로나19 대응과 관련된 중국의 서툰 정책과 조치들은 트럼프 집권하의 미국이 글로벌 영향력을 상실하면서 중국이 대안 세력으로 부상할 수 있었던 절호의 기회를 스스로 걷어차 버린 측면도 있다. 2019년 시진핑 주석이 미국과의 관계 악화를 '신장정'(new Long March)으로 표현하면서 미국의 글로벌 리더십에 도전하겠다는 의지를 표명[19]한 바 있으나 당분간 이 목표에 근접하기는 어려울 것 같다.

결국 중국으로서는 이번 코로나19 사태를 통해 세계의 반중 성향은

18) 사스 사태 당시 은폐 등으로 인해 초기 대응에 실패하며 중국에서만 5,327명의 확진자(세계 확진자의 65.8%)와 349명의 사망자(세계 사망자의 45.1%)가 발생한 바 있다.(WHO). 중국은 코로나19 사태 초기에도 우한중심병원 의사였던 리원량(李文亮)이 원인 불명 폐렴의 위험을 최초로 공개하자 그를 사회질서 위반 혐의로 경고하는 등 예전처럼 은폐를 시도한 바 있다. 결국 리원량은 2020년 2월 불과 34세의 나이에 코로나19 감염으로 사망하였다. 여론 악화에 부담을 느낀 중국 정부는 4월 그에게 최고의 명예인 열사(烈士) 칭호를 부여하며 영웅 만들기에 나섰다.
19) H. Brands and J. Sullivan, China has two paths to global domination, http://Foreign Policy.com, 2020.5.22.

한층 강화된 가운데, 새로운 성장동력을 모색해야 하는 쉽지 않은 과제를 안게 되었다고 하겠다.

제2차 세계대전 이후 세계의 주요 전염병(infectious disease) 현황

전염병	지역	시기	감염자 및 사망자
에이즈 (HIV/AIDS)	전 세계	1981년 이후	7,500만 명 감염, 3,200만 명 사망(2018년말 현재 누계)
말라리아 (Malaria)	주로 아프리카, 남아시아, 남미	계속	2.28억 명 감염, 41만 명 사망 (2018년)
홍역 (Measles)	전 세계	계속	14만 명 사망(2018년)
콜레라 (Cholera)	주로 아프리카, 남아시아	계속	286만 명 감염, 9.5만 명 사망 (연간 추정치)
결핵 (Tuberculosis)	전 세계	계속	1천만 명 감염, 150만 명 사망 (2018년)
독감 (Influenza)	전 세계	계속	연간 39만 명 감염 (2002~2011년중)
황열 (Yellow fever)	아프리카, 남미	계속	20만 명 감염, 3만 명 사망 (연간 추정치)
일본뇌염 (Japanese encephalitis)	남아시아, 서태평양	계속	100,308명 감염, 25,125명 사망 (2015년)
사스 (SARS)	전 세계	2002~ 2004년	8,096명 감염, 774명 사망
신종플루 (swine flu 2009)	전 세계	2009~ 2010년	18,500명 사망
메르스 (MERS)	전 세계	2012년 이후	2,494명 감염, 585명 사망 (2019.11월말 현재 누계)

에볼라 (Ebola)	아프리카	2014~ 2016년	15,261명 감염, 11,325명 사망
코로나19 (COVID-19)	전 세계	2019년~	1억 3,650만 명 감염, 294만 명 사망(2021.4.12일 현재)

자료: D.E. Bloom, M. Kuhn, K. Prettner, Modern Infectious Disease: Macroeconomic Impacts and Policy Responses, NBER Working Paper 27757, NBER, 2020.8 바탕으로 일부 수정·보완.

화웨이(華爲) 문제

– 중국의 삼성이 위기에서 벗어날 수 있을까?

　벌써 10년도 넘은 일이다. 중국 최고 명문대학이라고 하는 칭화대(清華大) 졸업생 한 명이 군대에 지원했다고 하여 중국 사회에서 큰 이슈가 된 적이 있다. 중국은 징병제 국가가 아니다. 모병제 국가이다. 군생활이 쉽지 않다는 점은 이를 경험해 본 한국의 많은 남성들이라면 잘 아는 일이다. 중국도 마찬가지일 것으로 쉽게 예상할 수 있다는 점에서 당시 명문대 출신의 군 지원은 매우 드문 일이었다. 그래서 뉴스가 되었던 것이다. 당사자는 물론 많은 각광을 받으면서 이후 유무형의 다양한 혜택을 받은 것 같기는 하지만… 그러나 이는 예외적인 사례였다. 일반적으로 말한다면 중국에서 군대는 경력이나 학력, 배경 등이 일천한 많은 젊은이들이 치열한 경쟁을 뚫고 지원해서 가는 곳이다. 군대가 안정된 직장을 제공해줄 뿐만 아니라 제대 후 진학이나 취업 등에서 유리한 기회를 어느 정도 보장해주는 역할을 하기 때문이다. 중국에서 군대의 역할과 위상이 확고하다는 점이 그 배경이라 할 수 있다. 우리 언론에서 '당정청(黨政靑)'이 함께 모여 무엇 무엇을 의논했다는 기사를 볼 수 있다면 중국에서는 '당정군(黨政軍)'이라는 표현을 쉽게 접할 수 있다는 점에서도 군의 위상이 잘 나타난다.

화웨이(華爲, Huawei)의 창업자 런정페이(任正非)가 바로 중국의 군대인 인민해방군(中國人民解放軍)[1] 출신이다. 보직은 공병이었다. 화웨이의 기업문화가 군사문화를 바탕으로 하는 것은 이와 같은 배경에 기인한다. 초창기 화웨이 직원들은 회사에 야전침대를 두고 수시로 야근을 하였으며 이러한 전통이 이어져 지금도 신입사원에게 야전침대를 선물하는 관습이 있다고 알려져 있다.[2] 인내, 단결, 민첩함을 강조하는 소위 늑대문화(狼性文化)가 강조되는 것도 같은 배경이다.

1987년 광둥성 선전(深圳)에서 자본금 357만 원(21,000위안)[3]으로 시작한 화웨이는 2019년 기준 매출액 약 150조 원(8,588억 위안), 진출국가 170개, 직원 수 19만 4천 명의 거대 기업으로 급성장하였다. 참고로 같은 해에 삼성전자의 매출이 230조 원이었으니 매출로 평가한 외형적 규모는 삼성의 65% 수준인 셈이다. 화웨이는 2012년 이후 스웨덴의 에릭슨(Ericsson)을 누르고 세계 최대의 통신장비 제조기업이 되었다. 또한 2019년 기준 5G설비(5G Infrastructure) 시장에서 1위,[4] 스마트폰 시장에서 2위[5]의 시장점유율을 차지하였다. 매출액을 기준으로 산정하는 Fortune Global 500 기업 순위는 2020년의 경우 49위였다. 연구개발 투자 방면에서도 화웨이는 여타 중국 기업을 압도한다. 2019년 기준 화웨이의 연구개발 투자액은 약 22조 원(1,317억 위안)으로 2위인 알리바바(431억 위안)를 3배 이상 앞서는 수준이었다.[6] 규모,

---

1) 중국 정확히는 중국공산당의 군대는 1927년 창설된 홍군(中國工農紅軍)이 모태이며 1946년 이후 현재의 인민해방군으로 통합되었다.
2) 김진희 · 최명철, 중국혁신의 아이콘 화웨이의 발전과정 연구, 경영사연구 제34집 제3호, 2019.8.31.
3) 위안을 원으로 환산할 때에는 편의상 1위안＝170원을 적용하였으며 이하에서도 모두 같다.
4) 삼성, 에릭슨, 노키아가 그 뒤를 잇고 있다.
5) 삼성이 1위였으며 화웨이에 이어 애플과 샤오미가 각각 3위, 4위였다.
6) 中國企業聯合會 & 中國企業家協會, 2020年中國500强企業分析報告, 2020.9.28.

중국 최대의 IT기업 중 하나인 화웨이(Huawei)가 미·중 갈등 상황 속에 1987년 창립 이후 가장 심각한 위기에 처해 있다.

브랜드 가치, 연구개발 능력 등에서 화웨이는 가히 중국을 대표하는 최고의 기업 중 하나라 할 수 있다.

한편 상장하기에 충분한 규모와 능력에도 불구하고 화웨이가 비상장을 고집하는 것은 기업경영에 주주의 간섭을 받는 것을 싫어하기 때문으로 알려져 있다. 그렇지만 바로 이 점이 화웨이가 기업경영의 투명성을 의심받게 되는 주요 요인이기도 하다. 화웨이는 창업자 겸 회장이 군대 출신인 데다, 기업은 비상장되어 있으며 조직문화도 경직적이다. 이런 점에서 화웨이가 중국 정부 및 공산당과 밀접한 관계에 있다고 믿는 외부의 시각이 많다.[7] 심지어 일부 호사가들은 기업 이름마저 '중국(華)을 위한다(爲)'이니 의심이 더욱 증폭된다고까지 한다. 이러한 점을 의식한 듯 화웨이의 중문 및 영문 홈페이지 등에 있는 기업설명 자료에는 심지어 '국유 지분이 없는 민간기업'임을 강조하는 문구[8]를 올려놓고 있기까지 하다.

이렇게 거침없이 성장하던 화웨이를 미국이 견제하기 시작했다. 미

---

7) 인민해방군과 각 지역 지방정부에 통신설비를 대규모로 납품한 것이 화웨이 초고속 성장의 주요 동력이었다는 지적이 있다(박민희, 시진핑 시대 열전 13, 화웨이의 대장정, '불균질하게' 갈라지는 세계, 한겨레, 2020.12.23).

8) (중문) 华为是一家100%由员工持有的民营企业.没有任何政府部门,机构持有华为股权. (영문) Huawei is a private company wholly owned by its employees. No government agency or outside organization holds shares in Huawei. (해석) 화웨이는 직원들이 100% 지분을 지닌 민간기업으로 어떤 정부 조직이나 외부 기구도 지분을 가지고 있지 않습니다.

국은 화웨이가 실질적으로 중국 정부와 공산당을 위해 기업을 경영하고 있다는 의심을 하고 있다. 그 바탕에는 화웨이가 사업과정에서 미국의 국가안보를 침해하고 있다는 인식이 깔려 있다. 미국은 '정보통신기술 및 서비스 공급망 확보에 관한 행정명령'[9] 등 다양한 수단을 동원하여 집요하게 화웨이를 공격하고 있다. 2018년에만 전 세계 미군기지에서 화웨이 제조 휴대전화와 인터넷 모뎀 등 판매 금지(5월), 미국 정부기관의 화웨이 제품조달 금지(8월), 대이란 제재 위반 혐의로 캐나다에서 화웨이 CFO이자 런정페이 회장의 딸 멍완저우(孟晚舟)[10] 체포(12월) 등의 굵직한 사건들이 있었다. 2019년에는 거래제한 명단(Entity List)[11]에 화웨이 및 68개 해외 계열사 지정(5월), 화웨이 해외 계열사 46개의 거래제한 명단 추가(8월) 등의 조치가 있었다. 2020년에도 제재는 지속되었다. 우선 미국 반도체 소프트웨어 및 장비를 활용하는 기업이 화웨이(계열사 포함) 설계로 생산된 제품을 수출할 경우에 사전 승인을 받도록 하는 조치(5월)가 있었다. 또한, 화웨이 해외 계열사 38개를 거래제한 명단에 추가하였으며(8월), 미국 반도체 소프트웨어 및 장비를 활용해 생산된 제품을 화웨이에 공급할 경우에 사전 승인받도록 하는 조치[12](8월)도 시행하였다. 글로벌 반도체 제품생산의 약 50%를 담당하면서 시장을 사실상 지배하고 있는[13] 미국이 미래의 석유자원이

---

9) 「Executive Order on Securing the Information and Communications Technology and Services Supply Chain」(2019.5).
10) 아버지와 성이 다른 이유는 첫 번째 부인과의 사이에서 태어난 멍완저우가 어머니 성을 따랐기 때문이다.
11) 미국의 안보 및 외교 정책에 위해가 되는 기업, 개인, 정부 등이 미국 기업과 거래할 경우 정부의 사전 허가를 받도록 하는 행정명령이다.
12) 이는 미국 특허청에 등록된 특허를 사용하는 제3국의 기업이 화웨이와 거래하는 것까지 포괄적으로 규제하는 강력한 조치이다.
13) 2018년 기준 글로벌 반도체 시장(chip market) 점유율은 미국 45%, 한국 24%, 일본 9%, 유럽 9%, 대만 6%, 중국 5% 등이다(Semiconductor Industry Association(SIA), World Semiconductor Trade Statistics(WSTS)). 한편 다른 기관의 자료에서는 2019년 기준 미국 55%, 한국 21%, 유럽 7%, 대만 6%, 일본 6%, 중국 5% 등이었다.(IC Insights). 반도체는 크게 정보를 저장하기 위한 용도

라 할 수 있는 반도체를 이용하여 화웨이 길들이기를 본격적으로 시작한 것이다. 이는 마치 2010년 중국과 일본간의 다오위다오(釣魚島, 센카쿠) 관련 영토 분쟁 사례에서 중국이 희토류를 무기로 사용했던 사례와 유사하다. 그러나 미국의 화웨이 공격은 단순히 화웨이 한 기업의 문제에 국한된 것이 아니다. 미국으로서는 화웨이를 필두로 하는 중국의 IT 기업들을 견제해야 할 정치적, 경제적 필요성이 증가한 것이 실질적인 이유이다. 이는 경쟁국에 대한 우위 영역에서의 제한을 통해 미국이 기술패권을 추구하는 것으로 해석된다.14) 즉, 미국과 중국간 기술분쟁의 가장 원색적인 모습이 화웨이 사태로 표출되고 있다는 것이다. 현재 미국과 중국 사이에서 벌어지고 있는 반도체 관련 갈등은 냉전 시대 미국과 소련의 핵무기 경쟁과 비슷하다는 지적도 있다. 미국과 소련에 이은 미국과 중국간의 2차 냉전이 이미 시작되었다는 것이다.15)

그럼 다른 많은 기업들을 놔두고 하필 화웨이일까? 이는 화웨이가 중국의 '기술굴기(技術崛起)'를 대표하는 대기업일 뿐만 아니라 화웨이의 주력 제품 중 하나인 5세대 이동통신(5G) 장비가 디지털 전환 기술을 구현하는 플랫폼적 성격을 띠고 있기 때문이다. 디지털 경제는 부가가치를 창출하는 플랫폼의 '승자독식'이 보편적이라는 점에서 플랫폼적 성격을 갖는 5G 기술의 패권을 지키고 데이터 안보를 지키기 위한 논리에서 미국이 규제의 칼을 화웨이에 들이대는 것이다.16)

이와 같은 배경하에 미국은 국가안보 등의 이유를 들어 화웨이 통

로 사용되는 메모리 반도체와 정보의 처리기능을 하는 비메모리 반도체로 나뉜다. 전자는 우리나라가, 후자는 미국이 시장을 지배하고 있는데 시장규모에서는 후자가 전자의 약 2배이다.

14) 최계영, 미·중 ICT 기술패권 경쟁과 상호의존성의 무기화, KISDI Premium Report 19-05, 정보통신정책연구원, 2019.9.

15) 서울경제, 신년 해외 특별 인터뷰 -세계적 경제사학자 니얼 퍼거슨 교수, "냉전 시대 핵무기 경쟁하듯- 미·중 반도체 전쟁 계속될 것", 2020.12.30.

16) 안준모, 기획 Deep Wide, 화웨이, 트럼프 아닌 美의 문제 바이든 시대와도 갈등 계속된다, 한국일보, 2020.8.27.

신장비를 도입하지 말 것을 EU 등 여타 국가에도 강요하고 있다. 일본은 이미 2018년 12월에 5G 네트워크 구축과 관련하여 화웨이를 배제한 바 있다. 또한 미국의 압박에도 불구하고 5G 네트워크 사업에서의 화웨이 배제에 유보적이었던 영국도 2020년 7월 그동안의 입장에서 선회하여 자국의 5G 사업에서 화웨이를 배제시키기로 결정하였다. 더구나 중국의 홍콩보안법 통과를 계기로 2027년까지는 단계적으로 화웨이의 모든 장비를 퇴출하기로 결정하였다. 이미 2011~16년 중 영국, 이탈리아, 미국 등에 수출된 핸드폰에서 정보유출을 일으킬 수 있는 백도어(backdoor)[17] 관련 논란에 휩싸이면서 사용금지 내지 관공서 사용을 제한당한 바 있는 화웨이로서는 설상가상의 상황에 처하게 된 것이다.

한편 미국은 중국이 지식재산권 침탈, 기술이전 강요, 국유기업 등에 대한 보조금 지급[18] 등을 통해 자국의 이익을 침해하고 있다는 입장도 고수하고 있다. 특히 화웨이는 정부의 보조금 지급에 힘입어 경쟁자들보다 30%나 낮은 가격정책을 유지할 수 있었으며 이것이 전 세계에 저가로 통신장비를 공급하면서 글로벌 주요 국가 정부와 기업을 고객으로 확보하게 된 이유라는 것이다. 1998~2018년의 20년간 중국 정부가 화웨이에 대한 보조금, 조세 감면 등을 통해 직간접으로 지원한 규모만 약 83조 원(750억 달러)에 이르는 것으로 추정된다는 주장까지 있다.[19]

---

17) 인증되지 않은 사용자에 의해 컴퓨터의 기능이 무단으로 사용될 수 있도록 컴퓨터에 몰래 설치된 통신 연결 기능이다(NAVER 지식백과).

18) Wind사가 상장사 결산 데이터로 분석한 바에 의하면 2018년 중국이 상장기업들에 지원한 보조금 규모가 약 27조 원(1,562억 위안)에 달하였다. 전기차 보급을 위한 지원금, 부실기업 구제를 위한 자금공급 등이 주요 항목이었다 (2019.12.17).

19) The Wall Street Journal, State Support Helped Fuel Huawei's Global Rise, 2019.12.25. 달러를 원으로 환산할 때에는 편의상 1달러＝1,100원을 적용하였으며 이하에서도 모두 같다.

그러면 화웨이는 앞으로 어떻게 될까? 미국 제재의 영향은 이미 나타나고 있다. 2020년 상반기 화웨이의 매출은 77조 원(4,540억 위안)으로 전년동기대비 13.1% 증가했으나 성장률은 크게 둔화되었다. 이는 2019년 상반기 23.2%에 비해 급감한 것은 물론이고 지난 4년래의 최저치에 해당한다.[20] 특히 2020년 4사분기 화웨이의 스마트폰 출하량은 2,170만대에 그쳐 2019년의 같은 기간(3,310만대)에 비해 무려 34.4%나 감소하였다.[21] 이에 따라 글로벌 스마트폰 시장에서 화웨이가 차지하는 비중도 이전의 15% 내외(2~3위)에서 2020년 4사분기에는 8%(6위)로 급락하였다.

부품 및 기술 측면에서 미국 기업에 대한 의존도가 높은 상황에서 미국의 제재가 지속된다면 앞으로도 부정적 영향은 지속될 것이다. 심지어는 존립 자체를 위협받게 될지도 모른다. 그리고 그 과정에서 우리나라를 비롯한 많은 국가의 기업들도 피해를 보게 될 것이다. 미국의 퀄컴(Qualcomm), 대만의 TSMC, 한국의 삼성전자 등 화웨이가 고객인 세계적인 IT 기업들의 매출 감소는 피할 수 없을 것이다. 삼성전자와 SK하이닉스의 경우 그동안 화웨이에 스마트폰용 D램과 낸드플래시 메모리 반도체를 공급해왔다. 2019년도 기준으로 그 규모가 삼성전자는 연 매출의 3.2%에 해당하는 7.4조 원, SK하이닉스는 연 매출의 11.4%인 3조 원에 달했다. 수출액 기준으로 우리나라 반도체 수출 중 중국으로의 수출 비중이 약 40%이다. 이런 상황에서 화웨이에 대한 수출 중단은 적지 않은 영향을 미칠 것이다. 다만 화웨이 퇴출로 글로벌 스마트폰 및 5G 통신장비 시장에서 한국 기업들이 이익을 볼 여지도 있다는 점은 우리에게 다행이라면 다행이다.[22]

---

20) 2020년 1사분기~3사분기 매출은 114조 원(6,713억 위안)으로 전년동기대비 성장률이 9.9%에 그쳤으며 2020년 연간 매출은 152조 원(8,914억 위안)으로 3.8% 성장에 머물렀다.
21) 2020년 연간 출하량은 1억 2,490만대로 2019년(1억 4,060만대)에 비해 11.2% 감소하였다.(IDC)

앞으로 미국 기업들의 피해 정도와 미·중 갈등 관련 추이 등에 따라 변동성은 있지만 미국의 화웨이 제재는 바이든 행정부에서도 한동안 지속될 가능성이 크다. 그렇게 되면 2025년까지 반도체 자급률을 70%로 높이겠다는 중국 정부의 소위 '반도체 굴기' 계획은 도로아미타불이 되는 것이다. 2019년 반도체 자급률이 16%에 그치는 중국으로서는[23] 가야할 길이 더욱 멀어진 셈이다. 세계 최대 반도체 수입국인 중국이 2019년에 수입한 반도체만 336조 원(3,055억 달러)어치에 달하였다. 중국이 반도체 독립에 실패할 경우 미국과의 기술 패권 전쟁의 승패는 보나마나한 결과가 될 것이다. 2020년 11월 디폴트를 선언한 메모리 반도체 회사 '칭화유니그룹(Tsinghua Unigroup, 紫光集團)' 사례는 중국의 반도체 굴기 계획이 쉽지 않은 과제임을 다시 한번 일깨운 사건이었다.[24]

최근 사태로 화웨이는 기술자립의 필요성을 더욱 실감했을 것이다. 이에 따라 R&D에 대한 막대한 투자 등이 예상된다. 문제는 반도체 생산이라는 것이 단순히 투자를 늘린다고 해서 단기간에 가능한 분야가 아니라는 점이다. 인력 및 노하우 등 수많은 요인이 결합된 시행착오의 기간이 필요하기 때문이다. 특히 반도체 생산은 산업 관행이나 절차 및 특정 환경에서 더 잘 발휘되는 기술 숙련도 등 겉으로는 드러나지 않는 지식이나 내부자의 노하우를 의미하는 암묵지(暗默知, tacit knowledge)가 필요한 부문 중 하나로 알려져 있다. 현재 중국의 메모리 반도체는

---

22) 삼성전자는 2020년 9월 미국 1위 통신사업자이자 이동통신 매출 기준 세계 1위 통신사업자인 버라이즌(Verizon)과 7.3조 원(66.4억 달러)규모의 5G 네트워크 장비 공급계약을 맺었다. 이는 한국 통신장비 산업 역사상 최대 규모의 단일 수출 계약이었다.

23) 중국의 반도체 자급률은 2014년 15.1%에서 2019년 15.7%로 5년 동안 단지 0.6%p 상승에 그쳤다. 특히 외국기업이 중국에서 생산한 물량을 제외하고 중국 기업 생산량만을 보면 자급률은 6.1%에 불과하다.

24) 칭화유니그룹은 그동안 중국 반도체 굴기 계획의 핵심으로 주목받아 왔으나, 2020년 11월 2,200억 원(13억 위안)의 회사채에 대한 디폴트를 시작으로 12월에는 8,500억 원(50억 위안) 및 5,000억 원(4.5억 달러)의 회사채에 대해서도 디폴트를 선언하였다.

대규모 투자에도 불구하고 낙후된 공정, 높은 원가, 부족한 인력 등으로 글로벌 선두 기업과는 여전히 3~5년 정도의 기술격차가 존재하는 것으로 평가된다.[25]

화웨이의 사례를 반면교사로 삼아 우리도 격화되는 자국 우선주의와 기술 및 자원의 안보 무기화 움직임에 대응한 전략수립이 요구되는 시점이다. 차별화된 기술 우위가 존재하지 않는다면 시장이나 자원이 부족한 우리로서는 점점 생존하기가 쉽지 않은 상황이 되고 있기 때문이다.

화웨이 그룹 개요(2019년)

항목	내용	비고
창립	1987년	
직원	19.4만 명	49%인 9.6만 명이 R&D 업무 종사
매출	1,243억 달러	2018년 대비 14.0% 증가
순이익	91억 달러	2018년 대비 1.2% 증가
R&D 투자액	203억 달러	중국기업 중 1위
글로벌 기업 순위	49위	2020 Fortune 선정 매출 기준
중국내 기업 순위	11위	2020 Fortune 선정 매출 기준
기업 브랜드 가치	63억 달러(80위)	2019 Interbrand global 100 기준
통신장비 시장 점유율	31%(1위)	화웨이-노키아-에릭슨 순 (2020년 상반기)
스마트폰 시장 점유율	8%(6위)	2020년 4사분기

자료: 2019년 화웨이 연차보고서(2020.3), Dell'Oro Group(2020.9), Mobile Device Monitor(2020.10), 2020 Fortune Global 500.

25) 윤경우, 코로나19로 촉진된 글로벌 대변혁과 중국의 디지털 전환 가속화, 중국 지식네트워크, 2020.6.

화웨이는 그동안 삼성, 구글, 페이스북 등 세계적인 기업들과 치열하게 경쟁할 가능성이 높은 중국의 대표적인 IT 기업으로 인정받아 왔다. 과연 그들의 늑대문화로 지금의 어려움을 이겨낼 수 있을지 지켜볼 일이다.

미·중 패권경쟁

- 30년 전쟁[1]의 시작일까?

18세기 말에서 19세기 초까지만 해도 세계 경제의 무게중심은 중국과 인도를 중심으로 하는 아시아에 있었다. 이때까지 중국은 경제 규모에서 다른 나라를 압도했다. 근대의 시작으로 평가되는 1500년 시점에서 중국의 GDP는 618억 달러로[2] 세계 GDP(2,500억 달러)의 약 25%를 차지했으며, 1820년에는 2,286억 달러로 세계 GDP(7,000억 달러)의 33%를 담당하는 세계 선두국가였다.[3]

이처럼 중국은 상당한 기간을 세계 최대의 경제력을 가진 국가로 군림했으며 소위 서구열강의 힘에 밀린 기간은 19세기 후반기 이후의 150여 년 남짓한 기간에 불과하다. 특히 1979년의 개혁개방 이후 급격한 경제성장을 이룬 중국은 미국 다음의 거대 경제대국으로 몸집을 불리면서 이제는 미국을 위협하는 단계로까지 변화하였다.

---

1) 30년 전쟁(1618~1648년)은 스페인이 중심이 된 합스부르크 가문 세력과 네덜란드 및 스웨덴 등이 연합한 프로테스탄트 세력이 맞붙은 전쟁으로 근대 유럽의 태동이 된 전쟁으로 평가받는다.
2) 이 시기 서유럽 GDP는 441억 달러에 불과하였다.
3) 주경철, 대항해시대, 서울대학교 출판부, 2008.

이런 면에서 중국의 부상과 이로 인해 초래된, 현재의 패권국 미국과의 충돌은 불가피한 귀결이었다. 미국의 정치학자 그레이엄 앨리슨(G. Allison)은 그의 책 「예정된 전쟁(Destined for War)」에서 중국의 부상이 미국과 세계 질서에 미치는 영향을 분석하고 있다.[4] 이 책에 나오는 핵심 질문 중 하나가 '중국은 과연 투키디데스의 함정(Thucydides's Trap)을 피할 수 있을 것인가'이다. 여기에서 투키디데스의 함정이란 새롭게 부상하는 신흥 세력이 지배 세력의 자리를 차지하려는 위협을 해올 때 발생하는 자연스럽고 불가피한 혼란 상황을 일컫는다.

동서냉전의 붕괴 이후 미국은 사실상 G1으로 세계를 지배해왔다고 할 수 있다. 막강한 군사력과 경제력으로 미국은 자신에게 도전하는 국가들을 쉽게 물리칠 수 있었다. 1980, 90년대에 일본의 부상을 좌절시킨 사례가 대표적이다. 일본의 경제력이 최전성기였던 1991년 일본의 GDP 규모는 글로벌 GDP의 16%를 차지하며 세계 2위였다. 이는 26%를 차지하던 미국의 2/3 수준이다. 또한 그 해에 미국의 무역적자 중 대일본 적자가 전체 적자의 65%를 차지하였다. 미국은 플라자합의(Plaza Accord)[5] 및 수입규제를 통해 일본을 견제하였고 아직까지 일본은 1990년대 초의 글로벌 위상으로 회복하지 못하고 있는 상황이다. 이후 한동안 맞수가 없던 미국에게 새로운 도전자가 등장했으니 바로 중국이다. 1979년의 개혁개방 정책 이후 한동안 승승장구하던 중국은 1989년의 천안문 사태를 맞으며 잠시 위기를 겪게 된다. 마이너스 성장을 하면서 주춤하던 중국은 이후 절치부심하며 다시 경제성장에 매진하였고, 특히 2001년의 WTO 가입을 계기로 급성장하게 되었다. 매

---

4) 그레이엄 앨리슨, 예정된 전쟁-미국과 중국의 패권 경쟁, 그리고 한반도의 운명, 세종서적, 2018.
5) 1985년 9월 미국, 영국, 프랑스, 독일 및 일본 등 5개국 재무장관이 뉴욕 플라자 호텔에서 외환시장에 개입해 미 달러를 일본 엔과 독일 마르크에 대해 절하시키기로 즉, 엔과 마르크를 절상시키기로 합의한 것을 말한다. 이 합의 이후 2년간 엔/달러 환율은 33% 절상되었다.

년 9~10%의 경제성장률을 구가한 중국의 2018년 GDP는 13.6조 달러였다. 이는 미국(20.5조 달러)의 66%에 달하는 규모이다. 또한 2018년 미국의 총 무역적자 6,210억 달러 중 대중국 적자가 3,810억 달러로 전체 무역적자의 61%였다. 1991년 당시의 일본과 매우 유사한 상황에 처해 있음을 잘 알 수 있다. 미국에 대항할 수 있는 최대의 라이벌로 손색이 없는 상대가 등장한 것이다.

비단 경제 규모나 무역적자뿐만이 아니다. 예를 들어 미래에 대한 준비라 할 수 있는 R&D 투자 규모에서도 중국의 도전은 명확하게 나타난다. 2017년 미국의 R&D 투자 규모는 4,837억 달러에 달하여 글로벌 1위를 차지하였다. 중국은 4,448억 달러로 2위였다. 크게 차이가 나지 않는 수준이다. 그런데, 불과 17년 전인 2000년만 해도 미국의 투자액이 3,318억 달러였던데 반해, 중국은 408억 달러에 불과하였다. 8배 이상의 차이가 난다.[6] 이는 중국이 2000년대 들

중국의 위안화와 미국의 달러화. 미국과 중국 간의 패권경쟁은 이제 시작하였다고 할 수 있다. 그것이 얼마나 오래 지속될지는 아무도 모르는 상황이다.

6) OECD.

어 얼마나 빠르게 성장해 왔는지를 잘 보여주는 상징적인 수치의 하나라고 할 수 있다. 이런 상황에서 중국은 '중국몽(中國夢, China Dream)'[7]으로 대변되는 중화민족의 위대한 부흥을 부르짖고 동시에 미국에서는 사회주의 중국의 부상에 따른 위협론이 갈수록 힘을 얻게 되었다. 결국 미·중 무역마찰과 코로나19와 관련된 양국 갈등은 하나의 일회성 사건이라기보다는 미·중 관계의 새로운 위상을 정립하고자 하는 양국 간 장기 경쟁의 서막에 해당한다고 볼 수 있다.[8]

　과연 미국이 이전에 일본을 무릎 꿇게 했듯 중국도 항복하게 할 수 있을까? 이미 미국은 다양한 수단을 동원하고 있다. 관세 부과, 환율조작국 지정, 화웨이로 대표되는 주요 중국 기업의 미국 기업들과의 거래 제한, 대만과의 관계 강화, 중국인 학생 비자발급 강화[9] 등을 예로 들 수 있다. 이 중 관세 부과에 따른 미·중 무역전쟁은 특히 대표적인 대중국 압박 정책의 결과이다. 2019년 7월을 기준으로 미·중 양국이 부과중인 관세 수준 즉, 미국이 중국 수입품 2,500억 달러 규모에 25%, 중국이 미국 수입품 1,100억 달러 규모에 5~25% 관세를 부과하는 시나리오 하에서[10] 미국은 연간 80억 달러, 중국은 430억 달러의 복지손실(welfare loss)이 발생한다는 연구결과가 있다.[11] 양국 다 손실이 발

---

7) 중화민족의 위대한 부흥을 21세기에 실현하겠다는 시진핑 주석의 슬로건으로 2012년에 처음 제기되었다. 경제, 문화, 군사 등의 부문에서 패권을 강화하는 형태로 실천된다.

8) 이희옥, 미중관계의 대전환과 중국의 전략적 대응, KDI 북한경제리뷰, 2020.8.

9) 2018년 6월 미국은 민감한 분야(sensitive areas)에서 공부중인 외국인 대학원 학생들의 비자기간을 5년에서 1년으로 단축하는 조치를 실시하였다. 미국에서 유학중인 외국인 학생의 약 1/3에 해당하는 36만여 명이 중국 학생이라는 점에서 이는 사실상 중국을 겨냥한 조치인 것으로 해석된다.

10) 미·중 무역전쟁 이전인 2018년 7월 중국의 대미 평균 관세율은 7.5%였으나 2020년 2월 현재 24.0%로, 미국의 대중 평균 관세율은 3.1%에서 22.5%로 상승하였다(연원호 등, 첨단기술을 둘러싼 미중간 패권 경쟁 분석, KIEP 오늘의 세계경제, Vol.20, No.18, 2020.6.24).

11) Sherman Robinson and Karen Thierfelder, US-China Trade War: Both Countries Lose, World Markets Adjust, Others Gain, Policy Brief 19-17,

생하지만 그 크기는 중국이 약 5배인 셈이다. 이러한 미·중 무역전쟁 결과 2019년 중국의 대미국 수출은 4,178억 달러로 2018년(4,798억 달러)보다 12.9%가 감소하였다. 또한 대미국 수입은 1,223억 달러로 2018년(1,554억 달러)보다 21.3%가 감소하였다. 다만 수출보다는 수입이 더 크게 줄면서 중국의 대미 상품수지 흑자는 3,235억 달러에서 2,955억 달러로 8.7% 감소에 그쳤다. 더구나 2020년 중국의 대미국 수출은 4,518억 달러, 수입은 1,349억 달러로 각각 전년보다 8~10% 증가하면서 대미 상품수지 흑자는 3,169억 달러로 다시 증가세로 들어섰다. 이는 2020년 1월 미·중간 무역합의 이후 코로나19 사태로 불확실성이 가중되면서 초래된 미·중간 무역전쟁의 휴전상태 기간 중 미·중 무역적자가 다시 예전과 같은 상황으로 돌아갔음을 의미한다. 그런 점에서 보면 양국 간 갈등이 다시 재점화될 가능성이 커지고 있는 상황이다.

그렇다면 향후 미·중 패권경쟁은 어떻게 전개될까? 우선 지금 단계에서 중국의 종합적인 국력은 미국과 비교가 되지 않는다. 미국은 군사력, 경제력, 인적자원, 소프트파워 등에서 중국에 압도적인 우위를 점하고 있다.

우선 군사력을 예로 들어 보자. 2018년 미국의 국방비는 6,490억 달러로 전

중국의 항공모함 산동함(山東艦). 중국은 초보적인 형태의 항공모함을 2대 보유하고 있어, 항공모함 전단만 11개를 운영하고 있는 미국과는 군사력에서 비교가 되지 않는다.

PIIE, 2019.11. 이 논문에서 복지는 최종수요 합계를 의미하며 'GDP + 수입−수출'로 계산되었다.

세계 국방비(1조 8,220억 달러)의 35.6%를 차지하였다. 이는 중국(2,500억 달러)의 약 3배에 해당한다.[12] 또한 미국은 2019년 현재 항공모함 전단(Carrier Battle Group)[13] 11개를 보유하고 있다. 이제야 비로소 초보적인 단계의 항공모함 2척을 운영중인 중국과는 비교가 되지 않는 군사력이다.

기업의 역량으로 평가한 경제력 면에서도 마찬가지이다. 기업 규모나 기술력 등에서 미국 기업들은 중국 기업들을 크게 앞서고 있다. 2018년 시가 기준으로 글로벌 10대 기업 중 미국 기업이 8개이다. 1위 애플(Apple, 시가 9,613억 달러), 2위 마이크로소프트(Microsoft, 9,465억 달러), 3위 아마존(Amazon, 9,161억 달러) 등이 모두 미국 기업이다. 중국 기업은 7위 알리바바(Alibaba, 4,808억 달러) 및 8위 텐센트(Tencent, 4,421억 달러) 등 단지 2개에 불과하다.[14] 기술력이나 브랜드 가치 등에서는 그 격차가 더 커진다. 「이코노미스트(*The Economist*)」지에 의하면 중국이 자체적인 반도체 칩을 개발하여 자급자족하기까지 향후 10~15년이 걸릴 것으로 전망된다.[15] 기업의 생산성 제고도 단기간에 해결할 수 있는 것은 아니다. 중국이 사회주의 현대화를 기본적으로 완성하는 목표로 삼고 있는 해인 2035년이 되어도 중국의 총요소생산성(TFP: Total Factor Productivity)[16] 수준은 미국의 65%에 불과할 것이라는 추정이 있다.[17]

이런 면에서 현재의 미·중 패권경쟁은 미국의 중국 때리기(China bashing) 성격이 더 짙다고 할 수 있다. 미국이 추진중인, 중국을 배제한 새로운 글로벌 공급망인 '경제번영 네트워크(EPN: Economic Prosperity

---

12) SIPRI(Stockholm International Peace Research Institute).
13) 이는 항공모함, 함재기, 순양함, 구축함, 호위함, 원자력잠수함 등으로 구성되는 대규모 전투함대를 의미한다.
14) Statista.
15) The Economist, Poles apart, January 4th 2020.
16) 노동, 자본 등 총 생산요소의 투입 대비 총 산출량의 비율로 정의된다.
17) 베이징대 광화관리학원장 리우치아오(劉俏)(2020.1.2).

Network)' 구축은 이러한 성격을 노골적으로 보여준다고 할 수 있다.[18)
현재와 같은 상황이라면 앞으로 정치·외교·경제 등의 각 부문에서 중
국의 대외적인 성장세는 어떤 형태로든 지체될 수밖에 없을 것이다.

그러면 중국이 과거 일본과 같은 전철을 밟게 될까? 외교·안보 면에
서의 의존으로 인해 협상 여지가 거의 없었던 과거의 일본과 현재의
중국은 매우 다르다. 또한 국토, 인구, 자원, 역사적 경험 등에서 중국
의 잠재능력은 무시할 수 없는 수준이다. 결국 미국이 압도적 힘의 우
위로 중국을 공격할 수는 있겠으나 그 과정에서 미국이 입을 피해는
만만치 않게 될 것이다. 중국이 미국의 압박에 대응하여 2020년 12월
부터 시행중인 '수출관리법(出口管制法)'이 대표적이다. 이 법은 중국 국
가안보와 관련된 제품·기술·서비스에 대한 수출통제 강화 및 '수출금
지대상 리스트' 도입을 골자로 한다. 특히 이 법 제48조에서 '수출규제
를 남용해 중국의 국가안보 및 이익을 훼손한 국가·지역에 대해 중국
은 적절한 조치를 시행할 것'이라고 명시한 점은 이 법이 미국의 중국
기업 제재에 대한 맞대응 성격이 짙다는 점을 시사한다.[19)

미국과 중국의 갈등과 경쟁은 매우 장시간 지속될 가능성이 크다.
미·중 패권경쟁이 10~30년이 걸릴 것으로 보는 많은 의견들은 이와
같은 인식에 기인한다. 물론 미국의 중국 때리기 기조는 바이든 행정부
에서도 유지될 가능성이 크다. 바야흐로 차이메리카(Chimerica)[20) 시대
는 끝나고 미·중 간의 신냉전(new cold war) 시대가 도래하고 있다는
평가이다.[21)

---

18) 이는 미·중 간 완전한 분리(Great Decoupling)를 전제로 하는 공격적인 정책이
   라 할 수 있다. 이 네트워크 참여 여부와 관련하여 앞으로 우리나라는 곤란한 상
   황에 처하게 될 우려가 있다.
19) 김성애, 중국 12월 1일부 '수출통제법' 시행, KOTRA 중국시장 주간뉴스 제705
   호, 2020.10.23.
20) 퍼거슨(N. Ferguson) 교수와 슐라리크(M. Schularik) 교수가 2006년에 미·중간
   의 높은 경제연관성을 지칭하기 위해 만든 용어이다.
21) MERICS, Resilience and decoupling in the era of great power competition,

미국과 중국 비교(2019년 기준)

	지표	단위	미국	글로벌 비중(%)	중국	글로벌 비중(%)
종합	면적	만 km²	983	7.4	960	7.3
	인구	억 명	3.3	4.3	14.0	18.2
경제	GDP	조 달러	21.4	24.4	14.3	16.3
	1인당 GDP	달러	65,281	–	10,262	–
	3차산업 취업자 비중	%	78.9	–	46.4	–
	GDP에서 서비스산업 비중	%	77.4[1]	–	53.9	–
	가계소비율[2]	%	68.0	–	38.5	–
	교역규모(수출)	억 달러	16,456	8.7	24,990	13.2
	교역규모(수입)	억 달러	25,684	13.4	20,771	10.8
	외국인직접투자(FDI)	억 달러	2,462	16.0	1,412	9.2
	대외직접투자(ODI)	억 달러	1,249	9.5	1,171	8.9
	국방비	억 달러	7,317	38.2	2,611	13.7
	R & D 투자액	억 달러	4,765	28.0	3,723	21.9
	1일 원유 수요량	만 배럴	1,940	19.4	1,406	14.0
	자동차 생산(연간)	만 대	1,088	11.2	2,572	26.4
	자동차 판매(연간)	만 대	1,748	19.1	2,577	28.2
	주식시장 시가총액	조 달러	35.7	–	8.0	–
	글로벌 시총 100위 내 기업[3]	개	57	–	14	–
	1,000명당 자동차 보유	대	838[2]	–	196	–
	해외여행(지출)	억 달러	1,824	11.8[2]	2,546	17.6[2]
	해외여행(수입)	억 달러	2,335	15.5[2]	358	2.4[2]
교육	평균 교육 년수	년	13.4	–	7.9	–
	전문대 이상 진학률	%	88.3[2]	–	53.8	–
	글로벌 순위 100위 내 대학[4]	개	27	–	6	–

China Monitor, 2020.8.20.

	문맹률[2]	%	1.0	–	3.6	–
기타	성평등(gender gap) 순위	위/전체	53/153	–	106/153	–
	여성 경제활동참가율	%	66.8	–	69.0	
	연평균 미세먼지(PM 2.5) 수준	$\mu g/m^3$	7.4	–	52.7	
	기대수명	세	78.9	–	76.7	–
	행복도[5] 순위	위/전체	18/156	–	94/156	–

주: 1) 2017년   2) 2018년   3) 2020년 3월   4) 2020년
　　5) 1인당 GDP, 사회적 네트워크, 건강기대수명, 개인의 자유도, 정경 부패 정도 등의
　　　지표를 활용하여 UN에서 발표(2020 World Happiness Report)
자료: World Bank, WTO, UN, UNCTAD, OICA, UNWTO, IEA, SIPRI, UNESCO,
　　　UNDP, WFE, PwC, 中國統計年鑒 2020, WEF, QS World University Rankings
　　　2021.

　　체코의 대문호 안톤 체호프(Anton P. Chekhov)는 "사랑, 우정, 존경
보다 사람들을 더 뭉치게 하는 것은 어느 대상을 나 함께 미워하는 것
이다"라고 말한 바 있다.[22] 미국과 중국의 관계에도 그대로 적용될 듯
싶다. 최근의 한 설문조사를 보면 현재 미국인들 가운데 중국에 부정적
인 평가를 내린 응답자 비중이 73%에 이르는데 이는 2002년의 35%에
비해 2배 이상 증가한 수치이다.[23] 중국인들도 마찬가지이다. 미국에
비호감을 표한 응답자 비중이 77%에 이른다.[24] 아무래도 이들 미·중
간의 경쟁과 갈등은 상당히 오랫동안 지속될 것 같다.

---

22) 로버트 그린, 인간 본성의 법칙, 위즈덤하우스, 2019.7.
23) Pew, Unfavorable Views of China Reach Historic Highs in Many Countries,
　　2020.10.6.
24) The Diplomat, What do Chinese people think of developed countries,
　　2020.12.18.

중국경제의 회색 코뿔소

— 눈앞에 있지만 무시하고 있는 위험들

영화 레옹(Leon)의 깜찍한 소녀 나탈리 포트만(Natalie Portman)을 기억하는 영화 팬이 많을 것이다. 그녀가 열연하고 아카데미 여우주연상까지 수상한 '블랙스완(Black Swan)'이라는 2010년 영화가 있다. 차이코프스키(P.I. Tchaikovsky)의 고전 발레극 '백조의 호수'를 배경으로 완벽을 향한 예술적 광기를 잘 표현해냈다는 평을 받는 영화이다. 블랙스완이란 원래 도저히 일어날 것 같지 않은 일이 일어나는 것을 의미하는 말이다. 그런데 이 말이 경제계에서 사용되면서 이제는 신문에 자주 등장하는 용어가 되었다. 경제용어로 블랙스완이란 '전혀 예상할 수 없거나 불가능한 것으로 인식되었던 상황이 실제 발생하고 일단 발생하면 엄청난 충격과 파급효과를 미치게 되는 리스크'라는 의미로 사용중이다. 나심 탈레브(Nassim N. Taleb)가 지은 동명의 책을 통해 더욱 유명해지게 된 용어이기도 하다.

이후 이와 유사한 맥락의 신조어들이 다수 등장하게 되는데[1] '회색

---

[1] 모두가 알고 있지만, 누구도 먼저 말하기를 꺼리는 거대한 문제를 의미하는 '방안의 코끼리(elephant in the room)'라는 용어도 그 중 하나이다. 예를 든다면 미·중 통상갈등이 심화되고 있는 와중에 열렸던 중국 양회(2019년 3월)에서는

그림자금융(Shadow Banking), 부동산 버블, 부채로 대
표되는 회색 코뿔소(Grey Rhino) 문제의 해결 여부가
향후 중국경제의 지속가능한 발전을 위한 관건이다.

코뿔소(Grey Rhino)'도 그 중의 하나이다. 이는 '발생 가능성이 높아 충분히 예상할 수 있지만 간과하는 리스크 요인'을 지칭한다. 덩치가 큰 코뿔소는 멀리서도 눈에 잘 띄지만 막상 코뿔소가 공격할 경우 두려움 때문에 아무것도 하지 못하거나 대처 방법이 없어 속수무책이 되므로 아예 코뿔소가 없는 것처럼 무시해 버리는 현상이 발생한다는 점에서 착안된 용어이다. 세계정책연구소(World Policy Institute)의 미셸 부커(Michele Wucker)가 2013년 1월 다보스포럼에서 최초 언급한 이후 널리 사용되고 있다.

중국 정부는 2017년부터 중국경제의 리스크 요인들을 회색 코뿔소로 비유[2]하면서 리스크 관리를 강조하고 있다. 다만 어떤 요인이 회색 코뿔소에 해당하는지를 구체적으로 나열해서 언급하지는 않았다. 그렇지만 일반적으로는 다음의 세 가지 요인이 꼽힌다.

첫째는 그림자금융(Shadow Banking) 문제이다. 일반적으로 그림자금융이란 은행의 예금·대출업무를 경유하지 않는 금융활동·상품 내지 비공식적인 경로를 통한 자금융통을 의미한다.[3] 쉽게 말해 대출규제 등

미·중 갈등과 관련된 공식적인 언급이 전혀 없었다.
2) 중앙재경영도소조(2017년 7월 27일), 인민일보(2017년 8월 7일) 등이 대표적이다.
3) 이 용어는 2007년 채권운용사 PIMCO의 이코노미스트였던 폴 맥컬리(Paul McCulley)가 잭슨홀 미팅(Jackson Hole Meeting, 미국 연방준비은행이 주최하

을 회피하기 위해 다양한 형태로 이루어지는 은행의 부외(off-balance)[4] 업무와 은행 이외 여타 금융기관 및 비금융기관의 금융활동 및 사채(私債) 등을 포괄적으로 지칭하는 용어이다.[5]

그림자금융은 부동산, 지방정부 재정, 펀드업계 건전성 등과 밀접하게 연결되어 있는 문제이다. 또한 자금배분 왜곡 및 금융시장의 리스크를 증가시킬 가능성이 높다는 점에서 중국경제의 가장 취약한 부분 중 하나이기도 하다.

다만, 그림자금융 개념이 포괄하는 범위가 다양하므로 중국의 그림자금융 규모가 얼마나 되는지에 대해서는 그동안 다양한 추정치가 존재했었다. 2020년 12월 중국의 금융당국은 '중국 그림자금융보고서(中國影子銀行報告)'를 발표[6]하면서 그림자금융의 개념을 소개하고 사상 최초로 규모 등을 공개하였다. 이 보고서에서 중국 정부는 그림자금융을 좁은 의미와 넓은 의미의 두 가지로 정의하였다. 전자에는 은행이 투자자로부터 위탁받은 자금을 중개수수료를 받고 차입자에게 대출해주는 상품인 위탁대출(entrusted loan), 은행이 매각한 대출채권을 신탁회사가 자산관리상품으로 유동화시키는 과정에서 신탁회사로 이전된 은행의 신용 공여를 의미하는 신탁대출(trust loan), 온라인 P2P대출 등이 포함된다. 후자에는 전자에 더해 증권자산관리상품, 소액대출회사 대출, 사채 등이 포함된다. 중국 정부는 2016년을 그림자금융 규모가 정점을 찍었던 시기로 평가하고 있다. 이 해에 좁은 의미의 그림자금융

는 연례 경제정책 심포지엄)에서 언급하며 널리 알려지게 되었다.

4) '장부외(帳簿外)'라는 의미로, 중요한 활동이지만 대차대조표에 기재되지 않는 업무를 지칭한다.

5) 금융안정위원회(FSB: Financial Stability Board)는 그동안 그림자금융을 '은행시스템 밖에서 신용중개 활동에 관여하지만 은행 수준의 건전성 규제를 받지 않으며 예금자보호 및 공적 유동성 지원 제도가 적용되지 않는 금융시스템'으로 정의해 왔다. 다만 2018년 10월부터는 이 용어를 보다 중립적인 의미가 담긴 '비은행 금융중개(non-bank financial intermediation)'로 변경하여 사용하고 있다. 이 책에서는 보다 많은 독자들이 익숙할 그림자금융이라는 용어를 그대로 썼다.

6) 中國銀保監會, 中國影子銀行報告, 金融監管研究 2020年第11期, 2020.12.4.

규모는 8,670조 원(51조 위안), 넓은 의미의 그림자금융은 1경 5,300조 원(90조 위안)에 달하는 엄청난 규모였다. 각각 그 해 GDP의 68% 및 121%에 해당한다. 다만, 이후 중국 정부의 그림자금융 축소 노력으로 규모는 감소하는 추세를 보였다. 2019년 기준으로 협의의 그림자금융은 6,647조 원(39.1조 위안)으로, 광의의 그림자금융은 1경 4,416조 원(84.8조 위안)으로 감소하였다. 이러한 수준은 GDP 대비로는 각각 39% 및 86%이다. 물론 여전히 막대한 규모인 것만은 틀림없다.

한편 신용평가사 무디스(Moody's)는 2019년 기준 중국의 그림자금융이 1경 30조 원(59.0조 위안)에 이르는 것으로 추정한 바 있다. 이는 중국 정부가 발표한 협의 및 광의의 그림자금융 중간 수준에 해당한다. 문제는 2016~17년을 정점으로 감소세를 보이던 그림자금융이 2020년 코로나19 사태로 인해 다시 확대되는 조짐이 있다는 점이다.[7] 이는 경기부진에 대응하기 위한 조치의 하나로 다양한 채널을 통해 신용공급이 확대되면서 발생한 결과로 해석된다.

중국 그림자금융 규모 및 GDP 대비 비중

	2016		2019	
	협의	광의	협의	광의
규모(조 위안)	51.0	90.0	39.1	84.8
GDP 대비 비중(%)	68.4	120.6	39.4	85.6

자료: 中國銀保監會.

둘째는 부동산 버블 문제이다. 이는 중국 정부가 회색 코뿔소 요인에 해당한다는 점을 공개적으로 지적하는 문제이기도 하다.[8] 중국의

---

7) 무디스는 2019년까지 감소세를 보이던(2017년 65.6조 위안 → 2019년 59.0조 위안) 중국의 그림자금융 규모가 2020년 1사분기에는 다시 0.1조 위안 증가하면서 추세가 바뀌었다고 지적하고 있다.

부동산가격은 현재 각종 규제정책 등으로 잠시 진정세를 보이고 있으나 투자 수요가 크게 잠재해 있어 불안 우려가 상존하고 있는 상황이다. 중국 정부로서는 부동산가격이 안정을 유지하는 가운데 부동산시장 자체는 적절한 활황세가 유지되기를 바라지만 이게 쉬운 일이 아니다. 특히 대도시를 중심으로 급등한 주택가격은 사회·정치적 안정을 위협할 수준에 이르렀다는 점에서 강력한 규제가 필요하다는 여론이 높은 상황이다.

주택가격이 적정한 수준인지를 어림짐작으로 측정하는 대표적인 지표 중 하나로 '소득대비 주택가격 비율(PIR: Price to Income Ratio)'이 있다. 이는 일정 지역의 주택가격을 연간 가계소득으로 나누어 산출하는 지표이다. 한마디로 말해 가계의 소득만으로 주택을 구입한다고 가정할 경우 몇 년이 걸릴 것인지를 측정하는 것이다. 연간 가계소득, 기준주택 가격, 물가수준 등이 국가별, 도시별로 다양하여 일률적으로 말하기는 어려우나 통상적으로 이 비율은 3~6을 적절한 수준으로 간주한다. 그런데 베이징, 상하이 및 선전 등 중국 주요 대도시의 PIR는 이미 30~50에 이르는 것으로 추정된다. 거의 세계 최고 수준이다. 중국의 1인당 소득수준 등을 감안할 때 이들 대도시의 주택가격이 지나치게 높다는 점은 누구나 인정하는 점이기도 하다. 급등한 가격도 문제일 뿐더러 어떤 이유로든 이들 주택가격이 급락할 경우 전체 경제에 미칠 영향을 감안한다면 부동산시장의 연착륙을 유도하는 것이 얼마나 중요한 일인지를 잘 알 수 있다.

마지막으로 들 수 있는 것은 부채 문제이다. 중국은 이미 높은 수준에 이른 기업부채로 인해 한계기업을 중심으로 부실 위험이 증가할 우려가 있을 뿐만 아니라 몇 년 사이 급증한 가계부채도 문제이다.

---

8) 2021년 3월 2일 중국은행보험감독관리위원회 궈수칭(郭樹清) 주석은 부동산 버블로 초래될 수 있는 리스크가 현재 중국 금융시장의 가장 큰 회색 코뿔소(灰犀牛) 요인임을 지적하였다.

세계 주요 도시 PIR(2020년 12월)

	홍콩	베이징	상하이	서울	도쿄	런던	뉴욕
PIR	45.5	41.8	36.6	28.7	15.6	15.5	9.9

자료: NUMBEO(www.numbeo.com).[9]

기업부채의 경우 GDP 대비 기업부채 비율은 2011년의 121.3%에서 2020년 6월 162.5%로 증가하였다. 문제는 중국 정부의 디레버리징 (Deleveraging) 정책으로 2017년 이후 감소세를 보이던 이 비율이 2019년부터 다시 증가세로 전환되었다는 점이다.[10] 미·중 통상갈등으로 대표되는 대외 불확실성으로 초래된 경기 부진 및 기업이익 감소에 따라 디레버리징 정책의 지속적인 추진이 어려워졌기 때문이다. 여기에 2020년의 코로나19 사태는 어려움을 더욱 가중시키면서 기업 부실에 따른 리스크 확대 가능성이 다시 대두되는 상황을 초래하게 되었다.

한편 가계부채 비율도 2011년 GDP 대비 27.7%에서 2020년 6월은 59.1%로 증가하였다. 절대적인 규모는 기업부채가 아직 훨씬 크지만 최근의 증가 속도는 가계부채가 더 빠른 것을 알 수 있다. 가계부채 문제는 부동산 버블과도 밀접한 관계에 있다. 가계부채의 상당 부분이 주택 구입을 위한 모기지(mortgage) 대출이기 때문이다. 2020년말 현재 개인모기지대출 잔액은 5,865조 원(34.5조 위안)으로 전체 대출잔액 2경 9,359조 원(172.7조 위안)의 19.9%를 차지하고 있다. 이는 2015년말 잔액이 2,414조 원(14.2조 위안)이었던 점을 감안하면 5년 만에 두 배 이상 급증한 것이다. 가계부채 문제 또한 무시할 수 없는 중국경제의

---

9) 다만 NUMBEO 자료는 자료 입수 방법 등에서 신뢰성이 떨어진다는 비판이 있음을 유념해야 한다. 공식적으로 각국 도시들의 PIR를 측정하여 정기적으로 발표하는 국제기구는 없다.

10) 2016년 3월 161.8%로 최고치를 기록한 후 2017년 12월 156.4%, 2018년 12월 149.1%로 감소하였다가 2019년 12월 149.3%, 2020년 3월 159.1%, 6월 162.5%로 다시 증가세를 보이고 있다(BIS).

리스크 요인으로 잠재해 있다는 점을 잘 나타내 주는 수치이다.

2020년 6월 기준으로 9,826조 원(57.8조 위안)으로 GDP대비 비율 58.7%에 이르는 정부부채는 아직 여타국보다 걱정할 단계는 아니라는 평가가 많다. 그러나 이 수치에는 지방정부부채의 상당 부분이 포함되어 있지 않다는 점[11])에서 역시 잠재적인 리스크 요인으로 지적된다.

중국 개인 모기지대출 잔액과 비중

	2015	2017	2019	2020
모기지대출 잔액(조 위안)	14.2	21.9	30.1	34.5
전체 대출액 중 비중(%)	15.1	18.2	19.6	19.9

자료: 中國人民銀行 金融機構貸款投向統計報告 2017~2020年.

중국 정부는 앞에서 언급한 세 가지 회색 코뿔소 요인에 의해 초래될 수 있는 중국경제의 시스템리스크에 대응하여 다양한 정책을 실시하고 있다. 그림자금융 규제 및 감독 강화, 대도시 주택구매 제한 및 대출요건 강화, 국유기업의 레버리지비율 규제정책 등이 대표적이다. 문제는 최근의 경기부진 상황에 대응한 경기부양 기조 속에 이와 같은 정책의 지속과 확대가 쉽지 않다는 점이다. 적절한 호흡을 유지하면서 정책의 강도를 조절하되 기본 방향은 흔들림 없이 꾸준하게 실천해 나갈 뚝심이 필요한 부분이다. 다만, 코로나19 사태 추이의 불확실성 속에 한동안은 리스크 관리와 관련된 정책은 후퇴하거나 중단될 수밖에 없을 것으로 예상된다. 이는 단지 리스크가 미래로 이연되는 것에 불과하여 향후 더 큰 위기를 초래할 수 있다는 점에서 매우 우려되는 부분이라 하겠다.

11) 지방정부가 재정수입 확충을 위해 설립한 페이퍼컴퍼니인 지방정부공사(LGFV: Local Government Financial Vehicle)와 관련된 부채가 포함되지 않는다.

중국 중소은행의 신용경색 및 부실 문제

– 중국 금융기관들의 복마전

언론에서 흔히 접하는 단어 중 하나로 '복마전(伏魔殿)'이라는 表現이 있다. 직역하면 '마귀가 엎드려 있는 전각'이라는 말이다. 이는 흔히 음모나 부정부패의 근거지를 지칭할 때 사용된다.[1] 이 말이 최근 중국의 은행 특히 중소은행과 관련하여 자주 사용되고 있다.

중국에는 크게 네 가지 형태의 은행이 있다. 국유대형상업은행(大型商業銀行), 주식제상업은행(股份制商业银行), 도시상업은행(城市商业银行) 및 농촌상업은행(农村商业银行)이 바로 그것이다.[2] 전자 두 개가 일반적으로 전국에 분포되어 있는 대형은행이라면 후자 두 개는 주로 일부 지역만을 중심으로 영업활동을 하는 중소은행이라 할 수 있다. 물론 중국 금융산업에서 핵심을 차지하는 은행들은 전자인 국유대형상업은행 및 주식제상업은행이다. 이들 두 가지 형태 은행들의 자산이 전체 은행

---

1) 이 말의 출전은 소설 「수호지(水滸誌)」라고 한다.
2) 물론 이외에도 정책은행, 외자은행 및 민영은행이 있으며 비은행 예금기관으로서 은행의 명칭을 가진 농촌합작은행, 촌락은행이나 농촌신용사 등의 농촌금융기관도 있다. 다만 은행산업에서 차지하는 비중 등을 감안할 때 이 네 가지 은행이 중심이다.

자산의 70% 내외를 차지한다. 2020년말 기준으로 전체 상업은행 총자산 중 국유대형상업은행은 47.3%, 주식제상업은행은 22.0%를 점하고 있다.[3] 이들은 대개 자산규모가 크고 인지도가 높을 뿐만 아니라 규모의 경제에 의한 경쟁력이 있어 대외적 환경변화에 크게 영향을 받지 않는다. 문제는 후자에 해당하는 중소형 은행들인 도시상업은행 및 농촌상업은행들이다.

경제성장률이 낮아지고 미·중 무역전쟁 및 코로나19 확산에 따른 글로벌 경기 부진 우려가 확대되면서 중국의 기업들뿐만 아니라 이들 중소은행들의 어려움이 가중되고 있다. 우선 한계기업들의 채권 디폴트가 최근 들어 급증하고 있다. 2014년 6건에 2,210억 원(13억 위안)에 불과했던 회사채 디폴트 금액은 2018년 125건 20.6조 원(1,210억 위안)에 이어 2020년 224건 40.6조 원(2,386억 위안)으로 급증하였다.

중국 회사채 디폴트 건수 및 금액

	2014	2015	2016	2017	2018	2019	2020
건수(건)	6	23	79	49	125	184	224
금액(억 위안)	13	126	403	338	1,210	1,494	2,386

자료: Wind.

기업 부실은 이와 연계된 금융기관 부실로 이어지기 마련이다. 특히 중소형 은행들이 이의 영향을 직접적으로 받고 있다. 흔히 은행의 부실 여부를 판단할 때 대표적으로 사용하는 지표의 하나인 '무수익여신비율(NPL: Non Performing Loan)'을 보면 이를 잘 알 수 있다. 2020년말 기준 무수익여신비율은 대형상업은행이 1.39%, 주식제상업은행이 1.64% 였다. 그러나 도시상업은행은 2.45%, 농촌상업은행은 4.09%에 달하였

---

3) 中國銀行保險監督管理委員會.

다.[4] 수치상으로도 중소형 은행들이 대형 은행들보다 2~3배 더 부실한 셈이다.

2019년에 구제금융을 받은 3개 은행 비교

	바오샹(包商)	헝펑(恒豊)	진저우(錦州)
종류	도시상업은행	주식제은행	도시상업은행
설립	1998년	1987년	1997년
상장여부	비상장	비상장	상장(홍콩)
총자산	5,360억 위안 (17년말)	1.2조 위안 (16년말)	8,255억 위안 (19.6월말)
구제금융 시기	2019년 5월	2019년 8월	2019년 7월
구제금융 기관	건설은행	중앙우이신부자공사 (CIC 자회사)	공상은행 & 2개 전략적투자자
비고	2020.11월 최종파산 자산 등은 멍샹(蒙商) 및 후이샹(徽商) 은행이 인수	산동(山東)성 정부가 1천억 위안 출자하여 회생	랴오닝(遼寧)성 정부가 121억 위안 출자하여 회생

자료: 중국인민은행, 언론 보도 자료 등.

이미 2019년에만 3개 중소은행이 구제금융을 받으면서 이와 같은 우려가 일부 현실로 나타났다. 중국 은행권 특히 중소은행의 신용경색 및 부실 문제의 심각성이 다시 한번 제기된 셈이다. 2019년 5월 바오샹(包商)은행, 7월 진저우(錦州)은행, 8월 헝펑(恒豊)은행 등이 구제금융을 받았다. 이들은 은행의 종류 및 상장 여부 등이 다양하였다. 그러나 정치적 요인, 대출 기업 부실화, 자금공급의 어려움 등 다양한 요인에 따라 부실이 심화되었으며 결국 구제금융을 받게 되었다는 공통점이

---

4) 中國銀行保險監督管理委員會.

있다. 특히 바오샹은행은 2020년 11월에 최종 파산하게 되면서 중국 역사상 네 번째의 은행 파산으로 기록되었다.

중소형 은행의 리스크와 개혁 필요성은 중국 정부도 이미 잘 알고 있는 사항이다. 이와 관련하여 중국의 중앙은행인 중국인민은행(中國人民銀行)은 매년 전국의 주요 금융기관들을 대상으로 건전성 평가를 실시하고 있다. 평가결과 리스크가 높은 것으로 평가된 기관들에게는 경고 및 시정조치 등이 뒤따른다. 2019년말 기준으로 평가한 전국 금융기관은 4,400개였다. 자산 상황, 수익 능력, 유동성 관리, 내부통제 능력 등 다양한 지표를 종합 평가하여 11개의 등급으로 분류한 평가였다.5) 이때 평가를 받았던 농촌상업은행 1,468개 중 12%인 178개가 위험등급이라 할 수 있는 8등급 이하로 분류되었다. 이외에 농촌금융기관인 농촌신용사와 농촌합작은행의 경우는 715개 중 28%인 200개가 8등급 이하였다. 이와 같은 평가결과는 중소형 은행을 포함한 중국 금융기관들의 리스크 상황이 얼마나 심각한지를 잘 말해준다. 중국인민은행은 건전성이 크게 떨어지는 것으로 평가된 245개 금융기관에 경고처분 및 시정조치를 실시하였다. 이는 전체 조사대상 금융기관의 5.6%에 해당하는 규모이다.

한편 중국의 최고 금융정책 및 감독 관련 기구라 할 수 있는 국무원 금융안정발전위원회(國務院金融穩定發

2019년에 구제금융을 받았던 바오샹(包商)은행은 2020년 최종 파산하게 되면서 중국 역사상 네 번째의 은행 파산 사례로 기록되었다.

---

5) 中國人民銀行, 央行金融機構評級結果分析, 中國金融穩定報告(2020), 2020.11.6.
평가대상 금융기관 중 대형상업은행 6개, 주식제상업은행 12개, 도시상업은행 134개, 농촌상업은행 1,468개가 포함되었다.

展委員會)[6]는 2019년 11월 제9차 회의에서 지배구조, 리스크 관리 시스템 구축, 자본확충 통로의 다양성 확보 등 중소형 은행 개혁을 위해 다양한 조치를 실시할 것임을 강조한 바 있다. 물론 쉽지 않은 일이다. 대형 은행을 선호하는 소비자들의 인식과 광범위하고 빈번한 금융규제 속에서 중소형 은행들이 어떻게 생존할 수 있을 것인가 하는 문제는 당분간 중국 금융권의 중요한 이슈가 될 것이다. 다만 은행업 전체에서 이들 중소은행들이 차지하는 비중이 크지 않다는 점과 당국의 충분한 통제능력과 법적 보호장치[7] 등이 있다는 점은 그나마 다행이다. 그런 면에서 보면 설령 일부 중소은행이 부실화되더라도 중국경제 전체에 미치는 영향은 당분간은 제한적일 것이다. 그러나 무수익여신 분류의 불투명성 및 지방정부의 암묵적 보증에 따라 연명중인 지방의 중소은행 상황 등을 감안하면 이 문제가 중국경제의 매우 위험한 리스크 요인 중 하나임에는 틀림이 없어 보인다.

---

6) 금융관리감독, 금융리스크 예방 및 금융개혁 등을 위해 2017년 설립되었다. 부총리가 위원장이며 중국인민은행 총재가 부위원장이다.
7) 상업은행법 제64조에 의하면 신용위기 발생시 중국인민은행이 상업은행을 관리하여 예금자의 권익을 보장한다. 또한 2015년 5월부터 예금자보호제도가 실시됨에 따라 은행별로 8,500만 원(50만 위안) 이내의 원금 및 이자를 100% 보장하고 있다.

중국은 중진국 함정에서 벗어날 수 있을까?

- 드문 예외에 중국이 포함?

널리 알려진 글로벌 비정부기구(NGO) 중에 '월드비전(World Vision)'이라는 단체가 있다. 100여 개국에 4만여 명의 직원이 근무하는 대형 구호단체인데, 그 시작은 한국전쟁과 관련이 깊다. 한국전쟁의 참상을 접하게 된 미국의 밥 피어스(Bob Pierce) 목사가 전쟁 고아 및 미망인들을 돕기 위해 1950년 설립한 단체가 바로 월드비전이다. 우리로서는 매우 의미 깊은 단체라 할 수 있다. 우리나라는 1991년에 도움을 받는 국가(receiving country)에서 도움을 주는 국가(donor country)로 변모하였다.[1] 월드비전 역사상 이런 경우는 전무후무하다고 한다. 이는 가난의 굴레에서 벗어나기가 개인뿐만 아니라 국가 차원에서도 얼마나 어려운지를 상징적으로 보여주는 사례라고 할 수 있다.

'중진국 함정(middle income trap)'은 세계은행(World Bank)에서 2006년에 처음 사용한 용어이다. 이는 일부 중진국들이, 마치 함정에 빠진 것처럼 선진국으로 도약하지 못하고 일정 구간[2]에 머물러 있는

---

1) 2020년 현재 우리나라의 월드비전 기부자는 48.3만 명에 달한다.
2) 일정구간이란 보통 중간소득 범위를 말한다. 세계은행에서는 중간소득 범위(middle income range)를 1인당 소득(GNI) 1,000~12,000달러(2011년 불변가

현상을 일컫는 용어이다. 즉, 경제발전 초기에 급속한 성장세를 보이며 저개발국에서 중진국으로 도약한 국가들의 성장세가 다양한 요인들로 인해 정체되는 현상을 일컫는 말이다. 이러한 현상이 발생하는 원인으로는 생산요소비용 상승, 노동인구 감소, 빈부격차 확대, 환경 악화, 관료부패 등이 지적된다. 이런 요소들이 복합적으로 작용하면서 중진국의 선진국 도약을 끌어 내리는 결과를 초래한다는 것이다.

1960년 이후로 이러한 중진국 함정에서 벗어난 국가는 우리나라를 포함하여 단지 10~15개 국가 내외에 불과한 것으로 평가된다. 2013년 세계은행의 연구에 의하면 1960년대에 중진국이었던 101개 국가 중 한국 등 단지 13개 국가만이 2010년 현재 고소득국가 수준에 이른 것으로 나타났다.[3] 베이징대학 황이핑(黃益平) 교수도 1960년대 중진국이었던 101개 국가 중 현재까지 88개 국가가 여전히 이에 머무르고 있음을 지적한 바 있다.[4] 중진국 함정에 빠진 대표적인 국가로는 필리핀, 브라질, 멕시코, 아르헨티나 등이 꼽히고 있다.

중진국 함정 관련 주요국 1인당 GDP 변화(달러)

	한국	홍콩	필리핀	브라질	멕시코	아르헨티나
1965년	106	678	189	258	486	1,271
2019년	31,762	48,756	3,485	8,717	9,863	10,006

자료: World Bank.

최근 중국 언론 등에서 자주 언급되는 표현이 바로 이 '중진국 함정' 이다. 중국의 2019년 1인당 국민소득은 사상 최초로 1만 달러를 돌파

격 기준)로 정의하고 있다.

3) World Bank, China 2030 : Building a modern, harmonious, and creative high-income society, 2013.

4) 新華財經, 黃益平 - 未來30年中國經濟將面臨哪些挑戰?, 2019.12.18.

하여 10,410달러를 기록하였다.[5] 중진국 함정 탈출 여부가 결정될 핵심적인 시기에 접어든 것이다. 중국은 이미 2013년에 제12차 5개년 계획(2011~15년)상의 주요 정책 중 하나로 경제구조 조정(rebalancing) 및 중진국 함정 회피를 강조한 바 있다. 2014년에는 시진핑 주석도 중진국 함정 회피가 중국 정부의 주요 어젠다 중 하나임을 언급하였다.[6]

그렇다면 중국은 과연 중진국 함정을 벗어날 수 있을까?

아직은 긍정적인 의견이 조금 더 많은 것 같다. 우수한 인적자원, 정부의 관리 능력, 수출구조 다변화 노력, 생산성 제고를 위한 R&D 확대 등 다양한 방면에서 평가할 때 중국은 여전히 견조한 성장

중국의 1인당 국민소득은 이미 1만 달러를 넘어섰다. 이는 중진국함정에서 벗어날 수 있을지 여부가 결정되는 중요한 시기라는 의미이기도 하다. 중국의 경제개발 과정에서 핵심적인 역할을 수행해 온 농민공들의 처우 개선은 이 과정에서의 핵심 대응과제이다.

세를 한동안 유지해 나갈 것으로 예상되기 때문이다.

우선 생산의 주체인 기업환경 개선을 위한 노력이 지속되고 있다. 세계은행에서 2013년부터 매년 발표하는 기업환경보고서(Doing Business)가 있다.[7] 창업, 등록, 신용, 투자자 보호, 조세 납부 등을 위해 필요로 하는 절차와 소요 시간 및 조건 등을 점수화하여 글로벌 190여 개국을 조사하고 순위를 발표하는 보고서이다. 중국은 2018년 순위가 78위였

---

5) 中國國家統計局(2020.8.7).
6) 人民網, 习近平: 中国肯定要迈过"中等收入陷阱", 2014.11.11.
7) World Bank Group, Doing Business 2020, Comparing Business Regulation in 190 Economies, 2019.10.24.

다. 그러나 2019년은 46위, 2020년은 31위로 상승하였다. 규제, 지원, 권리보호 등의 측면에서 중국에서 기업을 운영하는 여건이 점차 좋아지고 있음을 반영하는 결과이다. 우수한 인력과 인프라 능력 등에서 중국의 경쟁력은 여전하다. 미·중 무역갈등과 점차 증가하는 중국의 인건비 부담에도 불구하고 많은 기업들이 동남아시아나 인도 등으로 생산기지를 쉽게 이전하지 못하는 데에는 이런 점들이 작용하고 있다고 추정할 수 있다.

또한 거대한 소비시장을 바탕으로 한 중국의 소비 여력 증가는 중국 경제가 외부의 영향력에서 점차 벗어나 자체적인 힘만으로도 어느 정도의 성장을 달성해 나갈 수 있음을 의미한다. 2018년 세계은행 기준으로 중국 가계의 소비지출액은 5.4조 달러로 미국(16.9조 달러)에 이은 세계 2위의 규모이다. 이는 3위인 일본(2.8조 달러)과 4위인 독일(2.0조 달러)을 합한 것보다 더 큰 규모이다. 중산층(middle class)의 분포 면에서도 소비시장의 잠재력을 잘 알 수 있다. 경제적인 중산층 기준은 다양하겠지만, 이미 2018년 기준으로 연간 가처분소득이 2,350만 원(13.8만 위안) 이상인 인구가 중국 전체 도시 인구의 48.9%인 4억 명으로 추정되는[8] 상황이다. 코로나19가 맹위를 떨친 2020년에도 주요국 가운데 거의 유일하게 중국이 플러스 성장(2.3%)을 기록한 것을 보면 이러한 예측이 전혀 근거 없는 것만은 아님을 알 수 있다.

그러나 중국이 현재 당면하고 있는 다양한 문제들을 감안하면 중진국 함정 탈출이 만만하지 않다는 의견도 많다.

우선 중장기적으로는 인구고령화에 따른 인구보너스(demographic bonus, 人口紅利) 감소 문제를 들 수 있다. 인구보너스란 생산가능인구(15~64세)의 비중이 증가함에 따라 노동력과 소비가 늘면서 경제성장

---

8) McKinsey & Company, China consumer report 2020, 2019.12. 한편 2010년만 해도 경제적 중산층에 해당하는 인구는 전체 도시 인구의 7.9%인 5,300만 명에 불과하였다.

이 촉진되는 것을 말한다.9) 중국은 그동안의 고속성장 과정에서 이 인구보너스 효과를 누려왔는데, 인구고령화 및 출생률 저하 등으로 더 이상 이 효과를 누릴 수 없게 되었다는 평가가 많다. 또한 연금재정 부담 문제, 경제적 자유의 위축을 초래하는 체제 문제 등도 걸림돌이라는 지적이 많다.

한편 단기적으로는 부채 증가로 인한 리스크 확대, 환경 오염, 식품 안전, 경직적인 교육시스템, 권위적 정부 등의 어려움에 직면하고 있다는 평가가 많다. 최근에는 정체된 세계화(slowbalization) 내지 脫세계화(逆세계화, deglobalization) 흐름이 글로벌 경제 블록화 및 글로벌 가치사슬(GVC)의 변화를 초래하면서 중국의 성장세를 위협하는 요인으로 작용하고 있다. 중국이 그동안 유지해 온 성장구조의 변화를 요구하는 상황이 도래한 것이다.

장·단기 문제 모두 어느 것 하나 해결하기 쉽지 않은 과제들이다. 그러나 이와 같은 문제들을 무시하고서는 외형적 성장 위주에서 혁신과 기술이 주도하는 새로운 성장 모델로의 전환은 불가능하다. 관건은 '어떻게'이다. 부작용을 최소화하면서 이들 문제들을 완화시킬 방법을 찾아내야 한다. 특히 사회주의 시장경제라는 유일한 경제시스템을 유지하고 있는 중국으로서는 참고할 만한 선례가 없다는 치명적인 제약점을 가지고 있다. 고차원의 방정식 문제와 같은 어려움을 중국 정부가 어떻게 풀어갈지 지켜볼 일이다.

9) 인구배당(demographic dividend) 효과라고도 한다.

중국경제의 트릴레마

– 딜레마보다 복잡한 상황

일상생활에서 딜레마(dilemma)라는 용어는 많이 사용되고 있다. 하지만 트릴레마(trilemma)는 자주 쓰는 말은 아니다. 아마 처음 들어본 독자들도 있을 것이다. 간단히 말한다면 딜레마가 양자택일(兩者擇一)의 상황을 의미하는데 반해 트릴레마는 삼자택이(三者擇二)의 상황을 뜻한다. 정확한 비유는 아닐지 모르겠으나 예를 들면 음식점을 선택할 때 가격이 싸거나, 양이 많거나, 맛이 아주 좋거나의 세 가지 조건이 있을 경우 이 중 최대 두 가지를 선택할 수밖에 없는 상황을 말한다. 세 가지 조건이 다 충족된다면 더할 나위 없겠지만 이건 현실적으로 거의 불가능하다는 점에서, 어느 하나를 희생하되 다른 두 가지를 충족하는 음식점을 고르는 상황을 상상하면 된다.

거시경제학에서는 트릴레마란 용어가 종종 쓰인다. 이는 한 나라의 거시경제정책이 본질적으로 당면하고 있는 정책 선택상의 제약을 일컫는 용어이다. 구체적으로는 정책당국이 통화정책의 독립성(monetary independence), 안정적 환율제도(exchange rate stability), 금융시장개방(financial integration)이라는 세 가지 정책목표를 동시에 충족시킬 수는 없으며 이 중 최대 두 가지만 달성 가능하다는 것이다. 즉, 이들 세 가지 목표간의 상충(trade-off) 관계를 지칭하는 개념이다. 트릴레마의 논리는 자본의 이동이 자유로운 고정환율제 국가의 경우 금리를 정책당국이 목표로 하는 수준에 고정시킬 수 없게 되므로 독립적 통화정책을 운영할 수 없게 된다는 것에 바탕을 둔다.[1]

중국은 이 세 가지 정책목표 중 현재 세 번째 요소인 '금융시장개방'을 포기하고 있는 상황이다. 이는 통화정책의 독립성을 전제로 하였을 때 중국에서는 그동안 수출 촉진을 위한 환율제도의 안정이라는 요인이 금융시장개방 요인보다 더 중요시되어 왔음을 시사한다. 금융시장개방 정도를 측정하는 대표적인 지표 중 하나로 친-이토지수(Chinn-Ito Financial Openness Index)라는 게 있다. 0~1의 숫자를 가지는 이 지표는 1에 가까울수록 개방 정도가 높음을 의미하는데, 2018년 기준 중국의 이 지수는 0.165에 불과하였다. 우리나라를 포함하여 주요국들이 모두 1인 점을 고려하면 중국의 금융시장 개방수준이 아직 한참 뒤떨어지는 것을 알 수 있다. 그러나 최근에는 금융시장개방 정도가 점차 높아지면서 트릴레마상의 선택점이 조금씩 변하고 있는 것이 아니냐는 의견이 제기되고 있다. 금융시장 각 부문에서 외국 자본의 지분 제한을 점차 철폐하고 있는 것이 대표적이다. 2018년 은행을 시작으로 2020년 1월에는 선물 및 생명보험사, 4월 자산운용사, 12월 증권사에 대한 외국 자본 투자시의 지분 제한이 없어졌다. 이처럼 중국이 점차 다양한 금융시장 개방조치를 취하고 있는 것은 미국의 통상압력 및 금융시장 효율성 제고 필요성 등 다양한 요인이 복합된 결과라는 해석이다.

---

1) 예를 들어 금리를 해외보다 높게 유지하려고 할 경우 타국에서 차익거래 (arbitrage)를 위한 자금이 유입되므로 환율수준 유지를 위해서는 불태화정책 (sterilization policy)이 필요하다. 이러한 정책은 기초통화 증가와 금리하락을 초래하게 되어 당초의 정책당국 의도를 달성하는 데 실패하게 된다. 여기에서 불태화정책이란 해외부문에서 초래된 통화량 증가를 상쇄하기 위해 중앙은행이 공개시장조작이나 지급준비율을 조정하는 정책을 말한다.

다만 일부 개방조치에도 불구하고 중국의 금융시장개방은 매우 더디게 이루어지고 있는 상황이다. 중국 금융시장 특히 자본시장은 여전히 폐쇄적이며 국제화 정도가 낮다는 평가를 받고 있다. 예를 들어 주식 발행시장의 경우 해외기업의 중국 주식시장 상장·유통은 허용되지 않고 있으며, 채권 발행시장의 경우 최근에야 일부 규제가 완화되었다.[2] 주식이나 채권 유통시장의 경우에도 외국인투자자는 사전승인 및 특별한 경로를 통한 예외적인 참여만 허용되고 있다. 중국 주식 및 채권에 대한 투자 승인을 받은 외국 투자기관을 의미하는 '적격외국인기관투자가(QFII: Qualified Foreign Institutional Investor)'제도가 대표적이다. 비록 지금은 적격외국인기관투자가의 투자한도(쿼터)가 폐지[3]되었지만 자격심사를 유지하고 있다는 점에서 한계는 여전하다. 2020년말 현재 '적격외국인기관투자가'는 558개이다.[4] 한편 상하이(선전)-홍콩 거래소 간 상장주식 직접매매를 허용하는 제도인 후강통(滬港通)(선강통(深港通)) 제도도 마찬가지이다. 일정한 금액 한도에서만 투자가 가능하므로 매우 제한적이다.[5] 단순하게 말해 이들 예외적인 방법을 제외한다면 외국인으로서 중국의 주식이나 채권을 살 수 있는 길은 없는 셈이다. 이러한 제한으로 인해 중국의 주식 및 채권시장에서 외국인투자자가 점하는 비중은 아직 2~5%에 불과한 실정이다.

이처럼 중국 정부가 자본시장 개방 및 자유화에 신중한 것은 그 필요성에도 불구하고 금융시장 변동성 증가라는 리스크를 감수해야 하기

---

2) 외국기업 등이 중국에서 발행하는 위안화 표시 채권을 의미하는 판다본드(Panda bond)는 그동안 국제개발기구 등에게만 발행을 허용하다가 2015년 9월 이후에야 일반 외국기업도 발행이 가능하게 되었다.

3) QFII는 당초 투자금액 한도가 설정되어 있었다. 이 한도는 2002년 40억 달러를 시작으로 이후 점차 증가하여 2019년 1월 3,000억 달러까지 상향조정되었다. 그러나 자본시장 개방 확대 정책의 일환으로 2019년 9월 이 투자금액 한도는 폐지되었다.

4) 이 중 우리나라 기관은 46개이다.

5) 2020년말 현재 홍콩 거래소를 통한 상하이 및 선전 거래소 일일 투자금액 한도는 각각 520억 위안이다.

때문이다. 특히 글로벌 금융위기 등을 거치며 중국 지도부는 자유화된 신흥국 금융시장을 글로벌 투기자본이 어떻게 교란할 수 있는지를 잘 인식하게 되었다. 금융시장 개방에 대해서는 보수주의자들의 목소리가 여전히 큰 이유이다. 이는 덩샤오핑이 개혁개방 과정중에 재차 강조했던 '안정(穩定)'이라는 대전제의 중요성이 중국에서 여전함을 의미한다.

이런 상황을 감안해 보면 중국의 완전한 자본시장 개방 및 자유화에는 상당한 시간이 소요될 전망이다. 매우 점진적으로만 진행될 것이라는 의미이다. 예를 들어 외자은행의 중국 진출이 증가하고 있으나 중국 현지은행 성장 속도에 비하면 미미한 것으로 나타나고 있다. 홍콩상하이(HSBC) 및 스탠다드차타드(SC)은행 등이 중국에 진출하여 최초로 외자은행을 설립한 2007년에 외자은행의 자산이 전체 은행업 총자산에서 차지하는 비중이 2.4%였다.[6] 그러나 2019년 비중은 1.2%로 오히려 크게 감소하였다. 이는 외자은행들이 각종 규제 등으로 인해, 중국 국내 은행들의 급성장에 비해 상대적으로 몸집을 불리지 못하고 있는 상황이기 때문이다. 중국은 2018년에 외자은행의 지분 제한 규정을 폐지하여 외자은행 독자적으로 혹은 중외합자 형태로 은행을 설립할 수 있게 되었다. 그러나 규제가 완전히 철폐된 것은 아니다. 국내은행에는 요구하지 않는 추가적인 조건과 규제가 여전하기 때문이다.[7]

외자은행 총 자산 및 비중

	2007	2009	2011	2013	2015	2017	2019
자산 총액(조 위안)	1.2	1.3	2.2	2.6	2.7	3.2	3.5
전체 은행 중 비중(%)	2.4	1.7	1.9	1.7	1.4	1.3	1.2

자료: 中国银行保险监督管理委员会.

6) 조고운, 최근 중국의 금융시장 개방 추진 현황 및 평가, KIEP 기초자료 19-20, 2019.11.20.
7) 예를 들어 설립시 요건으로 지속적인 흑자 능력, 국제금융업무에 종사한 경험, 유효한 자금세탁방지제도 보유 등을 요구한다.

HSBC(중국명 汇丰银行)는 Standard Chartered(중국명 渣打银行)와 함께 2007년 중국에 최초로 진출한 외자은행이다. 한편 HSBC는 홍콩에서 지폐를 발행하는 3개 은행 중 하나이기도 하다.

2010년대 초반에 중국 정부는 2020년까지 상하이를 중국의 경제력과 위안화의 국제적 지위에 걸맞는 국제금융센터로 육성한다는 계획을 세운 바 있다. 그러나 이 계획이 달성된 것으로 평가하기에는 미흡한 점이 많다. 외국기업의 중국 내 주식발행을 전담할 '상하이 국제판(上海国际版)' 설립이 2009년부터 추진되고 있으나 10년 넘게 여전히 논의중이라는 점은 중국의 자본시장 개방이 얼마나 더디게 이루어지고 있는지를 상징적으로 보여주는 사례이다.

중국경제가 안고 있는 문제의 하나는, 비록 더디지만 점진적인 자본자유화가 추진됨에 따라 트릴레마 상황은 더 심각해질 수 있다는 점이다. 이전에는 자본통제를 통해 독자적인 통화정책과 안정된 환율을 유지할 수 있었으나 자본시장이 개방될수록 이 두 가지 중 하나를 포기해야 하는 상황에 처하게 되기 때문이다. 예를 들어 자본시장 개방 확대로 자본유출이 증가할 경우 경상수지 흑자에도 불구하고 외환보유액이 감소할 수 있으며 이 경우 위안화 환율의 변동성은 더욱 커질 수있다.

자본시장 개방의 필요성과 함께 개방할 경우의 문제점도 고려해야 하는 상황에서 중국 정부는 결국 서서히 자본시장을 개방하는 제반 조치를 지속적으로 취해 나갈 것이다. 관건은 그 과정에서 발생할 제반 어려움과 리스크를 얼마나 효율적으로 잘 관리하느냐이다. 자본시장

성숙, 효율적인 금융감독 시스템 확립, 금융시장 및 금융기관의 시장화 및 선진화 등의 조건들이 선결조건임은 말할 필요도 없다. 중국 정책당국의 고민이 깊어질 수밖에 없을 것 같다.

위안화는 기축통화가 될 수 있을까?

- 경제력과 금융권력

2006년 저자가 중국에 석사과정 공부차 갔을 때 원화와 위안화의 환율은 1위안에 120원 정도였다. 즉, 위안화 지폐의 최고 액면인 100위안 지폐를 얻기 위해서는 우리 돈 12,000원이 필요하였다. 그런데 석사 공부 및 사무소 근무를 마치고 2011년 귀국하기 직전의 환율은 171원 정도였다. 똑같은 100위안 환전을 위해 필요한 우리 돈이 17,100원으로 오른 것이다. 이는 우리 돈의 가치가 그만큼 낮아졌다는, 즉 위안화의 가치가 그만큼 높아졌다는 의미이다. 중국경제의 위상이 높아지면서 중국 돈의 위상도 올라가게 되었음을 시사하는 대목이다.

우리가 일상생활에서 환율을 크게 신경 쓰는 경우는 거의 없다. 해외로 유학을 가거나 여행 등을 하게 되는 경우를 제외한다면 말이다. 그러나 수출입 기업 및 외환 관련 상품을 사고 파는 금융기관 등의 경우에는 그렇지 않다. 극단적으로 말한다면 환율보다 더 큰 영향을 미치는 경제적인 지표는 거의 없다고도 할 수 있다. 예를 들어 기업이 엄청나게 장사를 잘하여 연간 영업수익률이 수십 퍼센트에 이른다고 해도 단 며칠만의 환율 변동만으로 그 수익을 모두 까먹을 수 있다. 기업이 환리스크헤지[1]를 위해 노력하는 이유가 여기에 있다.

EU처럼 공동의 통화를 사용하는 극히 예외적인 경우를 제외한다면 각 국가는 고유의 통화를 가지고 있다. 수출입을 할 때 양쪽 국가는 자신들의 통화를 수출대금으로 받고 상대방 국가의 통화로 수입대금을 결제하는 것이 이상적일 것이다. 그러나, 언뜻 생각해도 이는 매우 번거로운 일이다. 100개 국가와 교역을 하고 있다면 100개의 통화가 필요하고 100개의 환율변동에 노출되는 결과를 초래하기 때문이다. 그래서 거래의 기준으로 등장한 것이 소위 기축통화(基軸通貨, key currency)이다. 무역이나 금융거래에서 가장 믿을 수 있고 또 안정적인 통화를 선정하여 이를 함께 사용하자는 것이다. 지금 글로벌 거래에서 기축통화는 미국의 달러화이다. 한편 유로화, 파운드화, 일본 엔화 등은 국제거래에서 비교적 자주 사용되는 준(準)기축통화라 할 수 있는데 이들을 흔히 교환성 통화(convertible currency)라고 부른다. 그러면 위안화는 어떨까?

우선, 중국의 경제력을 포함한 국력 증가로 위안화의 가치가 지속적으로 상승하는 추세에 있다는 점은 확실하다. 특히 미국 트럼프 행정부 하에서의 대중 압력 등으로 2016~19년 중 가치가 하락 추세이던 위안화는 2020년 하반기 들어 다시 강세를 보였다.[2] 이는 코로나19 사태 속에 상대적으로 중국경제의 경제회복세가 견조하고 달러화 가치가 하락하였기 때문이다. 2021년에도 무역수지 흑자 및 투자자금 유입 등으로 이러한 위안화 절상 추세는 지속될 가능성이 높다. 가치가 상승하는 통화를 갖고 싶어하는 사람이나 국가는 많기 때문이다.

---

1) 장래의 예상하지 못한 환율변동으로 인해 기업의 외화표시 순자산의 가치 또는 현금흐름의 순가치가 변동될 수 있는 불확실성을 제거하기 위해 보험 등을 이용하는 것을 의미한다(한국은행, 경제금융용어 700선, 2018).
2) 위안화의 대미달러 환율은 2020년 상반기 1달러당 7.03위안에서 하반기 6.77위안으로 절상되었다.

위안화 연평균 환율

	2005	2010	2015	2016	2017	2018	2019	2020
위안/달러	8.19	6.77	6.23	6.64	6.75	6.62	6.90	6.90
원/위안	125	171	182	175	168	166	169	171

자료: 중국국가통계국, 서울외국환중개.

위안화를 보유하려는 사람과 국가가 많아지면서 국제무대에서 위안화의 자유사용(freely usable) 가능성이 높아졌다. 이로 인해 나타난 상징적인 사건이 2016년 10월부터 IMF의 특별인출권(SDR: Special Drawing Rights) 바스켓에 위안화가 포함된 것이다. 여기에서 특별인출권이란 IMF 가맹국이 일정 조건에 따라 IMF로부터 국제유동성을 인출할 수 있는 권리를 의미하는 일종의 가상통화를 말한다. 현재 이 바스켓에는 위안화 이외에 달러화(비중 41.73%), 유로화(30.93%), 엔화(8.33%), 파운드화(8.09%)가 포함되어 있다. 위안화 비중은 10.92%로 달러화 및 유로화에 이어 세 번째로 큰 비중이다. 이렇게 보면 위안화는 적어도 앞에서 언급한 교환성 통화의 위상에 근접한 상황이라고 부를 수 있을 것이다.

글로벌 외환보유액 구성 통화(2020년말)

	달러	유로	엔	파운드	위안	캐나다달러	호주달러
금액(억 달러)	70,058	25,218	7,158	5,572	2,675	2,458	2,161
비중(%)	59.0	21.2	6.0	4.7	2.3	2.1	1.8

자료: IMF COFER.

위안화의 이런 위상은 IMF가 매 분기 발표하는 각국의 외환보유액 구성통화 비중에서도 알 수 있다. 글로벌 국가들이 보유하고 있는 외환

보유액을 통화별로 보면 현재 위안화는 달러화, 유로화, 엔화, 파운드화에 이어 다섯 번째로 높은 비중을 차지하는 통화이다.

자, 그렇다면 위안화는 현재 교환성 통화로서 어느 정도

현재 중국의 지폐는 1위안(元), 5위안, 10위안, 20위안, 50위안, 100위안 등 6종류가 있으며 모두 마오쩌둥 초상화가 전면에 인쇄되어 있다.

사용되고 있다는 의미인데 앞으로 진정한 G2로서 여타 통화들을 넘어 달러화의 아성에 도전할 수 있을 것인가가 문제이다.

아직은 한계가 많은 상황인 것 같다. 무엇보다도 중국 자본시장의 폐쇄성이 여전하기 때문이다. 이는 2015년 IMF가 위안화의 SDR 바스켓 포함 여부를 논의할 때 선진국에서 지적한 부분이기도 하다. 선진국들은 위안화의 바스켓 포함 조건으로 완전한 태환성(convertibility) 및 자유변동환율제도 채택 등을 들면서 중국의 자본시장 개방을 압박한 바 있다.[3] 결국 중국 자본시장의 폐쇄성에도 불구하고 당시 위안화가 바스켓에 포함된 것은 G2로 급증한 중국의 경제규모와 현실적인 대표성 문제를 감안한 결정이라는 평가가 많았다. 지속적인 위안화 수요 창출을 위해서는 자본거래 자유화, 직접투자절차 간소화, 자유변동환율제도 등이 필요한 데 위안화는 아직 그러한 상황이 아니다. 이런 여건하에서는 위안화가 일방적으로 가치가 올라갈 것이라는 신뢰가 존재할 경우에만 위안화 수요가 발생하게 된다. 투자목적의 보유가 아닌 거래목적만으로는 통화에 대한 수요 창출이 쉽지 않기 때문이다. 위안화 가

3) 한재현, 쉽게 배우는 중국경제, 박영사, 2020.

치가 가장 올라갔던 2015년도에 위안화를 이용한 무역결제액은 7.2조 위안으로 사상 최고치를 기록한 바 있다. 그러나 이후 위안화 가치가 하락하면서 2019년은 6.0조 위안까지 감소하였다. 일방적인 절상 기조가 없을 경우 수요가 줄어들 것임을 여실히 보여주는 결과이다. 중국과의 교역이 많은 우리나라의 경우에도 수출입할 때 주로 사용하는 통화는 달러화이다. 위안화의 수출입 결제 비중은 2%에도 미치지 못할 만큼 비중이 매우 낮다. 이는 위안화가 무역결제 수단으로서도 달러의 위상에 도전하기에는 아직 많이 부족하다는 점을 시사하는 부분이다.

우리나라의 통화별 수출입 결제 비중(2020년)

	달러	유로	엔	원	위안
수출(%)	83.6	6.2	2.9	2.5	2.0
수입(%)	78.1	6.5	5.9	7.0	1.5

자료: 한국은행, 2020년 결제통화별 수출입, 보도자료, 2021.4.22.

미국의 경제규모가 영국을 넘어서고 다시 수십 년이 지난 후에야 달러가 파운드화를 넘어 글로벌 기축통화가 되었다는 점을 상기한다면[4] 기축통화로 상징되는 금융권력을 차지한다는 것이 얼마나 어려운지를 잘 알 수 있다. 이는 금융부문에서 중국의 꿈이 실현되기에는 아직 한참 시간이 필요할 것이라는 의미이다.

---

4) 미국이 경제규모에서 영국을 앞지른 것은 1890년이며, 달러가 파운드화를 넘어 기축통화가 된 것은 그로부터 50년 이상이 지난 제2차 세계대전 종전 이후이다.

중국 공유경제의 민낯
- 장밋빛 미래의 허상?

코로나19 사태로 인해 위생에 대한 관념이 많이 바뀌고 있다. 마스크 착용이 당연시되고 각종 소독용품 사용도 일상이 되었다. 이로 인해 영향을 받게 된 부분 중의 하나가 공동으로 사용하는 물품이나 시설과 관련된 것이다. 커피숍에서 머그잔보다 일회용 컵을 더 선호하게 되고 대중교통 사용을 꺼리게 된 것이 대표적인 사례이다. '공유경제(sharing economy)'도 코로나19 영향을 받게 된 부문 중의 하나라 할 수 있다.[1]

공유경제란 인터넷 등 정보기술을 활용해 사용권을 공유함으로써 분산된 자원을 종합적으로 이용하여 다양한 수요를 만족시키는 경제활동을 의미한다.[2] 이는 한번 생산된 제품을 여러 번 공유해 쓰는 협업 소비를 기본으로 하는 경제방식[3]이다. 구체적으로는 개인 또는 기업이

---

[1] 남들과 공간이나 재화를 공유해야 하는 특성상 공유경제가 코로나19로 인해 급격히 위축될 것이라는 의견이 많았다. 그러나 우리나라의 경우 2주 자가격리 대상자들의 숙소 수요 확대(에어비앤비) 및 대중교통을 꺼리는 문화 확산과 국내 여행 수요 급증(쏘카), 배달음식 주문 증가(위쿡 등 공유주방업체) 등으로 일부 공유경제 시장은 호황을 누리는 것으로 나타났다(한국일보, "에어비앤비 빈방이 없다" - 코로나 호황 누리는 '공유경제의 역설', 2020.11.24).

[2] 한재현(2020).

소유하고 있는 유휴자산을 수요에 따라 임대하는 행위로 나타나게 된다. 중국에서는 스마트폰 보급과 모바일 결제가 확대되고 정책적 지원이 증대된 2016년을 전후로 공유경제 시장이 빠르게 성장하였다.[4]

공유경제가 각광을 받게 된 것은 2008년의 글로벌 금융위기와 환경문제 악화 등을 겪으며 자원 절약 및 합리적 소비에 대한 인식이 높아진 것에 주로 기인한다. 공유경제는 자원을 공유하여 기존 자원을 가치있게 활용하고 에너지를 절약하여 소유경제의 폐해를 줄이자는 대안적인 소비활동이라 할 수 있다. 특히 중국의 경우에는 건국 이후 초기 계획경제 시기에 집단 공동생활 등을 통해 자원을 공유한 경험이 있어 이러한 공유경제의 개념이 거부감 없이 받아들여진 측면이 있다. 1958~1983년에 존재했던 대규모 집단농장 겸 생활공동체인 인민공사(人民公社, People's commune)의 경험이 대표적이다.[5]

중국에서는 공유자전거를 중심으로 공유차량, 공유우산, 공유배터리, 공유숙박 등 다양한 상품과 서비스를 대상으로 하는 공유경제가 우후죽순으로 성장한 바 있다. 특히 공유자전거는 한때 고속철도, 온라인쇼핑, 모바일결제와 함께 중국의 새로운 4대 혁신이라 일컬어질 정도로 급성장한 바 있다.[6] 2017년도 기준으로 중국의 공유자전거 업체는 30개가 넘었으며 이용자는 2억 명에 시장규모도 1.8조 원(103억 위안)에 달한 바 있다. 저렴한 이용요금과 편리한 이용방식 등이 소비자들을 끌어들인 결과이다.

그러나 2017년을 정점으로 2018년 이후 중국의 공유경제 서비스는 급격한 침체기를 겪게 된다. 유사업체 난립이 초래한 과다 출혈 경쟁과

3) 우샤오롱 & 김병재, 공유경제 성과에 영향을 미치는 서비스 요인과 소비자 요인에 관한 연구-중국 공유자전거 시장을 중심으로, 한국항공경영학회지 제17권 제1호, 2019.2.
4) KIEP 북경사무소, 중국 공유경제의 발전 현황과 향후 전망, KIEP 북경사무소 브리핑, 2019.6.3.
5) 당시 하나의 인민공사는 약 5,000~20,000가구로 구성되었다.
6) 천천(陣晨), 공유자전거 사례로 본 중국 공유경제의 문제, 성균중국연구소, 2019.

중복 투자에 따른 자원 낭비, 개인정보 유출 및 안전 문제[7] 등에 대한 논란이 끊이지 않았기 때문이다. 특히 중국의 공유경제는 엄밀하게 말해 국제사회에서 일반적으로 통용되는 'Sharing

중국 상하이의 한 도로에서 2017년에 찍힌, 다양한 공유 자전거 기업들의 자전거 모습이다.

Economy'와는 구분된다는 점에서 태생적인 문제점을 안고 있었다는 지적이 많다.[8] 즉, 중국의 공유경제는 기존 자원에 대한 공유를 통해 자원을 절약하는 것이 아니라 공유를 위해 추가적인 대규모 생산과 소비를 추진하는 방식으로 진행된 새로운 경제모델이라는 것이다. 이름만 공유경제인 셈이다. 예를 들어 공유자전거의 경우 개인이 소유한 자전거를 타인과 공유하는 것이 아니라 업체에 의해 새로 생산된 자전거를 시장에 공급하는 형태로 이루어졌다. 개인 소유 자전거와 달리 시장에 공급된 자전거는 관리 소홀 등으로 빠르게 훼손되었으며[9] 그 결과 더 많은 자원 낭비를 초래하는 결과를 빚게 된다. 도시 공공장소의 무질서한 점용과 도로 교통사고 증가, 훼손된 공유자전거가 이룬 거대한 '공유자전거 무덤' 등은 이의 부산물이었다. 2017년 기준으로 중국 공유자전거 최대 기업이었던 오포(ofo)는 결국 2019년에 3,400억 원(20억 위안)의 부채를 진 상태로 파산하게 된다.[10] 이외에 공유우산, 공유배

7) 2019년 5월 및 8월에 발생한 공유 카풀 서비스 업체 디디순펑(滴滴順風) 차량 운전자의 승객 살인 사건으로 카풀 서비스가 종결된 것이 대표적이다.
8) 천천(陳晨)(2019).
9) 중국 공유자전거의 파손율은 10~40%에 이르는 것으로 알려졌다.
10) 중국 언론에 의하면, 오포의 사용자 1,500만 명이 받지 못하게 된 보증금 규모만

터리, 공유숙박 등 상당수의 공유경제 서비스가 모두 실패하였다. 공유자전거와 비슷한 이유에서이다.

중국 공유경제 규모와 관련 취업자

	2015	2016	2017	2018	2019
규모(조 위안)	1.96	3.45	4.92	2.94	3.28
취업자(만 명)	-	585	716	598	623

자료: 國家信息中心, 中國分享經濟發展報告 2017~2020.

중국 최대 공유자전거 기업이었던 오포(ofo)의 파산은 수익모델이 빈약한 상황에서 기업의 외형적 성장이라는 것이 얼마나 취약한지를 잘 보여주었다는 평이다.

결국 중국의 공유경제는 명목상은 공유경제라는 이름을 붙이고 있으나 단지 소비를 촉진하기 위한 새로운 형태의 대규모 서비스 활동이었다고 할 수 있겠다. 다만, 확실한 수익 창출 능력이 부족한 상황에서 시장점유율 제고를 통한 시장선점에만 치중하다 보니 적자가 누적되면서 많은 기업이 실패하게 되었으며 결국 시장 자체가 거의 붕괴되는 상황에 처하게 된 것이다. 더불어 중국 정부도 공유경제에 대해 장밋빛 전망만을 강조하면서 정작 관리 및 감독은 소홀했다는 점도 문제점으로 지적되는 부분이다.

우리나라도 최근 공유방식의 개인 이동수단인 전동킥보드와 관련해

2,550억 원(15억 위안)에 달하는 것으로 알려져 있다.

많은 논란이 진행중이다. 업체 난립을 통한 과도한 경쟁 상황을 보면서 중국의 공유자전거 업체를 보는 것 같은 데자뷰(deja vu)를 느끼곤 한다. 저자의 우려가 기우(杞憂)가 되기를 바랄 뿐이다.

중국의 식량문제

- 최종 병기 식량

에너지 획득 및 가축 사육이라는 명분으로 아마존 밀림이 황폐화되고 있다고 한다. 바이오연료(biofuel)를 얻기 위해 또한 가축사료용 곡물 재배를 위해 자원의 보고인 아마존이 무차별적으로 파괴되고 있다는 의미이다. 2000~18년 중 아마존 밀림 전체의 8%에 해당하는 51.3만㎢의 면적이 황무지가 되었다는 연구결과도 있다.[1] 이 면적은 한반도(22만㎢)의 두 배가 넘는 어마어마한 넓이이다.

1kg의 쇠고기를 얻기 위해 필요한 사료는 20kg에 달한다고 한다.[2] 더구나 1kg의 쇠고기 생산을 위해 배출되는 탄소발자국(carbon footprint)은 27kg에 달하여 우리가 먹는 주요 음식 중 가장 높은 수준이다.[3] 여

---

1) Amazon Geo-Referenced Socio-Environmental Information Network, Amazon Under Pressure 2020, 2020.12.8. 물론 산불 등도 원인이지만 이 보고서에서는 곡물 재배를 위한 무차별 벌목을 아마존 황무지화의 주요 원인으로 지적하고 있다.
2) 정재훈, 생각하는 식탁, 다른 세상, 2014.
3) 쇠고기 이외에 1kg 생산을 위해 필요한 여타 음식들의 탄소발자국은 돼지고기 12.1kg, 닭고기 6.9kg 등으로 육류가 높은 수준이다. 이에 반해 쌀은 2.7kg, 콩은 2.0kg 등으로 곡물은 비교적 낮다(Environmental Working Group's Meat Eater's Guide).

기에서 탄소발자국이란 우리가 일정 활동을 할 때 발생하는 이산화탄소 등 온실기체의 총량을 말한다. 우리가 육식을 점점 더 선호하게 되면서 얼마나 많이 자연환경을 훼손하는가를 잘 알려주는 동시에 곡물로 대표되는 식량 공급문제의 심각성도 동시에 상기시켜주는 숫자들이다. 쉽게 말해 우리는 고기를 더 많이 먹기 위해 더 많은 가축 사육이 필요하며 이들 가축들은 더 많은 곡물이 필요하다. 그리고 이들 곡물생산을 위해서 우리는 자연을 더 많이 훼손하고 있는 상황이다. 더구나 우리가 먹을 상당수의 곡물 또한 가축이 먹어 치우고 있는 것이 현실이다.

식량문제의 중요성은 물론 중국도 예외가 아니다. 중국은 전통적으로 지대물박(地大物博) 즉, 땅은 넓고 물산은 풍부한 나라였다. 1793년 청의 건륭제(乾隆帝)가 영국 왕 조지3세(George William Frederick)의 특사였던 메카트니(G.Macartney)에게 '짐의 나라는 물산이 풍부하여 없는 것이 없다[4]'고 하면서 교역을 거부한 것은 이와 같은 사정을 잘 보여주는 일화이다.

2020년 중국의 4대 곡물 생산·소비·수입량 추정(백만톤)[5]

	생산량	소비량	수입량
쌀	149.0	147.0	2.2
밀	135.0	130.0	6.0
옥수수	260.0	275.0	7.0
대두	17.5	111.4	96.0

자료: USDA.

---

4) "천조물산풍영무소불유(天朝物産豊盈無所有)"(위키피디아)
5) 김민수, 세계 곡물수급 동향 및 전망, 해외곡물시장 동향, 한국농촌경제연구원, 2020.6.

중국은 식량문제와 관련하여 아직은 위와 같은 입장의 연장선상에 있다고 볼 수 있다. "기본적인 식량자급 유지(保持糧食基本自給)" 방침을 시행하고 있기 때문이다. 중국의 식량자급률은 2010년에만 해도 99.1%에 달하였다. 그러나 이후 점차 하락하면서 2019년 86.1%까지 하락하였다.[6) 다만, 아직 곡물은 기본적으로 자급자족하고 있다.

그러나 이와 같은 상황에 변화가 발생하고 있는 중이다. 중국의 국민소득 수준이 향상되면서 식품 소비구조가 변화하고 있기 때문이다. 중국도 우리나라처럼 쌀 등 곡물 소비는 점차 감소하고 있는 반면 채소, 과일, 식용유, 육류, 계란 및 우유 등에 대한 소비량은 빠르게 증가하고 있다. 예를 들어 중국인의 1인당 평균 곡물 소비량은 2013년 138.9kg에서 2018년 116.3kg으로 감소하였다. 반면 육류 소비량은 같은 기간 중 25.6kg에서

청의 6대 황제인 건륭제(乾隆帝)는 1793년 영국 왕 조지3세의 특사였던 메카트니(G.Macartney)에게 '짐의 나라는 물산이 풍부하여 없는 것이 없다'고 하였다. 중국이 얼마나 지대물박(地大物博) 즉, 땅은 넓고 물산은 풍부한 나라인지를 한마디로 요약한 표현이라 하겠다. 그러나 지금은 상황이 변화하면서 매년 엄청난 식량을 수입하고 있다. 위 건륭제 초상화는 이탈리아 예수회 선교사 출신으로 청의 궁정화가였던 카스틸리오네(G. Castiglione)가 그린 것이다.

---

6) 中國國家統計局. 참고로 우리나라의 2019년 식량자급률은 45.8%였으며 곡물자급률은 21.0%에 그쳤다(농식품부).

29.5kg으로 증가하였다.

　예를 들어 쇠고기의 경우를 보자. 중국은 2019년에만 166만 톤, 금액으로는 9.7조 원(569억 위안)에 달하는 엄청난 양의 쇠고기를 수입하였다. 자체 사육한 쇠고기만으로는 수요를 충족시키기에 턱없이 부족할 정도로 중국인들의 쇠고기 수요가 엄청나다는 의미이다. 그 결과 대표적으로 나타나는 현상 중 하나가 4대 곡물 중 하나인 대두(콩)의 수입이 급격히 늘어나고 있다는 점이다. 중국은 1990년대 중반까지만 해도 대두 순수출국이었다. 그러나 1995년부터 순수입국으로 전환되었으며 2000년대에 들어 폭발적인 수요증가에 따라 수입도 급증하게 된다. 수입되는 대두는 대부분 가축 사료와 식용유에 사용하기 위한 것이다.

　중국이 2019년 중 수입한 대두는 8,851만 톤으로 금액으로는 353억 달러에 달하였다. 이는 그 해 중국 전체 수입액(2조 769억 달러)의 1.7%에 해당하는 금액이다.[7] 그나마 2019년은 미·

대두는 4대 곡물 가운데 유일하게 중국이 거의 전적으로 수입에 의존하는 곡물이다. 수입 대두는 주로 식용유 및 가축 사료용으로 사용된다.

중 무역갈등으로 중국이 미국으로부터의 대두 수입을 줄이면서 금액은 2018년(381억 달러)보다는 감소한 수준이었다.

---

7) 中华人民共和国海关总署.

중국의 대두 수입 규모 및 국가별 비중

	수입 규모(만 톤)	수입국별 비중(%)		
		브라질	미국	기타
2017	9,554	53.3	34.4	12.3
2018	8,803	75.1	18.9	6.0
2019	8,851	64.1	19.1	16.8

자료: 中华人民共和国海关总署.

이처럼 대두 수입 의존도 특히 브라질과 미국 등 2개국으로부터의 수입 의존도가 절대적인 상황은 향후 비상 상황 발생시 중국의 식량안보(food security)에 큰 위협이 될 수 있다는 지적이 많다.[8] 이는 국가 주권 및 사회안정과도 직결되는 문제이다. 미국과 중국의 갈등이 격화되던 2020년 여름에 시진핑 국가주석이 식량안보를 거론하며 음식 낭비를 줄이라고 역설하고 나선 것은 미국과의 장기 지구전에 대비한 조치라는 분석도 있었다.[9] 특히 2020년의 코로나19 사태를 계기로 식량 관련 물류망 마비에 따른 식량공급의 안정성 문제가 다시 한번 제기된 바 있다. 유럽 등에서는 이주 노동자의 이탈과 입국 금지로 농업인력 수급의 불균형도 심각하게 발생하였다. 더구나 이런 사태가 장기화되면 농산물 가격상승이 물가상승을 주도하면서 2006~08년과 같은 애그플레이션(agflation: agriculture + inflation) 문제가 재발할 수 있다는 우려도 있다. 실제 코로나 사태가 장기화되면서 국제 곡물가격이 상승하는 조짐이 나타나고 있다. 유엔식량농업기구(UN FAO)에서 매월 발표하는 곡물가격지수(FAO Cereal Price Index)가 2019년 평균 96.4에서

---

8) 미국, 브라질, 아르헨티나 등 아메리카 대륙은 전 세계 대두 생산량의 약 85%를 담당한다.

9) 뉴스핌, 최헌규 특파원의 금일 중국 – 지구전엔 총알보다 쌀, 신냉전에 전략물자가 된 식량, 2020.8.20.

2020년 102.7로, 2021년 2월은 125.7까지 상승하였다.[10]

유엔식량농업기구의 곡물가격지수(FAO Cereal Price Index)

	2019	2020	2020.3	6	9	12	2021.2
지수	96.4	102.7	99.3	96.9	111.6	115.9	125.7

자료: UN FAO.

　한편 중국 국무원은 2020년 9월에는 경작지를 다른 용도로 쓴 사람을 처벌하는 경작지 비농업화 행위 제재 조치[11]를, 11월에는 쌀, 밀, 옥수수 등 3대 곡물 경작지에 대해 나무심기 등의 다른 경제활동을 금지하는 조치[12]를 각각 발표하였다. 이는 모두 갈수록 떨어지고 있는 식량자급률을 높이기 위한 조치의 일환이다. 중국은 2019년에만 이미 1.1억 톤의 식량을 수입하였다. 그런데 현재의 추세가 지속될 경우 수입량은 해마다 급증할 것이 틀림이 없다. 특히 코로나19 사태를 계기로 식량안보 문제가 다시 한번 전 세계적으로 강조되고 있다는 점에서 중국 정부의 고민이 깊어지고 있는 중이다. 이와 같은 배경하에 2021년 1월 개정되고 4월부터 시행중인 식량유통관리조례(粮食流通管理条例)에서는 식량 수송 및 저장에 대한 감독을 강조하는 동시에 식량 유통 관련 위법행위에 대한 처벌도 강화하였다. 특히 지역 식량안보에 대한 책임 주체를 이전의 지방정부 성장(省長, 지방정부의 2인자)에서 지방정부 당 서기(書記, 지방정부의 1인자) 및 성장(省長)의 공동책임제로 변경하며 한층 강화하였다.

　그동안 자체적인 능력으로 14억 인구를 먹여 살릴 수 있었던 중국이 식량 자급에 실패하면서 수입을 점차 늘릴 수밖에 없을 경우 장기적으

---

10) 2014~16년의 곡물 국제수출가격 평균을 100으로 한다.
11) 國務院, 關於堅決制止耕地"非農化"行爲的通知, 2020.9.10.
12) 國務院, 關於防止耕地"非糧化"穩定糧食生産的意見, 2020.11.17.

로 글로벌 경제에는 엄청난 재앙과 부담이 될 수 있다. 식량의 대외 수입의존도가 높은 우리나라로서는 특히 더 그러할 것이다. 다양한 차원의 대응이 필요한 시점이다.

베이징 동계올림픽

- 중국굴기의 새로운 이정표?

한·중·일 3국은 참 가깝고도 먼 관계이다. 고대부터 상당히 오랜 기간 중국의 선진 문물은 우리를 통해 혹은 직접 일본으로 전해졌다. 반면, 근현대 이후의 경제발전은 일본이 가장 앞섰으며 우리와 중국이 뒤쫓는 양상으로 나타났다. 올림픽 개최 시기를 보면 이를 잘 알 수 있다. 물론 올림픽이라는 단순한 체육행사가 그 나라의 국력을 나타내는 지표는 아니다. 다만, 어느 한 국가가 올림픽을 개최했다는 것은 대규모 국제행사에 필요한 경제력, 인적자원 및 국민 의식 수준, 사회시스템 등을 보유하고 있다는 간접적인 증거는 될 수 있을 것이다.

하계올림픽의 경우 도쿄가 1964년,[1] 서울이 1988년, 베이징이 2008년 각각 개최하였다. 각각 24년 및 20년의 격차이다. 다소 거칠게 표현한다면, 경제력을 포함하여 최소한 이 정도의 종합적인 국력 차이가 이

---

[1] 2020년 도쿄올림픽은 일본이 1964년 도쿄올림픽 이후 56년 만에 개최할 예정이었던 야심찬 국제행사였으나 코로나19 사태로 1년이 연기되었으며 2021년 4월 현재도 여러 가지 불확실성이 높은 상황이다. 참고로 말하면 일본 도쿄는 1940년 하계올림픽 개최지로 결정된 바 있으나 중·일전쟁이 발발하면서 취소된 바 있다.

들 삼국 간에 존재했었다고 해도 큰 무리는 아닐 것이다.

동계올림픽의 경우도 비슷하다. 1972년 삿뽀로, 1998년 나가노, 2018년 평창에 이어 베이징이 제24회 동계올림픽을 2022년 2월에 개최할 예정이다. 이번 동계올림픽이 성공리에 열린다면 베이징은 아시아 네 번째의 동계올림픽 개최 도시인 동시에 올림픽 역사 최초로 동·하계 올림픽을 모두 개최하는 도시가 된다.[2]

중국 정부는 2015년 7월 IOC 총회에서 베이징이 동계올림픽 개최지로 결정된 이후 다양한 관련 정책을 발표하고 있다. 대부분 올림픽 준비 및 동계스포츠 활성화와 관련한 정책들이다. '건강중국 2030 계획요강(2016년 10월)', '2016~25년 빙설스포츠 발전계획(2016년 11월)', '베이징 2022 동계올림픽 초중고생 교육계획(2018년 1월)' 등이 대표적이다. 이들 계획들에는 빙상장 및 스키장 추가 건설, 빙상·설상 특성화 학교 지정, 동계스포츠 참여 인구 확대 및 관련 산업 육성 등이 포함되어 있다. 이와 같은 노력과 국민의 관심 증대로 중국의 동계스포츠 인구는 급증하고 있다. 예를 들어 2010년 630만 명이던 중국의 스키 인구는 2015년 1,250만 명으로, 2019년에는 2,090만 명으로 급증하였다. 10년도 안 되는 기간에 3배 이상 증가한 것이다. 스키장 수도 2010년 270개에서 2019년 770개까지 증가하였다.[3] 이와 같은 현상은 중국의 경제발전과 밀접한 관련이 있다. 우리나라의 경우에도 마찬가지였다. 동계스포츠의 특성상 일정 수준 이상의 소득과 장비, 시설이 필요하며 또한 여가 및 레저 수요 등이 전제되지 않고는 발전이 쉽지 않기 때문이다. 1인당 국민소득이 1만 달러를 넘어선[4] 중국의 급성장하는 중산층들이 점차 동계스포츠에 관심을 가지기 시작한 상황이라고 할 수 있다.

---

2) 엄밀하게는 베이징과 허베이성의 장지아코우(張家口)가 공동으로 개최한다. 전자에서는 빙상(氷上) 종목이, 후자에서는 설상(雪上) 종목이 개최될 예정이다.
3) 國家體育總局.
4) 중국은 2019년 1인당 GDP가 10,276달러에 달해 사상 최초로 1만 달러를 돌파하였다(中國国家统计局, 2020.1.17).

중국 스키장 수와 스키 인구

	2000	2005	2010	2015	2019
스키장 수(개)	50	190	270	568	770
스키 인구(만 명)	30	400	630	1,250	2,090

자료: 國家體育總局.

중국 정부는 이번 올림픽을 다시 한번 중국경제를 부흥시키는 계기로 삼겠다는 의도가 강하다. 대표적인 수단이 대규모 투자이다. 빙상(氷上)종목이 열리는 베이징과 설상(雪上)종목이 열리는 장지아코우(張家口)를 잇는 고속철도(京張高速鐵)가 이미 2019년 12월에 완공되었다. 이 고속철도 건설에는 9.9조 원(584억 위안)이 투입되었다. 또한 베이징의 제3공항이라 할 수 있는 다싱공항(大興空港)도 2019년 9월 완공되어 운영을 시작하였다. 이 공항 건설비용은 무려 13.6조 원(800억 위안)이었다. 만약 최소 2008년 베이징 하계올림픽 수준의 투자가 이루어질 것으로 가정한다면 약 45.9조 원(2,700억 위안)의 총 투자가 예상된다.5) 이와 같은 투자규모는 2019년 전체 고정자산투자의 0.5%에 해당하는 수준이다.

그러나 문제는 고정투자 확대를 통한 경기부양은 투자 효율성의 저하 등으로 이미 한계를 보이고 있다는 점이다. 그동안 중국 정부는 국유기업을 중심으로 대규모 고정투자를 통해 성장을 이끄는 전략을 취해 왔다. 그러나 그 과정에서 생산설비 과잉 문제 및 자본집약 산업의 기형적인 발전이 초래되었다. 투자된 자본의 효율성이 떨어지고 있다는 점은 생산 1단위를 증가시키기 위해 필요한 투자규모를 의미하는 한계고정자본계수(ICOR: Incremental Capital-Output Ratio)의 상승세를

5) 당시 공개된 투자액만 사회간접자본(1,800억 위안), 환경 관련(713억 위안), 경기장 건설(170억 위안) 등 최소 2,683억 위안이었다(베이징 올림픽 리서치 센터, 2008년 9월).

통해서도 질 일 수 있나. 1979~89년 평균 3.0 수준이던 이 계수는 2010~18년 5.4까지 상승하였다. 이는 1원의 부가가치 창출을 위해 필요한 투자금액이 이전에는 3원이었다면 이제는 5원 이상을 투자해야 한다는 말이다. 대부분 국가의 한계고정자본계수가 3 내외인 것으로 알려져 있는 만큼 현재와 같은 상황은 중국경제에서 투자를 통해 경기를 부양시키는 것이 그만큼 어려워졌음을 시사한다.

설령 투자가 가능하다고 해도 재원조달을 어떻게 할 것인지도 문제이다. 막대한 재정투자를 보완할 민간자본 유치도 쉽지 않다. 기업부채와 지방정부부채 과다 문제는 현재 중국경제의 핵심적 리스크 요인 중 하나로 이미 지적되고 있는 상황이기 때문이다. 국채발행 등을 통해 무리하게 투자를 강행할 경우 그렇지 않아도 심각한 과잉설비 문제 및 부채 급증에 따른 리스크가 더 심화될 것이다. 역대 대부분의 올림픽 유치 도시들이 막대한 재정적자로 인해 오랫동안 큰 어려움을 겪은 것을 보면 이와 같은 우려는 현실로 발생할 가능성이 높다. 예를 들어 2010년 동계올림픽 개최지 밴쿠버는 48억 달러, 2012년 하계올림픽 개최지 런던은 128억 달러 적자를 본 것으로 알려져 있다. 심지어 1976년 하계올림픽 주최 도시인 몬트리올은 올림픽으로 인해 발생한 부채를 전부 다 갚는 데 무려 30년이나 걸렸다. 물론 2008년 베이징 올림픽의 경우에도 마찬가지이다. 정확한 비용 추정은 어렵지만 최대 400억 달러 내외의 적자가 발생한 것으로 추정된다. 다만 인프라 및 환경 관련 투자비용 등을 감안한다면 이 400억 달러 전체가 순수한 적자 규모라고 할 수는 없겠지만 말이다.

중국 정부는 중국경제의 규모[6] 및 국가 이미지 제고와 잠재적 관광

---

6) 2008년 중국경제 GDP 규모는 4.7조 달러였다. 2008년 베이징 올림픽 개최로 인한 재정적자 규모가 최대 400억 달러에 달한다고 가정해도 GDP의 1%에 못 미치는 규모이다. 한편 2020년 중국의 GDP 규모는 약 15.6조 달러로 2008년보다 약 세 배 증가하였다.

증대 효과 등을 감안할 경우 위에서 말한 재정적자는 그리 대수로운 규모가 아니라고 판단할 것이다. 또한 동계스포츠에 대한 국민들의 인식 및 참여율 제고와 관련 산업발전은 소비시장 확대에 긍정적인 측면이 있다는 점을 감안할 경우 더욱 그러하다.

이번 동계올림픽을 통해 중국은 또 한 번의 비상을 꿈꿀 것이다. 이미 2008년 베이징 올림픽을 통해 국민들의 자긍심을 고취시키고 사회·문화적 도약을 경험한 중국이다. 2006년~11년에 베이징에서 생활했던 저자는 당시 중국 사회가 변하는 모습을 현장에서 관찰한 바 있다. 상점 간판들이 어떻게 정비되었는지, 택시의 청결도가 얼마나 개

코로나19 상황이 순조롭게 마무리되고, 2022년 베이징 동계올림픽이 예정대로 열릴지 아직은 불확실한 상황이다. 위 이미지는 2022년 베이징 동계올림픽 공식 엠블럼이다.

선되었는지, 버스나 지하철용 교통카드가 얼마나 순식간에 도입되어 정착되었는지 등은 단편적으로 경험한 일부 내용들이다. 적어도 베이징 올림픽을 통해 중국은 글로벌 주요 강대국으로 도약하는 발판을 마련하였다고 할 수 있다.

다만 현 단계에서 전망이 그리 녹녹치만은 않아 보인다. 우선 2020년 도쿄 올림픽이 1년 연기된 것에서 알 수 있듯, 베이징 동계올림픽이 예정대로 개최될 수 있을지 여부가 아직 확실하지 않다. 코로나19 사태의 변동성과 불확실성이 여전히 매우 크기 때문이다. 대규모 국제 스포츠 행사가 취소 내지 연기 되는 상황에서 하계올림픽에 비해 상대적으로 관심과 효과가 적은 동계올림픽이라는 점도 한계이다. 또한 미·

중 무역전쟁과 성장구조 전환 과정상의 진통 속에 중국경제가 얼마나 효율적으로 이를 잘 준비할 수 있느냐 하는 점도 과제이다. 한편 국민들 의식수준이 변화하고 있다는 점도 과거와는 다른 점이다. 2000년대 중반보다 현재의 중국경제 규모가 커지고 더 부유해진 것은 사실이지만, 빈부격차와 각종 사회문제는 더 심해졌다고 할 수 있다. 개인주의가 강해지고 취업의 어려움도 가중되고 있다. 엄밀하게 말해 단순히 스포츠 행사에 불과한 올림픽을 치른다고 해서 중국인들의 자부심이 또 애국심이 과거만큼 향상될 수 있을지 여부도 미지수이다. 우리나라의 선례를 보면 별로 그럴 것 같지는 않지만 …

제2장

중국과 중국인

중국어와 한자

- 필요성과 한계

저자는 학력고사 세대이다.[1] 학력고사 과목으로 제2외국어인 독일어 시험을 치렀다. 당시 제2외국어 시험을 요구하는 대학이 많지는 않았지만 그래도 어찌 되었든 고등학교 수업시간에는 엄연히 제2외국어 과목이 있었다. 저자의 학교를 비롯해 대부분 남학교는 독일어를, 여학교는 불어를 선택하는 것이 일반적이었다. 그런데 2000년대 들어 일본어와 중국어가 고등학교 제2외국어의 대세가 되면서 이제는 전국에서 독일어와 불어를 가르치는 선생님 찾기가 어려운 시대가 되고 말았다. 특히 중국어의 성장세는 놀라울 정도이다. 1990년 일반 고등학교 전체 제2외국어 교사 중 3.3%에 불과하던 중국어 교사는 2020년 기준으로 43.2%를 차지하고 있다.

이처럼 중국어 보급이 확대된 데에는 중국의 부상과 함께 한국경제와 중국경제의 밀접함에 따른 실용적인 이유, 한자에 익숙한 문화적 환경에 기인하는 상대적인 배움의 용이성 등이 복합적으로 작용하였을

---

1) 대학입학 학력고사는 대학입학 지원자들을 대상으로 1982~1993년에 실시된 시험이다.

것이다. 결국 언어의 힘이라는 것도 그 나라의 국력과 밀접하게 연결되어 있다는 점을 감안하면 우리가 중국어를 많이 배우게 된 것은 자연스러운 귀결이었다는 해석이 가능하다.

일반 고등학교 제2외국어 교사 수 및 비중

	1990		2000		2010		2020	
	수(명)	비중(%)	수(명)	비중(%)	수(명)	비중(%)	수(명)	비중(%)
독일어	1,232	42.9	1,082	36.9	139	4.3	23	0.9
불어	773	26.9	673	23.0	139	4.3	59	2.3
일본어	744	25.9	833	28.4	2,007	62.0	1,327	52.5
중국어	96	3.3	284	9.7	921	28.5	1,094	43.2
스페인어	25	0.9	59	2.0	29	0.9	27	1.1

자료: 교육통계서비스(http://kess.kedi.re.kr).

실제로 중국어를 처음 배울 때는 영어나 스페인어를 접할 때보다 훨씬 쉽게 느껴지는 것이 사실이다. 그러나 느낌은 느낌일 뿐이다. 난관이 적지 않다.

우선 첫 번째가 간체자(簡體字, simplified Chinese)와 번체자(繁體字, traditional Chinese)의 문제이다. 우리가 쓰는 한자는 번체자이다. 고대로부터 전해 내려온 한자인데 복잡하므로 배우기 쉽지 않다. 현대중국은 건국 이후 이 복잡한 글자를 간소화하는 개혁을 실시한다. 1956년에 2,300여 자의 간체자를 만들어 사용하기 시작했다. 일부에서는 중국의 문자해독률이 급격히 높아지게 된 이유 중의 하나로 간체자의 사용을 들고 있기도 하다. 1964년 66.4%에 그치던 중국인의 문자해독률은 1982년 77.2%, 1990년 84.1%, 2000년 93.1%를 거쳐 2010년은 95.9%에 이른다.[2] 한편 현재 간체자를 사용하는 국가는 중국, 싱가포르, 말레이시아이다. 그리고 번체자는 한국, 일본, 대만, 홍콩, 마카오 등에서 사용되고 있다. 우리가 일상에서 자주 쓰는 상당수의 한자는 간체자가 따로 존재하므로 번체자만을 알고 있는 우리로서는 이를 별도로 외워야 하는 수고가 필요하다.

두 번째가 발음문제이다. 중국어에는 성조(聲調)가 있다. 음절 안에서의 소리 높낮이이다. 음이 같아도 성조가 다르면 다른 뜻이 된다. 이와 관련된 재미있는 것으로 환의법(換義法, antanaclasis)이라는

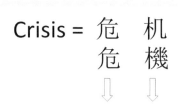

번체자와 간체자의 비교. 위험을 뜻하는 위(危)와 기회를 뜻하는 기(機)가 합쳐진 위기(危機)라는 단어가 간체자와 번체자로 어떻게 다르게 표현되는지 나타나 있다.

게 있다. 이는 구절이나 문장에서 한 단어의 의미를 바꿔가며 연달아 사용하는 것을 말한다. 예를 든다면 'Time flies like an arrow; fruit flies like a banana'를 들 수 있다. flies(흐르다, 파리)와 like(~와 같다, 좋아하다) 두 단어 모두 두 가지 다른 뜻으로 쓰인 것을 알 수 있다. 중국어의 경우 성조가 있어서 이 환의법을 잘 살리면 엄청나게 긴 글을 만들 수 있다.[3] 예를 들어 '施氏食獅史'를 우리말로 읽으면 '시씨식사사'가 되는데, 중국어 발음으로는 'shī shì shí shī shǐ'가 된다. 발음이 모두 같고 성조만 다른 것이다.[4] 한국인들에게 어려운 것은 앞에서 언

---

2) 中国国家统计局, 第六次全国人口普查, 2011.4.28.
3) 마크 포사이스, 걸어다니는 어원사전, ㈜월북, 2020.
4) 번역하면 시씨가 사자를 먹은 역사 정도가 되겠다. shi는 우리 말의 스와 쉬의 중간 정도 발음이다. 여기 나온 다섯 단어의 성조는 각각 1성, 4성, 2성, 1성, 3성이다. 간단히 설명하면 1성은 높은 평탄한 소리, 2성은 올라가는 소리, 3성은 내려갔다 올라가는 소리, 4성은 내려가는 소리이다.

급한 간체자를 외우는 것보다는 사실 이 성조를 외우는 것이다. 간체자는 추측이라도 해 볼 수 있지만 성조는 말 그대로 그냥 외워야 하는 것이기 때문이다. 아주 어릴 때 배우지 않는 이상 이 성조를 완벽하게 구사하는 것은 외국인으로서 정말 쉽지 않은 일이라는 생각이다.

그 외에도 중국어 발음속도가 우리말보다 훨씬 빠르다는 점, 수많은 사투리 내지 소수 언어가 존재하여 의사소통이 쉽지 않은 경우가 많다는 점 등도 중국어를 학습할 때 어려운 점으로 들 수 있다. 우리가 흔히 표준 중국어로 배우는 푸통화(普通話, Mandarin)는 약 9.6억 명이 사용하는 것으로 알려져 있다. 중국 인구가 약 14억 명인 것을 감안하면 70%에 못 미치는 숫자이다. 나머지 인구들은 130여 개 소수언어를 사용하며 이 중 최소 2백만 명 이상 사용하는 언어만 10여 개[5]에 이른다. 대표적으로 홍콩에서 사용되는 광둥어(廣東語, Cantonese) 인구만 우리나라 인구보다 많은 7천만 명이다. 물론 표준 중국어와는 완전히 다른 언어이다. 홍콩의 지하철에서는 안내방송을 푸통화, 광둥어, 영어 등 세 가지 언어로 하고 있다.

미국 국무부 외교서비스원 지정 외국어 난이도 분류

분류	학습에 필요한 시간*	해당 외국어
Category I	23~24주(575~600 시간)	프랑스어, 스페인어, 이탈리아어 등
Category II	30주 (750 시간)	독일어
Category III	36주 (900 시간)	인도네시아어, 스와힐리어 등
Category IV	44주 (1,100 시간)	그리스어, 러시아어 등
Category V	88주 (2,200 시간)	한국어, 중국어, 일본어, 아랍어

* 사교적 및 직업 관련 대화가 가능하고, 현지인들의 보통 속도 언어를 이해하며 관심 분야에 대해 현지인들과 토론할 수 있는 수준에 이르기 위해 필요한 학습시간.
자료: Foreign Service Institute.

5) 한재현(2020).

중국어 학습의 이와 같은 어려움 때문에 현재 중국어는 미국 국무부 소속의 외교서비스원(Foreign Service Institute)[6]에서 정하고 있는, 미국인들이 가장 배우기 어려운 외국어의 하나로 한국어 등과 함께 지정되어 있다.

중국어는 UN의 6개 공식 언어 중 하나이다.[7] 또한 중국경제가 성장할수록, 중국의 국력이 강해질수록 배워둘 필요성이 있는 언어인 것도 틀림이 없다. 물론 이는 진정한 의미의 국제공용어인 영어를 할 수 있다는 가정하의 당위성이다. 중국어의 한계가 여전하기 때문이다.

우선 모국어 혹은 공용어로 사용하는 국가의 범위 면에서 중국어는 영어나 스페인어 등과 비교할 수 없을 정도로 지엽적이다.[8] 사실상 사용하는 국가가 거의 없는 것이다. 다만 전 세계에 퍼져 있는 화교들로 인해 어느 나라에 가도 중국인 상인들을 발견할 수 있으며 이들과 흥정하거나 이야기할 때 중국어를 사용하면 편리한 점은 있다.[9]

또한 중국어를 입력하는 것은 디지털 시대와 맞지 않는 측면이 분명히 존재한다. 우리말과 영어는 자판을 누르면 바로 입력이 되지만, 중국어는 중국어 발음을 알파벳으로 입력하면[10] 그에 해당하는 글자가 여러 개 나오고 이 중에서 하나를 고르는 형태를 취하게 된다. 상당히 번거로운 일이 아닐 수 없다. 물론 중국어도 부수(部首) 등을 조합하여 입력하는 방법이 있지만 배우기에 쉽지 않고 외국인이 배우기는 더더욱 어렵다. 표음문자가 아닌 표의문자로서 한자가 지닌 본질적인 한계

---

6) 해외 파견 미국 외교관들에게 외국어를 교육시키는 곳이다.
7) UN의 여섯 개 공식 언어는 각각 사용자 순으로 중국어, 영어, 스페인어, 아랍어, 프랑스어 및 러시아어이다.
8) 공용어(official language)로 사용하는 국가의 수는 영어 67개, 불어 29개, 스페인어 21개, 중국어 5개이다.
9) 저자는 2006년에 이탈리아 베니스 여행 중 화교 기념품 가게에서 중국어로 가격을 흥정했던 기억이 있다.
10) 중국어 발음을 로마자로 표기하는 발음기호를 한어병음(漢語拼音)이라고 하며 1958년부터 사용하고 있다.

일 것이다. 중국어로 된 자료의 온라인 상에서의 확상성이 제약을 받는 주요 이유 중의 하나가 여기에 있다.

영어에 중국어에 공부할 것이 많은 우리로서는 힘든 점이 참 많은 것 같다. 다만 AI의 발전으로 외국어를 공부할 필요가 없어지는 것 아니냐는 의문에는 다음의 인용문으로 답할 수 있으리라 생각한다. "번역은 다른 사람이 씹어준 음식과 같다."11)

11) 불경 번역 역사에서 대표적 인물인 구마라집(鳩摩羅什)이 한 말이다(한국일보, 박성진, 한문 성경 번역의 유려함, '利盡天下', 2020.12.22).

화교와 화상

- 짜장면과 세계 3대 상인

어린 시절 최고의 외식 메뉴는 짜장면이었다. 한 달에 한 번 동네 목욕탕에서 목욕 후에, 지금도 이름을 기억하고 있는 중국음식점 중화각(中華閣)에서 가족들과 함께 먹었던 짜장면은 어찌 그리 맛있었는지…

중국음식점 하니 생각나는 단어가 짱깨이다. 우리가 흔히 중국인들을 비하할 때 쓰는 비속어이다. 그런데 이 짱깨라는 말은 무슨 뜻일까? 짱깨는 장꾸이(掌櫃, 장궤)에서 온 말로 추정된다. 장꾸이는 점주(店主) 내지 사장 등의 뜻이다. 돈궤를 장악하고 있는 사람이라는 말에서 유래하였을 것이다. 예전에 화교들이 운영하던 중국음식점에서 종업원들이 사장을 장꾸이라고 부르는 것을 보고 따라 하던 말이 굳어져서 짜장면 나아가서 중국인 전체를 이르는 말로 확대된 것으로 보인다. 그렇게 보면 이 짱깨라는 말은 화교들의 이국 정착사와 관련이 있는 단어인 셈이다.

화교(華僑)는 중국 국적의 해외 거주 중국인을 가리키는 통칭이다. 중화민족을 뜻하는 '화(華)'와 '타향살이하다'라는 뜻의 '교(僑)'가 언제부터 결합되어 쓰였는지는 정확하지 않다. 그러나 '화교'라는 말은 근대 민족주의의 산물로서, 19세기 말 해외 각지에 흩어져 있던 중국인들을 정치적으로 포섭하기 위해 고안된 용어라는 것이 중론이다.[1] 한편 화교는 해외 국적을 지닌 중국계 현지인을 의미하는 화인(華人)과 함께 불릴 때는 '화교화인(華僑華人)'으로 칭하기도 한다. 화교과 화인의 비중은 1 : 9 정도이다. 그리고 이들 화교화인 중 비즈니스 활동을 하는 기업인들을 일컫는 말이 바로 화상(華商)이다.

현재 화교들은 전 세계 168개국에 흩어져 살고 있으며 그 수는 약 6천만 명으로 추산된다. 이 중 약 70%가 동남아를 중심으로 한 아시아에 분포한다. 동남아에서 이들 화교들의 정치·경제적 영향력이 막강하다는 점은 이미 잘 알려져 있다. 태국 재계 1위의 기업인 CP그룹(Charoen Pokphand Group)[2] 등이 대표적인 화교기업이라 할 수 있다. 화교기업들의 총자본 규모는 약 5조 달러에 이르는 것으로 추정되며, 글로벌 금융시장에서 유태인 자본 및 이슬람 자본과 함께 3대 큰 손으로 평가된다. 또한 중국 상인은 유태인 상인 및 아랍 상인과 함께 3대 상인으로 불리기도 한다.[3]

글로벌 화교 주요국 분포(2018년)

	인니	태국	말련	미국	싱가포르	캐나다	필리핀	일본
인원(만 명)	1,000	850	665	452	290	180	111	100

자료: 世界華商發展報告, 2019.

중국의 개혁개방 정책이 성공할 수 있었던 원인 중의 하나로 해외 화교자본의 존재를 드는 경우가 많다. 개혁개방 40년 동안 화교자본은 대중국 투자 외국기업 수의 약 70%, 해외직접투자(FDI)의 60%를 담

---

1) 김능우 등, 중국 개항도시를 걷다:소통과 충돌의 공간, 광주에서 상해까지, 현암사, 2013.
2) 1921년 설립되었으며 2018년 기준 매출 630억 달러, 임직원 36만 명에 이르는 다국적기업이다.
3) 全球華智庫, 世界華商發展報告2019, 2020.8.

당[4]할 정도로 절대적인 기여를 하였기 때문이다. 특히 개혁개방 초기 중국 정부는 이들 화교자본 유치를 위해 다양한 투자우대조치 등을 취하였다. 1985년 4월의 '화교투자 우대조치에 대한 잠정규정'[5]이나 1990년 8월 발표된 '화교 및 홍콩·마카오 동포의 투자에 대한 규정'[6] 등이 대표적이다. 또한 세계은행에 의하면 화교를 중심으로 한 중국인들의 대중국 본토 송금 규모가 1982년의 6억 달러에서 2015년 639억 달러까지 연평균 15.1%씩 증가한 것으로 나타났다.

이처럼 화교기업과 화교자본은 중국의 경제성장 과정에서 중요한 역할을 담당하였을 뿐만 아니라 지금도 중국의 대외진출, 투자, 협력 등에서 핵심적인 기여를 하고 있는 것으로 평가된다. 특히 동남아시아에서 이들 화교기업들의 영향력은 무시할 수 없는 수준이다. 인도네시아 상위 20대 기업 중 18개가 화교기업이며 태국, 말레이시아, 필리핀 등의 상위 10위 부자 중 절반 이상이 화교들인 것으로 알려져 있다.[7]

우리나라의 경우는 1884년 조선과 청 사이에 체결된 '인천구화상지계장정(仁川口華商地界章程)' 이후 인천(제물포)을 중심으로 화교가 형성되기 시작한 것으로 본다.[8] 당시 화교들은 대부분 인천에서 가까운 산동(山東)성 출신의 남성들로 외국 선박 입항시 노역을 하는 노동자들이 다수였다. 남성들이 집단생활을 하는 경우가 많았으며 이는 집단 거주지에 중국인이 운영하는 중국음식점이 많았던 이유이기도 하다. 한편 우리나라는 화교에 대한 차별대우로 화교자본과 화상이 성장하지 못한 대표적인 국가이다. 1970년대에 행해진 재산권 제한은 대표적인 차별대우 조치였다. 당시 '외국인 토지 취득 및 관리에 관한 법률'에 의해

4) 中國僑聯工作, 華僑華人與中國改革開放40年, 2018.12.21.
5) 国务院, 关于华侨投资优惠的暂行规定的通知, 1985.4.2.
6) 国务院, 关于鼓励华侨和香港澳门同胞投资的规定, 1990.8.19.
7) 한국중화총상회·한국부울경중화총상회, 華商, 2020 한·세계화상 비즈니스 위크, 2020.11.12.
8) 주영하, 백년 식사-대한제국 서양식 만찬부터 K-푸드까지, ㈜휴머니스트 출판그룹, 2020.

한국의 화교들은 1주택 1점포에 한해 토지를 소유할 수 있었으며 면적 제한도 받았다.[9]

삼국지 최대 영웅 중 한 명인 관우(關羽)는 중국에서 상인들을 보호하고 상업의 번창을 돕는 재물신(財物神)으로서도 숭배받고 있다. 이는 중국 최고의 상인들을 많이 배출한 산시(山西)성의 진상(晉商)이 자신들을 지켜줄 보호신으로 자기 지역 출신인 관우를 지목한 것에서 유래한다.[10]

화교 기업들의 막강한 현지 인맥, 자본 동원 능력, 유통망 등을 잘 활용한다면 우리 기업들에게 큰 기회가 될 수 있다. 우리나라가 2005년 제8차 세계화상대회(世界華商大會)[11]를 개최했던 것도 이러한 비즈니스 기회를 얻고자 하는 노력의 일환이었다. 한편 2020년 11월에는 온라인 비대면으로 열린 한국-세계화상 비즈니스위크 행사에 1,500여 개의 화교기업 및 우리 기업들이 참가하여 투자, 기술 교류 등의 네트워크 구축 노력을 전개한 바 있다. 화교기업과 연대하여 업무협력이나 공동투자 등을 진행할 경우 중국 시장을 개척하는 데에도 한결 수월할 것임은 틀림이 없다.

화교 및 화상들의 성장과 활약은 오래된 중국 상인들의 전통을 잇고

---

9) 당시 화교들에게는 주택용은 200평 이하, 점포용은 50평 이하의 토지 소유만 허용되었다. 사실상 재산 증식 기회를 막은 것이다. 이러한 상황은 1998년 새로운 '외국인토지법'이 시행되면서 비로소 개선되었다.

10) 김성곤, 김성곤의 중국한시기행, 김영사, 2021.

11) 1991년부터 2년 주기로 전 세계 화상들이 모여 결속력을 강화하고 관련 이슈에 대해 의견을 나누는 행사이다.

있는 하나의 징표라 하겠다. 이들과의 교류, 협력을 통해 함께 성장하면서 발전해 나가기 위한 우리 기업들의 끊임없는 노력과 계획이 필요한 시기이다.

중국과 북한

- 혈맹의 시대는 계속될까?

중국의 고위 인사들이 북한을 방문할 때 꼭 들르는 곳이 있다. 바로 한국전쟁 당시 파병되었던 중국군 전몰 장병들이 묻혀 있는 '중국인민 지원군 열사능원(烈士陵園)'이다. 평안남도에 있는 이곳에는 마오쩌둥의 큰아들 '마오안잉(毛岸英)'도 묻혀 있다. 결혼한 지 얼마 되지 않은 신혼 이었던 마오안잉은 북한에 러시아어 통역 장교로 파병된 지 단 1개월 만에 미군의 공습으로 사망하였다. 장남의 전사 소식을 전해 들은 마오 쩌둥은 의연했던 것으로 알려져 있다. 전쟁에서 죽는 것은 다반사이므 로 특별한 별도 조치를 취할 필요가 없다는 말과 함께… 마오안잉의 유해가 여전히 북한에 남아 있는 이유이다.[1]

---

1) 민간에 전해지는 이야기로는 마오쩌둥이 훗날 한국전쟁 당시의 중국군 총사령관 이었던 펑더화이(彭德懷, 1898~1974)를 핍박하여 숙청한 주된 이유 중 하나가 한국전쟁에서 아들을 제대로 지키지 못한 괘씸죄 때문이라고 한다. 물론 신빙성 은 떨어지는 이야기이다. 그가 숙청된 것은 1959년 8월의 루산(廬山) 회의에서 마오쩌둥에 대한 개인주의 숭배를 비판하였기 때문이라는 것이 정설이다.

중국과 북한은 흔히 혈맹(血盟)관계라고 일컬어진다. 이에는 역사적인 이유가 있다. 우선 항일 무장투쟁 과정에서 북한과 중국의 공산당은 긴밀한 관계였다. 또한 마오쩌둥의 공산당과 장제스의 국민당이 중국

평안남도의 '중국인민지원군 열사능원' 안에 있는 마오안잉(毛岸英)의 흉상 및 묘이다. 마오안잉은 마오쩌둥의 큰아들로 한국전쟁에서 사망하였다.

본토를 차지하기 위해 혈투를 벌였던 제2차 국공내전(國共內戰, 1946~49년) 당시 북한은 전략물자 제공 등을 통해 공산당을 적극 지원하였다. 이러한 양국 관계는 중국이 소위 항미원조(抗美援朝)라고 부르는 한국전쟁에서 더욱 강화되었다. 한국전쟁 당시 일부 소련군(3만 명 내외)을 제외하면 북한군을 도와 우리나라를 비롯한 16개 연합국에 대항하여 함께 싸운 유일한 나라가 중국이었다. 중국은 한국전쟁에 135만~190만 명의 병력을 파견하였으며, 그 중 17만~40만 명이 전사하고 22만~48만 명이 부상을 입은 것으로 알려져 있다.[2]

이렇게 끈끈한 관계에 있던 중국과 북한은 1949년 10월 6일 정식 수교하였다. 중국에게 북한은 소련, 불가리아, 루마니아, 헝가리에 이은 다섯 번째 수교국이었으며 아시아에서는 첫 번째 수교국이었다. 또한 1961년 7월에는 양국간 군사동맹 조약인 '조선민주주의인민공화국과 중화인민공화국 간의 우호, 협조 및 상호원조에 관한 조약(朝中友好合作互助條約)'을 체결하였다. 이 조약 2조에서는 어느 일방이 무력침공을

---

2) 작은 숫자는 중국측, 큰 숫자는 미국측 자료이다.

당할 경우 상대방은 지체 없이 군사 및 기타 원조를 제공하도록 되어 있다. 또한 7조에서는 쌍방이 이 조약의 수정 혹은 종결에 대해 협의하지 않는 한 지속적으로 유효하다고 적시하고 있다. 실질적 효력 여부를 떠나 양국 간 조약상의 관계는 혈맹관계임을 잘 알 수 있는 대목이다. 중국과 북한의 관계가 밀접할 수밖에 없는 이유이다. 약 10여 년 전에 북한의 평양예술단이 베이징에서 공연을 펼쳤을 때 중국의 많은 노인 관객들이 눈물을 흘리며 감동했던 것은 이러한 역사적 사연을 배경으로 하는 것이라 추측할 수 있다. 같은 이유로 유추해 본다면, 한국전쟁을 겪은 우리의 어르신 세대가 미국에 대해 느끼는 감정을 북한의 원로 세대도 중국에 대해 느끼는 것이 아닐까?

이처럼 정치적으로 얽혀 있을 뿐만 아니라 경제적으로도 중국과 북한은 불가분의 관계에 있다. 1980~90년대 중 정치적 냉담 여부와는 관계없이 중국과 북한의 교역 규모는 연간 약 5억 달러 내외를 유지하였다. 중국은 북한의 전략물자를 보장하는 역할을 충실히 해 온 것이다.

북한의 전체 무역에서 중국이 차지하는 비중은 2010년 60.4%, 2012년 81.0%, 2014년 86.2%, 2016년 89.2%, 2018년 91.8%였다.[3] 북한 경제의 대중 의존도가 점차 높아지면서 절대적인 수준이 되었다는 점을 잘 알 수 있다. 이는 UN 제재조치 등으로 여타국과의 교역이 점점 어려워진 북한에 경제적 지원을 해 줄 수 있는 거의 유일한 나라가 중국임을 의미한다.

북한의 대중 수출입액과 내용 추이를 구체적으로 보면 다음과 같다. 2010년 북한의 대중 수입액은 22.8억 달러였으며 2014년은 40.2억 달러까지 증가하였다. 이후 감소하였으나 2019년 기준으로 25.9억 달러 수준이다. 한편 북한의 대중 수출액은 2010년 11.9억 달러에서 2013년

---

3) 2001년만 해도 이 수치는 17.3%에 불과하였다. 당시 북한 제1의 교역 상대국은 일본(30.1%)이었다(한국무역협회, 2001~2018 북한 무역 10대 국가와 품목 추이 및 시사점, 2019.12.2).

29.1억 달러까지 증가하였다. 이후 대북 제재조치로 점차 감소하여 2019년은 2.1억 달러까지 감소하였다. 한편 양국 간 수출입 총액은 2010년 34.7억 달러에서 2014년 68.6억 달러로 최고를 기록한 이후 점차 감소하여 2019년은 28.0억 달러였다. 그러나 2020년의 경우 코로나19 방역을 위한 북한의 국경폐쇄(2020년 1월 말)로 인해 양국 간 교역은 급격하게 감소하였다. 북한의 대중 수입은 4.9억 달러, 수출은 0.5억 달러로 수출입 총액은 5.4억 달러에 불과하였다. 교역 감소폭이 무려 80.7%에 달한다. 이는 2017년 강화된 대북제재로 인한 2018년 교역 감소폭(51.4%)을 상회하는 수준이다.[4]

중국의 대북 주요 수출품은 원유, 기계류, 생활용품 등이며 대북 주요 수입품은 철강, 목재, 수산품 등이다. 이와는 별도로 중국은 1994년 이후 원유 및 화학비료 등을 북한에 무상원조하고 있는 것으로 알려져 있다.

중국의 대북한 수출입액

	2000	2005	2010	2015	2017	2018	2019	2020
수출액(억 달러)	4.5	10.9	22.8	29.4	33.3	22.2	25.9	4.9
수입액(억 달러)	0.4	5.0	11.9	24.8	16.5	2.0	2.1	0.5
수출입 총액(억 달러)	4.9	15.9	34.7	54.2	49.8	24.2	28.0	5.4

자료: 中國海關總署.

양국 간에는 인적 교류도 활발하다. 2018년 기준으로 중국을 방문한 북한인은 17만 명, 북한을 방문한 중국인은 18만 명 수준이다. 숫자로는 비슷하다. 그러나 중국 방문 북한인은 전체 외국인 방문객(3,054만

---

4) KITA, 2020년 북한-중국 무역동향과 시사점, KITA 남북경협 리포트 2021 Vol.1, 2021.2.

명, 대만·홍콩·마카오인 제외)의 0.5%에 불과하지만 북한 방문 중국인은 전체 외국인 방문객(20만 명)의 90% 수준으로 절대적이라는 점에서는 큰 차이가 있다.

북한은 중국에게 있어 아시아 첫 번째 수교국가였다. 그리고 양국은 군사동맹 조약을 맺고 있는 동시에 경제적으로도 밀접한 관계를 유지하고 있다.

엄밀한 국제관계 속에서 중국과 북한의 관계가 예전처럼 그렇게 혈맹관계를 계속 유지할 수 있을지는 의문이다. 세대가 변했고 시대가 변했기 때문이다. 한편 현재 중국의 북한핵에 대한 공식적인 입장은 쌍중단(雙中斷, 북한핵활동＋한미훈련) 및 쌍궤병행(雙軌竝行, 북한비핵화＋북미평화협정)이다. 그러나 이처럼 복잡한 해법이 필요한 문제도 드물 것이다. 이해관계를 가진 국가가 많고 불확실성도 많고 변수도 많다.

북·중 관계는 우리 한반도의 안정과 밀접하게 연결되어 있는 사안이라는 점에서 지속적으로 관심을 가지고 지켜봐야 할 핵심 문제인 것만은 확실하다. 다만 이는 경제적 문제라기보다는 정치·외교적 문제라는 점에서 보다 폭넓은 차원의 시각과 통찰이 필요한 부분이라는 생각이 든다.

중국과 대만

- 유이(唯二)한 분단국가의 미래는?

　베이징 시내 한복판의 자금성(紫禁城) 및 천안문(天安門) 광장 옆에 '베이징고궁박물관(北京古宮博物院)'이 있다. 중국을 대표하는 국립박물관이지만 전시하고 있는 유물은 그 양이나 질에서 기대했던 것에 훨씬 못 미친다. 이유는 간단하다. 국민당이 국공내전(1946~49년)에서 공산당에게 패배한 이후 대만 지역으로 이주할 때 중요한 유물들을 대부분 가져갔기 때문이다. 덕분에 지금 대만에 있는 '타이베이고궁박물관(臺北古宮博物院)'의 전시물들이 훨씬 풍부하고 관람객들의 경탄을 자아내게 되었다. 당시 베이징고궁박물관에서 대만으로 옮겨진 유물만 2,972상자로 알려져 있다.[1]

　중국과 대만은 우리 한국 및 북한과 함께 지구상에서 유이(唯二)하게 남은 분단국가이다. 중국과 대만 관계 즉, 양안관계(兩岸關係, Cross-Strait Relations)가 시작된 지도 이제 70년이 넘었다. 양안관계란 대만해협을 사이에 두고 서안(西岸)의 중국 대륙과 동안(東岸)의 대만이 마주

---

1) 이를 포함해 1948~49년 사이에 3차에 걸쳐 총 5,518상자의 유물이 대륙에서 대만으로 옮겨졌다.

보는 위치에 있는 데에서 유래한 용어이다. 상호간 국가로 인정하지 않고 있는 중국과 대만이 양자간 관계를 나타낼 때 사용하며 정치적으로 중립적인 용어이다.[2]

우리의 남북관계가 수많은 우여곡절을 겪어 왔듯이 양안관계도 그러하다. 1987년 대만의 계엄 해제 이전에 양안은 기본적으로 극한적인 대립관계를 유지하였다. 금문도(金門島) 포격(1958년),[3] 대만의 UN 축출(1971년) 등이 이 시기에 일어난 대표적인 사건들이다. 심지어 마오쩌둥의 대약진 운동이 실패한 1960년경 대만의 장제스 총통[4]은 미국에 원자탄 제공을 요구하며 대륙 진공을 제안하기도 했다. 1980년대 이후에는 양안관계가 그 이전보다는 다소 개선되었다. 1992년의 '9·2 합의(9·2 共識, 1992 Consensus)'는 양안이 한층 관계를 진전시키게 된 계기였다. 이는 중국과 대만이 모두 '하나의 중국'이라는 원칙에는 동의하되 이에 대한 해석은 각자 의견을 존중하자는 합의[5]를 의미한다. 쉽게 말해 중국이 하나의 국가라는 점은 서로가 인정하지만 이 하나의 국가를 어떻게 해석할지는 대외적으로 공포하지 않는 한 중국과 대만 양측이 편한 대로 하면 된다는 것이다.[6]

---

2) 걸그룹 트와이스의 일원인 대만 출신 여가수 쯔위(본명 周子瑜)가 2016년 한 방송에서 대만 국기를 흔들었다가 중국인들의 거센 반발로 사과 영상을 올려야 했던 사건을 많은 사람들이 기억할 것이다. 중국인들은 대만을 국가로 인정하는 어떤 형태의 발언에도 과하다 싶을 정도로 격렬히 반발하고 있다.

3) 금문도는 중국 본토에서 2km밖에 위치해 있는 대만의 부속섬으로 최일선 방위선이다. 중국이 1958년 8월~10월 중 금문도를 포격하면서 국지전이 발생하였다. 이후로도 간헐적인 포격이 지속되었으며 20여 년이 지난 1979년 미·중 수교 이후 비로소 종결되었다.

4) 미국의 President를 번역할 때 중국은 대총통(大總統), 한국과 일본은 대통령(大統領)으로 의역하였으며, 총통은 대총통의 준말이다(김언종, 한자의 뿌리 1, 문학동네, 2001).

5) 이는 'One China, but each side is entitled to give different interpretations'로 표현된다.

6) 중국은 대만을 자신의 1개 성(省)으로 여기면서 다만 아직 실효적인 지배가 이루어지지 않는 지역으로, 대만은 중국을 정통성이 있는 자신들이 회복해야 할 지역으로 해석하고 있을 것이다.

한편 대만의 집권당이 국민당(國民黨)이냐 민주진보당(民進黨)이냐에 따라 대중국 정책은 큰 변화를 겪어 왔다. 국민당이 집권했을 때는 친중국 성향을, 민진당 집권시는 반중국 성향을 보여왔다. 이는 국민당이 '하나의 중국'을 원칙으로 하는 데 반해,[7] 1987년 출범한 민진당[8]은 대만의 독립을 주요 추

하나의 중국 원칙을 고수한 국민당의 장제스(蔣介石) 총통은 중국 대륙으로 돌아가겠다는 의지가 강했다. 1975년 사망한 이후에도 타이베이시 교외 호반의 한 주택에 안장된 상태로 유지되다가 2005년에야 비로소 타이완 군사묘지에 매장된 이유이다.

구 이념 중 하나로 내걸고 있기 때문이다. 공산당과 피 흘리며 싸운 국민당이 친중국 성향을 보이는 것은 언뜻 이해가 안 갈 수 있는데 이는 국민당의 주요 지지 기반이 1949년 국민당의 대륙 철수와 함께 대만으로 건너온 사람들(外省人)이기 때문이다. 이들은 대륙을 수복해야 할 대상으로 여길 뿐이며 같은 중국인이라는 생각이 그들의 마음에 항상 깔

---

7) 국민당의 장제스 총통은 '하나의 중국'원칙을 고수하였으며, 승리하여 중국 대륙으로 돌아가겠다는 의지가 강했다. 이런 이유로 1975년 사망한 그의 유해는 매장되지 않은 채 30년 동안 타이베이시 교외 호반의 한 주택에 안장된 상태로 유지되다가 2005년에야 비로소 타이완 군사묘지에 매장되었다(조너선 펜비, 장제스 평전, 민음사, 2019).
8) 민진당 창당은 원래 1986년 9월이지만 1949년 5월~1987년 7월 중 대만이 계엄을 실시하면서 국민당 이외의 모든 정당을 불법으로 규정했었기 때문에 계엄령 해제 이후에 비로소 합법화되었다.

려 있다. 반면 민진당의 주요 지지층은 이전부터 이미 대만에 살고 있던 사람들(內省人, 本省人)이다. 이들은 중국인이라는 인식이 희박하다. 이에 따라 민진당 출신인 천수이볜(陳水扁, 2000~2008년)과 차이잉원(蔡英文, 2016~)이 총통으로 집권한 기간에는 대만이 완전 독립을 주장하며 양안관계는 갈등기를 겪었다. 반면 국민당의 마잉주(馬英九, 2008~2016년) 총통 집권 시기에는 정치적 긴장이 완화되며 중국과의 경제교류도 대폭 확대되었다. 예를 들어 2008년에는 전국적으로 양안 간의 해운, 항공, 우편 등의 교류를 전면 허용하는 대삼통(大三通)제도가 실시되었다. 같은 해에 중국인의 대만 단체여행도 허용되었다. 또한 2010년에는 양안 간에 실질적인 FTA라 할 수 있는 경제협력기본협정(ECFA: Economic Cooperation Framework Agreement)이 체결되었다. 이 협정을 통해 800여 개 품목에 대한 관세의 단계적 철폐, 원자력 안전 협력 강화 등이 합의되었다. 2011년부터는 중국인의 대만 개인여행도 가능하게 되었다.[9]

현재의 차이잉원 총통 집권 이후 양안관계는 지속적으로 악화되고 있다. 더불어 중국의 정치외교적인 압박도 가속화하는 중이다. 중국은 대만 수교국들을 대상으로 대만과의 단교를 조건으로 국교를 수립하는 정책을 지속적으로 실시하고 있다. 이에 따라 대만의 외교적 고립이 심해지고 있는 상황이다. 차이 총통 집권 후 7개의 국가가 대만과 단교[10]하며 2019년말 현재 대만의 수교국은 15개에 불과하다.[11] 차이 총통 이전인 2015년에 대만을 방문한 중국인은 418.4만 명에 달하였다. 전체 대만 입국 외국인(1,044만 명)의 40.1%이다. 그러나 2016년

---

9) 다만 모든 지역에서 대만 개인여행이 가능한 것은 아니며 2019년 6월말 현재 47개 시범지역이 지정되어 있다.
10) 상투메프린시페(2016년 12월 단교), 파나마(2017년 6월), 도미니카공화국(2018년 5월), 부르키나파소(2018년 5월), 엘살바도르(2018년 8월), 키리바시(2019년 9월) 및 솔로몬제도(2019년 9월)이다.
11) 중국은 180개 국과 수교중이다.

이후 점차 대만 방문 중국인 수가 감소하면서 2019년은 271.4만 명으로 감소하였다. 전체 입국 외국인(1,186만명)의 22.9%로 줄어든 것이다.[12] 심지어 중국은 2019년 8월부터 중국인의 대만 개인여행을 잠정 중단하는 조치를 실시중이다.

이러한 중국의 압박 속에 차이 총통은 핵심 정책 중 하나로 2016년 9월부터 '신남향(新南向)정책'을 적극 추진하고 있다. 이는 ASEAN 10개국, 남아시아 6개국, 호주 및 뉴질랜드와의 경제협력 및 인적교류 확대 등을 통해 대만 경제의 중국 의존도를 낮추려는 노력의 일환이다. 중국은 2019년 기준으로 전체 대만 수출의 27.9%를 차지하는[13] 최대 수출 지역으로 과도한 중국 의존은 그동안 대만 경제의 운신의 폭을

대만을 여행할 때 필수코스 중 하나인 타이베이 세계금융센터(Taipei World Financial Center). 일명 타이베이 101(台湾101摩天大楼)로 불린다. 높이 509m에 달하며 2004~2009년 중 세계 최고층 빌딩 자리를 유지한 바 있다.

---

12) Tourism Bureau, M.O.T.C. Republic of China(Taiwan). 이에 반해 중국 방문 대만인은 지속적인 증가세이다. 2015년에 중국을 방문한 대만인은 549.9만 명이었으며, 2019년은 613.4만 명이었다(中國統計年鑒 2020).
13) Ministry of Finance, R.O.C. 한편 수입액 비중은 20.1%였다.

제한하는 역할을 해 왔기 때문이다.

한편 미국의 역할도 양안관계의 중요한 변수이다. 트럼프 정권 등장 이후 미국은 중국을 견제하기 위한 목적으로 대만에 대한 외교적·군사적 지원과 교류를 확대하였다. 2018년 3월에는 '대만여행법(Taiwan Travel Act)'을 통해 미국과 대만 고위 공직자들이 자유롭게 상대국가를 방문할 수 있도록 허용하였다. 또한 2019년 6월에는 미국 국방부의 '인도·태평양 전략보고서(Indo-Pacific Strategy Report)'에서 대만을 국가로 표현하였다. 이는 1979년의 미·중 수교 이후 대만을 공식 문서에서 최초로 '국가'라고 언급한 것으로 그동안 미국이 인정하던 '하나의 중국' 원칙에 대한 도전이라는 평가가 많았다. 또한 2019년 7월에는 22억 달러 규모의 무기를 대만에 판매하기도 하였다. 2021년 등장한 바이든 행정부도 당분간 이러한 대중국 압박 기조를 변경할 가능성은 별로 없어 보인다. 미국의 대중국 견제가 지속되는 한 미국과 대만의 관계는 가까워질 수밖에 없을 것이며 이에 따라 양안관계의 갈등은 앞으로 더욱 증폭될 가능성이 크다.

중국은 그동안 대만에 대한 투자우대조치와 경제협력 등을 통해 경제적으로 긴밀한 중화경제권(中華經濟圈, Great China Economic Zone)을 형성하기 위해 노력해왔다. 대만 기업들은 중국의 저렴하면서도 양질의 노동력을 공급받으면서 IT 기업을 중심으로 경제성장을 이룩할 수 있었다. 중국도 고용문제 해결 및 기술이전을 통한 산업구조 고도화를 추진할 수 있었다. 양안관계는 적어도 경제적으로는 상호 윈윈하는 구조였던 것이다. 중국의 대만과의 교역액은 2000년 이후 전체 교역액의 5% 내외를 유지하고 있다. 특징적인 것은 수입이 수출보다 약 3~4배 커서 중국은 대만에 대해 지속적인 상품수지 적자를 기록중이라는 점이다.

중국의 對대만 수출입액

	2000	2005	2010	2015	2017	2018	2019	2020
수출액 (억 달러)	50.4	165.6	296.4	450.0	436.1	481.0	550.8	601.4
수입액 (억 달러)	255.0	746.6	1,156.5	1,444.9	1,552.1	1,771.9	1,728.0	2,006.6
교역총액 (억 달러)	305.4	912.2	1,452.9	1,894.9	1,988.2	2,252.9	2,278.8	2,608.0
중국 교역액 중 비중(%)	6.4	6.4	4.9	4.9	4.9	4.9	5.0	5.6

자료: 한국무역협회, 중국해관총서.

양안 간 갈등이 심화되기 시작한 것은 중국의 경제규모 급증에 따라 힘의 균형이 무너지고 대만의 대중국 의존도가 높아진 데에 주로 기인한다. 특히 양안 간의 격차는 2010년대 들어 두드러진다. 그리고 그 결과의 하나가 중국의 대만에 대한 정치적 영향력의 확대로 나타났다. 2020년 1월 실시된 대만 선거에 영향을 미치기 위해 중국이 2019년에 중국인의 대만 여행 제한을 포함해 다양한 경제적 압력을 가한 것을 보면 이를 잘 알 수 있다.

중국과 대만의 GDP 비교

	1970	1980	1990	2000	2010	2015	2019	2020
중국 (억 달러, A)	926	3,062	3,946	12,114	60,879	110,600	143,635	147,300
대만 (억 달러, B)	58	423	1,664	3,307	4,442	5,345	6,121	6,693
A/B(배)	16.0	7.2	2.4	3.7	13.7	20.7	23.5	22.0

자료: National Statistics, Republic of China(Taiwan), 中國國家統計局.

현실적으로 대만의 독립은 어려운 일이다. 그렇다고 홍콩처럼 대만이 일국양제(一國兩制, one country two systems)의 틀을 통해 중국에 포함될 가능성도 높지 않다. 더구나 2019년 하반기의 홍콩 민주화 사태에서 나타났듯이 중국의 정치시스템에 대한 우려는 홍콩이나 대만 국민들에게 현실적인 공포로 다가올 수밖에 없다. 당초 고전할 것이라던 차이잉원 총통이 2020년 대만 총통 선거에서 압도적인 표차로 당선[14]된 데에는 대만 국민들이 중국의 정치적 압력에 대해 큰 두려움을 느꼈던 것이 큰 작용을 했다고 볼 수밖에 없다.

중국과 대만 간 관계는 향후 수년간 현재의 갈등 상황이 지속될 것으로 예상된다. 한편 중국이 강성 일변도의 대만 정책을 어떻게 수정할 것인지도 지켜봐야 할 부분이다. 대만은 향후에도 미국과 중국 간 관계에서 중요한 정치적 레버리지로 활용될 가능성이 크다. 미·중 양국 관계의 변화가 미치는 영향이 어느 나라보다 큰 우리로서는 이래저래 관심을 가지고 예의주시해야 할 양안관계라 하겠다.

---

14) 차이잉원 총통은 817만 표라는, 1996년 대만의 총통 직선제 도입 이후 최대의 표를 얻으며 57.1%의 득표율로 당선되었다. 함께 치러진 입법의원 선거에서도 전체 113개 의석 중 여당인 민진당이 61석을 차지하면서 과반수를 획득하였다.

중국과 홍콩

– 일국양제(一國兩制) 실험은 성공?

1980년대에 학창 시절을 보낸 지금의 4, 50대에게 홍콩 영화는 최고의 오락문화상품이었다. 천녀유혼(倩女幽魂, 1987년)의 왕조현(王祖賢)에 가슴 설레고 영웅본색(英雄本色, 1986년)의 주윤발(周潤發)을 따라 했던 기억이 생생한 중장년 아저씨들이 많을 것이다. 당시의 홍콩은 그때까지만 해도 중공이라 불리던 중국과는 달라도 너무 다른 이국적 이미지를 지닌 외국이었다.[1] 중국과 홍콩은 완전히 다른 딴 나라였다. 1997년까지는 …

홍콩은 그동안 매우 변화무쌍한 역사의 곡절을 겪어 왔다. 홍콩(香港, 광둥어로 홍콩, 중국어로 샹강(Xiang Gang))은 향기로운 섬이라는 뜻인데, 이는 홍콩이 대륙의 향나무 중계무역으로 유명해지면서 이름 붙여진 것으로 전해진다. 홍콩은 홍콩섬, 주룽(九龍)반도, 신계(新界)와 그 부근의 235개 섬 등 크게 3개 부분으로 구성된다. 영국은 난징조약(1842년), 베이징조약(1860년) 및 제2차 베이징조약(1898년)을 통해 이

---

[1] 7, 80대의 어르신들은 '별들이 소곤대는 홍콩의 밤거리~'로 시작되는 '홍콩아가씨'(1954년) 노래를 떠올리실 듯하다.

들 3개 지역을 각각 영구 할양 내지 시한부(1898~1997년) 조차(租借)하면서 지배권을 행사하였다. 이들 조약들은 아편전쟁2) 및 중일전쟁 등의 결과였다. 1941~1945년간 잠시 일본이 점령했던 홍콩은 1946년부터 다시 영국의 지배하에 들어갔으나, 1984년에 영국과 중국은 영구 할양지역을 포함하여 조차지역을 중국에 반환하는 협정을 체결하였다.3) 당시 협정의 주요 내용은 1997년부터 50년간(2047년까지) 1국 2체제(일국양제) 유지, 홍콩의 특별행정구 지정, 홍콩인에 의한 자치 보장 등이었다. 결국 1997년 7월 1일 155년의 식민통치시대를 종결하면서 홍콩은 중국으로 정식 반환되었다.4)

이렇게 홍콩은 정치적으로 중국에 귀속되면서 하나의 국가가 되었지만 문제는 곧 발생하였다. 오랜 기간 상이한 정치, 사회, 문화 시스템에서 생활해 온 홍콩인들은 이미 중국인과는 다른 정체성이 형성되어 있었다. 이로 인해 중국의 정치체제 및 사회 관습 등에 대한 거부감도 큰 편이며 중국인들에 대한 호감도도 낮다. 특히 1997년 반환 이후 홍콩에 진출한 많은 중국인들이5) 홍콩에 다양한 피해를 입힌 것도 중국에 대한 반감이 높아진 요인이다.6) 예를 들면 홍콩의 부동산 투기 매입으

---

2) 영국의 수상 글래드스톤(W.E. Gladstone)은 아편전쟁에 대해 '내가 아는 한 이보다 더 부당하게 시작된 전쟁은 없었으며 이런 전쟁에 대해 들어본 적도 없다. 이 전쟁은 영국에 영원한 불명예를 안길 것이다'라고 언급한 바 있다(댄 존스 & 마리나 아마랄, 역사의 책-이토록 컬러풀한 세계사, 윌북, 2019). 아편전쟁이 얼마나 정의롭지 못한 전쟁이었는지를 시사하는 발언이다.
3) 당초 영국은 조차지역(주룽반도 북부, 신계 및 부근의 섬들)만 반환하려 하였으나 중국의 강력한 반발 및 실질적으로 조차지역의 지원이 없으면 정상적인 생활이 어려운 한계 등을 감안하여 영구 할양지역(홍콩섬, 주룽반도 남부)까지 반환하게 된 것으로 알려져 있다.
4) 중국의 입장에서 보면 홍콩섬은 155년, 주룽반도는 137년, 그 밖의 지역은 99년 만에 돌려받게 된 셈이다.
5) 2017년 기준으로 홍콩에 거주중인 중국인 이민자 수는 101만 명으로 전체 홍콩 인구(741만 명)의 13.6%에 이른다.
6) 2001년 8월 발생한 홍콩 출입국 사무소 방화 사건은 홍콩에서의 거주권을 요구해 온 중국인들이 일으켰던 사건으로 홍콩인들의 반중국 감정이 높아지게 된 대표적인 사건이었다. 당시 사건은 중국인 이주노동자 1명과 홍콩 관료 1명이 사

로 인한 부동산 가격 폭등, 중국인들의 홍콩 내 분유 매점매석으로 인한 분유파동 사태,[7] 중국인 유입 급증에 따른 일자리 감소 등은 대표적이다.

특히 당초 중국이 약속했던 자치권이 제대로 지켜지지 않게 되면서 홍콩의 정치적 불안정은 계속되고 있다. 2003년 국가보안법을 제정하여 홍콩에 대한 통제를 강화하려던 중국 정부의 시도가 좌절된 것은 홍콩 시민들의 대표적인 초기 반발 사례였다. 2014년에는 '우산혁명(Umbrella Revolution, 2014년 9월~12월)'으로 명명되는 홍콩시민의 대규모 저항운동이 있었다.[8] 이는 중국 정부가 2007년에 약속하였으며 2017년부터 시행할 것으로 예정되었던 홍콩 행정장관 직선제와 관련된 것이었다. 중국 정부는 2014년에 돌연 행정장관 후보자의 자격을 전인대[9]에서 선정한 세 명으로 한정하는 조치를 발표한다. 종전의 약속을 뒤집고 명목만 직선제인 선거로 바꾼 것이다. 이에 대한 반발로 시민의 저항이 발발하면서 결국 행정수반 선거방식은 1,200명의 선거인단[10]이 선출하는 기존의 간선제가 유지되었다. 문제는 이들 선거인단을 선출하는 투표권자가 일반 시민이 아니라 단체별 임원, 교육·법률·종교분야의 직능별 대표 등 약 25만 명의 엘리트층에 한정되어 있다는 점이다.[11] 특히 상공업분야에 관련된 인원이 많이 포함되어 있어 친중 성

　　망한 비극이었다.

7) 2008년에 중국에서 발생한 멜라민 분유 파동으로 국내 분유를 믿지 못하게 된 다수의 중국인들이 홍콩에서 분유를 대량으로 사재기한 사건이다.

8) 이때의 우산혁명 당시 주윤발은 학생 시위대를 지지한 반면 성룡(成龍)은 비난하면서 두 영화스타의 극명한 입장 차이가 나타난 바 있다(한겨레, 누가 주윤발조차 침묵하게 했는가, 한겨레 아카이브 프로젝트 시간의 극장 제15화 홍콩, 2020.9.7).

9) 전인대는 전국인민대표대회(全國人民代表大會)의 줄임말로 중국의 국회에 해당하는 기구이다.

10) 이들 선거인단은 4개 분야(sector)의 38개 하위 분야(subsector)로 구성되어 있다. 1분야 산업 및 금융, 2분야 직능, 3분야 노동 및 사회, 4분야 정치로 나뉘어 있으며 각 분야는 300명으로 구성된다.

11) 정치분야의 입법회의 의원 70명, 구의회의원 117명 등이 그나마 주민 직접선거

향을 강하게 지닌다는 한계가 있다는 지적이 많다. 더구나 2021년 3월에는 홍콩기본법 개정을 통해 선거인단 입후보자의 자격을 심사하는 자격심사위원회(候选人資格审查委员会)를 신설하는 등 홍콩의 선거제도에 대한 중국 개입은 더욱 강화되고 있다.

한편 2019년에는 '범죄인 인도법(extradition bill)[12]' 개정 제안으로 촉발된 홍콩 시위가 대규모로 발생하였다. 중국으로서는 1989년 천안문 사태 이후 가장 크게 발생한 정치적 저항 운동이었다. 홍콩 시민의 '중국화'에 대한 반발이 표출된 것은 물론이고 일국양제(一國兩制, one country two systems) 체제에 대한 의문도 다시 한번 제기되는 등 홍콩의 중국 반환 이후 가장 큰 위기였다. 비록 범죄인 인도법은 철회되었으나 중국 정부가 2020년 6월부터 제정하여 시행하고 있는 '홍콩국가안전법[13]'을 통해 홍콩에 대한 통제를 강화하게 되면서 홍콩의 민주화 열기는 많이 약화된 모양새다. 홍콩의 대표적인 반중 매체인 핑궈일보(蘋果日報)의 창간 사주인 라이치잉(Lai Chee Ying)과 홍콩의 민주화 운동가 조슈아 웡(Joshua Wong) 등 40여 명의 인사들이 이 법 위반 혐의로 체포되었다. 2021년 1월에도 시민사회 및 범민주 진영 인사들 53명이 체포되면서 이 법 발효 이후 최대 인원 체포라는 불명예 기록을 남기기도 했다.

대만 문제와 마찬가지로 미국과의 관계는 중국과 홍콩 간 관계의 중요한 변수 중 하나이다. 미국은 1992년 제정된 미국-홍콩 정책법(US-HK Policy Act)에 따라 그동안 무역, 투자, 이민 등에서 홍콩을 중국 본토와는 다르게 우대 조치를 취해 왔다.[14] 홍콩의 특별지위를 인정하여

로 선출되는 인원이라 할 수 있으나 이들은 전체 선거인단에서 차지하는 비중이 매우 작다.

12) 중국 본토, 마카오, 대만 등 범죄인 인도 협정을 체결하지 않은 국가에 대해 범죄인 송환을 허용하는 내용이다.

13) 이 법의 공식 명칭은 「중화인민공화국 홍콩 특별행정구 국가안전 수호법」이며, 국가 전복 및 테러활동 방지, 해외세력 결탁 활동 처벌 등이 핵심이다.

14) "treat as a separate territory in economic and trade matters"

홍콩을 중국으로부터 '독립·구분된 영역'으로 대우한 것이다. 그러나 중국의 홍콩에 대한 간섭이 높아지고 자치가 침해받는 상황에 처하게 되자 미국은 이에 대한 견제 조치로 2019년 11월 홍콩 인권 및 민주주의법(HK Human Rights and Democracy Act)을 통과시켰다. 이 법은 홍콩의 자치 수준을 매년 평가하여 현재의 특별지위를 유지할지를 결정하는 것을 주요 내용으로 한다.[15] 중국은 이 법에 대해 강력하게 반발하고 있다. 홍콩의 전략적 중요성이 사라지게 되는 결과를 초래할 수 있기 때문이다. 2020년 6월 '홍콩국가안전법'이 정식으로 발효된 이후 미국 정부는 이 법을 실제로 적용하여 그동안 홍콩과의 무역거래에 대해 부여해 온 관세 및 수출허가 예외 적용이나 비자발급 등에서의 특별대우를 철폐하였다.

2019~20년에 발생했던 홍콩의 불안 사태와 그 잠재적인 위험은 중국경제의 대표적인 리스크 요인 중 하나로 꼽히고 있다. 무역, 물류 및 금융 중심지로서 홍콩의 위상과 영향력을 무시할 수 없으며 중국과의 경제적 관계도 밀접하기

제1차 아편전쟁(1840~42년) 당시의 모습을 조형물로 만들어 놓은 중국 선전박물관(深圳博物馆)의 모습이다. 이 전쟁의 결과로 난징조약(南京條約)이 체결되면서 홍콩이 영국의 지배하에 들어가게 되었다.

때문이다. 홍콩의 주식시장은 총 시가기준 글로벌 4위 시장이다. 또한 2019년 현재 1,333개 다국적 기업의 지역 본부(HQ)가 위치한 국제적

---

15) 이 법은 홍콩의 자유를 억압한 책임이 있는 사람들에게 미국 비자 발급을 거부하는 내용도 포함하고 있다.

인 도시이기도 하다.16) 중국 입장에서도 홍콩의 중요성은 막대하다. 홍콩은 중국 제2의 수출지역('19년 비중 11.2%)이며 텐센트 및 샤오미(Xiaomi) 등 주요 IT 기업이 상장한 곳이다. 또한 높은 신용도와 국제적 법률시스템을 지니고 있어 중국의 취약점을 보완하는 역할을 충실히 하는 지역이다. 중국은 2010~2018년의 기간 중 전체 외국인직접투자(FDI) 중 64%를 홍콩을 통해 조달하였다. 또한 중국기업은 전체 홍콩 증시 상장기업 수의 절반을 차지하고 있다. 더불어 홍콩은 위안화 역외결제의 허브 역할도 담당하고 있다.17)

중국의 대홍콩 수출입액

	2000	2005	2010	2015	2017	2018	2019	2020
수출액 (억 달러)	521.4	1,245.1	2,182.1	3,325.4	2,808.8	3,014.1	2,796.2	2,726.6
수입액 (억 달러)	223.7	122.3	95.0	81.6	64.8	79.7	90.4	69.8
교역총액 (억 달러)	745.1	1,367.4	2,277.1	3,407.0	2,873.6	3,093.8	2,886.6	2,796.4
중국 교역액 중 비중(%)	15.7	9.6	7.7	8.8	7.1	6.7	6.3	6.0

자료: 한국무역협회, 중국해관총서.

이런 점들을 감안할 때 중국이 홍콩을 급격하게 중국화하는 조짐이 보일 경우 홍콩의 불안은 더 심화될 수 있으며 이는 홍콩의 지정학적 가치를 떨어뜨리는 요인으로 작용할 것이다. 따라서 중국은 정치적 독립문제에 관한 한 지금과 같은 강경 대응을 할 것으로 보이지만, 경제

---

16) 1997년 다국적 기업의 홍콩 지역본부 수가 744개였던 점을 감안하면, 홍콩의 중국 회귀 이후에도 홍콩의 전략적 중요성은 지속적으로 증가해 왔음을 알 수 있다.
17) 홍콩을 통한 위안화 역외결제 비중은 전체의 70% 내외이다.

적 측면에서의 유화 조치를 병행할 것으로 예상된다. 심각한 빈부격차[18] 및 주택가격 급등문제를 완화하기 위한 조치들이 그 예이다. 동시에 중국 정부는 광둥성 일부 지역과 홍콩 및 마카오를 연결하는 대규모 발전계획을 아울러 추진하고 있다. 2017년부터 추진중인 광둥성 지역 아홉 개 도시와 홍콩, 마카오를 연결하는 「웨강아오 대만구」(粤港澳 大灣區, Guangdong-Hong Kong-Macau Greater Bay Area) 발전계획이 바로 그것이다. 웨(粤), 강(港), 아오(澳)란 각각 광둥성, 홍콩, 마카오를 지칭한다. 이는 광둥성의 9개 주요 도시[19]와 홍콩·마카오를 연결한 거대경제권을 설립함으로써 이 지역을 뉴욕만, 샌프란시스코만 및 도쿄만에 비견되는 세계적인 IT·금융중심지로 발전시킨다는 계획이다. 홍콩과 마카오가 갖고 있는 자유경제제체에 광둥성 지역의 개혁개방 경험을 결합하여 세계적인 만(灣, bay)경제권으로 성장하도록 육성한다는 것이 중국 정부의 계획이다.[20]

문제는 중국 정부의 이러한 장밋빛 청사진과는 다르게 홍콩의 미래가 매우 불투명하다는 점이다. 홍콩 내 정보보안이 강화되고 언론의 자유가 한층 더 제약되면서 정보 흐름이 막히고 자유로운 국제금융도시로서 홍콩의 매력이 감소할 수 있다. 극단적으로는 미국이 홍콩에 대한 특별지위 박탈에서 한 걸음 더 나아가 홍콩의 환율제도인 통화위원회제도(currency board system)를 붕괴시킬 가능성도 있다. 통화위원회제도는 달러화의 유입과 유출에 맞춰 자국 통화량을 조절하고 환율을 일정하게 유지하는 일종의 고정환율제도이다. 현재 미달러화에 대한 홍콩달러 환율은 달러당 7.75~7.85 홍콩달러로 고정(peg)되어 있다. 이

---

18) 홍콩 지니계수는 2016년 기준으로 0.539에 이른다(홍콩통계청).
19) 아홉 개 도시는 선전(深圳, Shenzhen), 광저우(廣州, Guangzhou), 주하이(珠海, Zhuhai), 동관(東莞, Dongguan), 포산(佛山, Foshan), 후이저우(惠州, Huizhou), 중산(中山, Zhongshan), 장먼(江門, Jiangmen) 및 자오칭(肇慶, Zhaoqing)이다.
20) 지금 계획으로는 2022년까지 발전에 대한 기본적인 틀을 세우고 2035년까지는 경제적 시스템의 구축을 완료할 예정이다.

제도는 환율을 고정시킨 상태에서 자본유출입 변동에 대해 국내금리가 자동으로 변동하도록 하여 국제유동성을 안정적으로 확보하고 환투기 공격에 대해 비교적 효과적으로 대응할 수 있다는 장점이 있다.[21] 홍콩이 그동안 누린 국제금융시장으로서의 안정성을 유지시키는데 중요한 역할을 해온 이 환율제도를, 미국이 홍콩의 은행들에 대한 미달러화 공급을 제한하여 붕괴시킬 가능성도 없지는 않다. 다만, 미국 스스로가 입게 될 피해를 감안할 때 아직은 그렇게 될 확률이 높지 않을 뿐이다. 애플(Apple), 구글(Google) 등 홍콩에 진출해 있는 1,400여 개 미국 기업이 입게 될 타격, 홍콩 거주 8.5만 명 미국인들의 불편, 미국채 가격 하락과 국제금리 상승에 따른 글로벌 금융시장 불안 가능성 등이 발생할 수 있는 피해의 일부 사례들이다. 또한 현재 홍콩의 외환보유액이 국내 홍콩달러 발행규모의 두 배 수준인 4,400억 달러를 상회하는 충분한 수준이라는 점과 세계 최대 외환보유국인 중국이 뒤에서 지원해 줄 수 있다는 점 등을 감안할 경우 현실적으로 이 환율제도를 붕괴시키기는 쉽지 않은 측면도 있다.

이제 홍콩의 과도기적인 시간이 거의 절반 정도 흐른 시점이다. 그런데 홍콩인들의 중국화는 오히려 퇴보하는 것 같다는 생각이 든

중국과 홍콩 간의 관계를 규정하였던 일국양제 시스템(一國兩制, one country two systems)이 지속될 수 있을지에 대한 의문이 점점 증가하고 있는 상황이다.

---

21) 다만, 대외거래에 따른 외환보유액의 증감이 자동적으로 국내통화의 공급 및 환수로 나타남에 따라 독자적인 통화정책 수행이 불가능하다는 단점도 있다(이승호, 홍콩 페그제 환율의 안정성과 금융허브 위상, 자본시장포커스 2020-18호, 한국자본시장연구원, 2020.8.4.~8.17).

다. 절묘한 타협안으로 간주되었던 일국양제의 유용성에 대한 의문도 갈수록 증폭하고 있다. 홍콩의 불안과 미국과의 관계 악화 모두 중국경제에는 상당한 리스크 요인으로 한동안 작용할 것이 틀림없다. 다만 현실적인 이유와 실익을 따져 볼 때 미국과 중국이 전면적인 대립 양상을 나타내지는 않을 것이다. 또한 당장 홍콩의 국제금융 허브로서의 경쟁력이 급락하지 않을 것도 거의 확실하다. 이는 홍콩이 금융상품에 대한 이자 및 양도소득세에 대한 비과세, 유연한 노동시장과 외국인에 대한 무차별 등 국제적인 금융도시로서의 장점이 여전하기 때문이다. 다만, 장기적으로는 그 누구도 장담할 수 없는 상황이기는 하다. 동양의 진주 홍콩이 그 찬란함을 얼마나 유지할 수 있을지 지켜볼 일이다.

중국인에게 돼지고기란?

- 돼지고기의 정치·경제적 의미

　우리나라에서 보통 서민들이 고기를 먹는다고 하면 삼겹살에 소주 아니면 치킨에 맥주를 흔히 떠올리게 된다. 그러면 중국인들은 어떨까?

　중국에서 일반적으로 그냥 고기(肉)라고 하면 돼지고기(猪肉)를 가리킨다.[1] 이는 중국인들의 삶에서 돼지고기가 어떤 위치를 차지하고 있는지를 잘 나타내준다. 중국인들은 우리처럼 삼겹살을 선호하지는 않지만 다양한 종류의 돼지고기 요리를 풍부하게 즐긴다. 우리가 흔히 먹는 제육볶음도 바로 이 돼지고기(저육(猪肉))볶음에서 온 말이다.

　원래 고대부터 중국인들이 선호하고 귀하게 여긴 고기는 양고기였다. 이는 아름다울 미(美)자를 봐도 미루어 짐작할 수 있다. 이 글자를 나눠 보면 '양(羊)＋크다(大)'이다. 양이 큰 것을 아름답다고 여길 정도로 양고기는 귀한 식재료였으며 또한 귀족층에서 좋아한 고기였다. 이에 반해 돼지고기는 양고기를 먹을 수 없는 일부 하층민들이 먹던 음식이었다. 이런 경향이 변하게 된 것은 명(明)나라 때부터이다. 평민 출

---

[1] 이에 반해 우리나라에서 전통적으로 고기(肉)는 소고기를 뜻했다. 원래 개장 내지 개장국이란 개고기를 고아 끓인 국을 말하는데, 여기에 개고기 대신 소고기 즉, 肉을 넣어 끓인 것이 우리가 자주 먹는 육개장이 된 것을 보면 잘 알 수 있다.

신 황제인 주원장(朱元璋, 1328~1398년)이 돼지고기를 황실 식탁에 올리기 시작한 것이다. 이후 귀족들이 황실을 따라 하고 이와 같은 식습관이 다시 일반 백성들에게 유행이 되면서 돼지고기 요리는 중국 전역으로 널리 퍼지게 되었다.[2]

현재 중국인들의 전체 육류 소비 중 돼지고기 비중은 2000~2018년 기준으로 70~74%에 이른다. 2018년 1인당 소비량은 40kg이었다. 이는 글로벌 평균의 2.7배 수준이다. 중국인 못지않게 돼지고기를 많이 먹는 한국인의 소비량이 27kg인 점을 감안

대표적인 돼지고기 요리로 송(宋)의 소동파(苏东坡)가 요리법을 개발하였다는 전설이 있는 동파육(东坡肉). 중국의 어지간한 식당에 다 있는 서민요리이다.

하면 우리보다도 1.5배 많은 양의 돼지고기를 먹어 치우고 있는 셈이다. 더구나 엄청난 인구규모를 감안할 때 중국의 전체 돼지고기 생산 및 소비규모 또한 압도적이다. 중국은 전 세계 돼지고기 생산 및 소비의 약 절반을 차지한다. 2016~19년 평균 기준으로 전 세계 돼지고기 생산의 47%(약 5,100만 톤)를 중국이 담당하며 소비의 경우는 49%(약 5,300만 톤)를 차지한다.

---

2) 윤덕노, 음식으로 읽는 중국사, 더난출판, 2019.

중국의 돼지고기 생산량·소비량 및 비중

	2016	2017	2018	2019
생산량(만 톤)	5,426	5,452	5,404	4,255
글로벌 비중(%)	48.8	48.7	47.8	41.7
소비량(만 톤)	5,609	5,581	5,529	4,487
글로벌 비중(%)	50.6	50.1	49.3	44.4

자료: USDA Livestock and Poultry: World Markets and Trade(2020.10).

생산이 그렇게 많은데도 불구하고 소비는 더 많아 공급이 부족한 상황인 셈이다. 이렇게 부족한 만큼의 돼지고기는 독일, 스페인, 캐나다, 브라질 및 미국 등으로부터 수입한다. 중국은 이미 세계 최대의 돼지고기 수입국가이다. 중국이 2018~19년의 2년 동안 돼지고기 수입에 쓴 돈만 7.8조 원(460억 위안)에 달하였다.

글로벌 주요 돼지고기 수입 국가 및 수입량(2019년)

	중국	일본	멕시코	한국	홍콩
수입량(만 톤)	245.1	149.3	98.5	69.4	33.1
글로벌 비중(%)	29.0	17.7	11.7	8.2	3.9

자료: USDA Livestock and Poultry: World Markets and Trade(2020.10).

이렇게 중국인의 생활에 밀접한 돼지고기이다 보니 그 정치·경제적 의미가 작지 않다. 돼지고기가 중국의 소비자물가(CPI)에서 차지하는 비중은 3% 내외인데 관련 식품가격 등을 감안할 때 10~15%의 영향을 미치는 것으로 추정되고 있다. 돼지고기 한 품목의 가격변화가 전체 소비자물가에 미치는 영향이 매우 큰 구조인 것이다. 이와 같은 상황에서는 소비자물가 변동이 양돈 주기(猪周期, Pork Cycle)에 좌우될 수 있다는 문제가 발생한다. 예를 들어 돼지고기 가격이 상승하면 양돈 농가가 양돈을 확대하고 이는 공급증가로 이어진다. 공급증가는 가격 하락을 일으키고 이 과정에서 영세한 개인 양돈농가 등이 퇴출되면서 공급은 축소된다. 이는 다시 가격상승을 유발한다. 가격하락의 경우에도 유사한 메커니즘이 작동하게 된다. 일반적으로 양돈 주기는 약 18개월 내외인 것으로 알려져 있다. 돼지고기 가격의 상승이나 하락을 일으키는 외부 요인이 발생할 경우 이것이 전체 물가안정에 영향을 미치게 되는 과정이 반복될 수 있는 것이다. 최근 사례의 경우 2018년 소비자물가 상승률은 2.1%였는데, 2019년은 2.9%로 0.8%p가 상승하였다. 그중 식품가격 상승률이 9.2%였으며 특히 돼지고기 가격이 42.5% 상승하였다. 소비자물가 상승분의 상당 부분이 돼지고기 가격급등에 기인한 것이다. 중국에서 돼지고기 가격급등에 따른 물가상승을 의미하는 소위 피그플레이션(pigflation)이라는 말이 나온 것은 이와 같은 상황에 기인한다. 2019년도에 돼지고기 가격이 급등했던 것은 2018년 8월 발병한 바이러스성 돼지 전염병인 아프리카 돼지열병(ASF: African Swine Fever)이 전국적으로 확산되면서 사육 두수가 줄어든 것에 주로 기인한다. 2019년 기준 돼지 사육 두수는 3억 1,041만 마리였다. 이는 2018년보다 1억 1,776만 마리 감소한 수준이다. 전년보다 27.5%나 감소한 것이다. 또한 2019년 중국 국내에서 생산된 돼지고기 생산량도 4,255만 톤에 그쳐 2018년의 5,404만 톤에 비해 21.3%가 감소하였다. 한편 전염병 이외에도 환경보호 정책에 따라 돼지고기 사육 환경이 훨씬 더 엄격해진 것도 돼지고기 공급 위축의 한 요인으로 꼽힌다. 이와 같은 돼지고기 가격급등 현상은 처음이 아니다. 2007년 돼지 청이병(靑耳病, blue ear disease) 발병시에는 더욱 심각한 상황이 발생하였다. 당시 돼지고기 가격은 전년 대비 80% 이상 올랐으며 전체 소비자물가도 7~8%로 급등한 바 있다.

중국이 개혁개방 정책을 실시한 1979년 이후 최대의 국가 위기는

1989년의 천안문 사태였다. 천안문 사태의 원인으로는 여러 가지가 거론되지만 물가 앙등에 따른 민심 동요도 그 중 하나로 꼽히고 있다. 당시 소비자물가상승률은 1988년 18.8%, 1989년 18.0%에 달했다. 이처럼 물가 급등에 대한 트라우마가 있는 중국 정부로서는 물가안정을 위해 특별한 노력을 기울일 수밖에 없다. 중국 정부가 돼지고기 가격변화에 민감한 이유이다.

중국의 물가안정 노력을 보여주는 대표적인 제도 중 하나로 사회보장제도와 물가를 연계시킨 시스템을 들 수 있다. 중국 정부는 2016년 8월 '사회부조 및 보장과 물가 상승과의 연계 메커니즘 규정'[3]을 발표하였다. 이는 소비자물가 상승률이 3.5% 이상 혹은 소비자물가 중 식품가격이 6% 이상 오를 경우 취약계층에게 보조금을 지급하는 제도이다. 2019년의 경우를 예로 들면 식품가격이 4월~8월까지 5개월 연속 6% 이상을 기록함에 따라 2019년 8일까지 약 9,000만 명에게 4,080억 원(24억 위안)의 보조금이 지급된 바 있다.[4]

이처럼 물가안정에 예민한 중국 정부로서는 돼지고기 수급 및 가격 안정에 각별하게 신경을 쓸 수밖에 없다. '백성은 식량을 하늘로 삼는다(民以食爲天)'라는 말이 있다. 먹고 사는 것이 가장 중요한 정치문제라는 의미이다. 그리고 중국에서는 식량의 가장 중요한 부분 중 하나가 바로 이 돼지고기이다. 중국 정부는 돼지고기 가격 안정을 위해 이미 2012년 5월 '돼지생돈 시장가격의 주기적 파동 조정 방안'[5]을 발표한 바 있다. 앞에서 이야기한 양돈 주기에 따른 물가 불안을 제도적으로 막기 위한 노력의 일환인 셈이다. 이 방안에서는 돼지고기 가격이 급등하거나 급락할 경우의 비축 돼지고기 방출 기준을 정하고 있다. 돼지가

---

3) 国家发展改革委, 关于进一步完善社会救助和保障标准与物价上涨挂钩联动机制的 通知, 2016.8.22.
4) 人民日報, 2019.9.5. 다만 1인당 지급액은 4,600원(27위안)에 불과하다는 점을 보면 중국의 인구가 얼마나 많은지를 실감하게 된다.
5) 国家发展改革委, 缓解生猪市场价格周期性波动调控预案, 2012.5.11.

격 對 사료가격의 비율 6 : 1 을 기준으로 하여 만약 이 비율이 8.5를 넘으면 비축 돼지고기를 방출하고 6.0 밑으로 떨어지면 돼지고기 수매를 통해 비축량을 늘리는 구조이다. 이와 같은 규정에 따라 중국 정부는 2019년 9월 중에만 세 차례에 걸쳐 3만 톤의 비축 돼지고기를 방출하였다. 당시 이 비율은 15 내외까지 상승하면서 우려를 키운 바 있다. 또한 당시 정부의 다양한 부처에서는 돼지고기 가격 및 수급 안정을 위한 추가적인 제반 조치들을 발표하였다. 아프리카 돼지열병에 따른 살처분 농가에 대한 보조금 지원, 양돈 농가를 위한 대출이자 지원, 보험 보장 한도 인상, 돈육 운반 차량 고속도로 통행료 면제 등이 대표적인 조치들이다. 말 그대로 돼지고기 가격 안정을 위해 전체 정부 부처가 거의 다 달려드는 형국이다.

결국 중국에서 돼지고기 가격의 안정은 물가안정이라는 경제문제를 넘어 정부 존립의 안정을 좌우할 수 있는 핵심 정치문제이기도 한 셈이다. 돼지고기 이야기를 한참 하다 보니 갑자기 먹고 싶어진다. 오는 주말에는 항정살이나 한 근 사다 구워 먹어 볼까나…

중국의 호적(戶籍)제도

– 1등 국민과 2등 국민?

만약 당신이 서울에 살고 있다는 이유만으로 당신의 자녀가 수위 SKY대학에 입학할 가능성이 전라북도나 충청남도에 살고 있는 수험생보다 20배 정도 쉬워진다면?

아마 대부분은 말도 안 되는 질문이라고 생각할 것이다. 그러나 중국은 그러하다. 2018년 입시를 예로 들어 보자. 중국은 대학들이 각 지역별 수험생들에게 입학 인원을 할당하고 있다. 중국 최고의 명문대학이라는 베이징(北京)대학 및 칭화(淸華)대학이 베이징 지역 학생들에게 할당한 입학 인원은 553명이었다. 베이징의 총 수험생이 6.1만 명이었으므로 이 두 대학에 대한 합격률은 0.9%인 셈이다. 그런데 이 두 대학이 86.6만 명의 수험생이 시험을 치른 허난성(河南省)에 할당한 입학 인원은 397명, 75.7만 명의 수험생이 있었던 광둥성(廣東省)에 할당한 인원은 276명이었다. 합격률이 각각 0.05% 및 0.04%에 불과하다. 베이징 수험생은 다른 지역 수험생보다 20배 이상 쉽게 중국 최고의 대학에 입학할 기회가 주어진 것이다. 어떻게 이런 제도가 가능한 것일까?

바로 중국의 독특한 호적제도 때문이다. 중국에서 호적은 모든 법률상 행위 및 사회적 활동의 기준이 되며 일명 후코우(戶口)라고도 부른다. 중국의 호적제도는 1951년 관련 법규가 처음 제정되었으며 본격적으로는 1958년부터 시행되었다. 이는 도시인구 증가 억제 및 식량배급 통제 등의 목적을 위해 도입된 제도였다. 도시와 농촌 주민을 엄격히 구분하는 이원화된 제도가 된 이유이다. 이 제도하에서는 도시에서 실제로 살고 있다 해도 그 도시 호적이 없을 경우 주거, 복지, 의료, 교육 등에 대한 접근이 차단된다. 앞에서 이야기한 대학의 지역별 인원 할당은 이러한 배경하에서 나온 정책이다. 베이징에 있는 대학교를 입학하려고 할 경우 베이징 호적 보유자는 훨씬 수월하게 들어갈 수 있다. 대학별로 지역 할당 인원이 정해져 있고 베이징에 있는 대학들은 베이징 호적 보유 학생들에게 가장 많은 인원을 할당하고 있기 때문이다.

　특히 이 제도는 1958~78년 기간에는 거주이전의 자유를 엄격하게 제한하는 등 매우 경직적으로 운영되었다. 1978년 이후 다소 완화되기는 하였으나 여전히 중국의 호적제도는 '중국판 카스트제도'로 불리는 가운데 현재까지 유지되고 있다. 새로운 호적의 취득 및 변경은 아직도 쉽지 않은 일이다. 우리의 주민등록 제도와 비슷하면서도 본질적으로 다른 점이 여기에 있다. 지금도 중국에서 호적은 엄격한 조건하에 예외적인 경우에만 변경이 가능하다. 거주이전의 자유를 제한하는 제도인 것이다. 이는 과거 우리나라에서 2008년 폐지된 호적제도가 가부장제의 흔적이자 호구조사를 위한 목적으로 작성되었으나 거주이전의 자유와는 무관했던 것과 비교된다.

　이처럼 중국에서 경직적인 호적제도가 성립되고 유지된 것은 농촌 인구의 과도한 도시 집중을 막기 위해 불가피했던 측면이 있다. 이렇다 보니 대도시 호적을 보유하고 있는 것은 중국에서 사회적으로 특권층까지는 아니라 해도 상당한 장점과 개인의 경쟁력으로 기능할 수 있다. 지금도 잊히지 않는 기억 중 하나가 베이징에서 살 때 시청했던 TV프로그램에 나왔던 호적제도와 관련된 한 장면이다. 대략 2010년 전후였던 것 같다. 당시 중국에는 홈쇼핑 채널이 따로 없었고 주로 심야 시간에 일반 채널을 이용하여 상품을 판매하는 경우가 많았다. 그 중에는 결혼 상대자를 찾는 광고 시간도 있었다. 마치 우리나라 1980년대의 이산가족 찾기 방송처럼 본인 이름, 나이, 직업, 학력, 원하는 배우자 조건 등을 열거하는 방식이었다. 이때 자신의 장점으로 내세우는 조건 중 하나가 베이징이나 상하이 호적을 가지고 있다는 것이었다. 그리고 그런 조건을 가진 남녀 대부분은 자신의 배우자 필수 요건 중 하나로 베이징이나 상하이 호적을 가지고 있어야 함을 꼽았다. 대도시 호적 보유가 명문대 졸업장이나 높은 연봉과 비슷하게 자신을 남들과 차별화할 수 있는 경제적 신호(signal)로서의 역할을 수행한 것이다.

중국의 전통 복장 결혼식 장면. 중국에서 대도시 호적(戶口) 보유 여부는 결혼 상대방을 선택할 때 매우 중요한 조건 중의 하나이다.

중국의 경직적인 호적제도는 그동안 노동시장의 왜곡 및 부족을 초래하고 '농민공(農民工, migrant worker)' 문제를 유발하는 동시에 다양한 방면에서 사회적인 불평등을 조장한다는 비판을 많이 받아왔다.

농민공이란 주로 농촌 출신으로서 대도시의 공업 및 건설 현장에 노동력을 공급하는 인력을 말한다. 가사 도우미, 식당 종업원 등 대도시 서비스업의 상당수도 이들 농민공들이 담당하고 있다. 중국의 급속한 경제개발 과정에서 새롭게 출현한 노동력 집단인 셈이다. 2019년말 기준으로 농민공은 2.9억 명에 달한다.[1] 전체 인구의 약

1) 관련 통계를 작성할 때는 통상 6개월 이상 근무할 경우를 농민공으로 간주한다.

1/5이며 생산가능인구의 1/3이다. 농촌 호적을 보유하고 있는 이들 농민공들은 대도시에 살면서 일을 하고 있지만 주택, 교육, 의료 등 일반시민으로서 공급받아야 할 서비스에서 완전히 배제되어 있다. 또한 임금체불 문제[2] 및 도시민들과의 사회적 갈등문제도 심각하다. 농민공들의 애로 사항은 이뿐만이 아니다. 이들은 대부분 비용문제로 농촌의 자녀들과 떨어져 살 수밖에 없다. 그렇다 보니 농촌에는 부모 없이 조부모 등에 의해 양육되는 자녀들이 많으며 이들의 정서적·사회적 문제도 심각한 상황이다. 이렇게 부모와 떨어져 사는 농민공 자녀들을 '뒤에 남은 아이들(留守兒童, left-behind children)'이라 부른다. 중국 교육부에 의하면 2017년 기준으로 부모와 떨어져 농촌에 남은 초중생 자녀 수만 1,500만 명 이상에 이른다.

이처럼 열악한 농민공들의 현실은 언론 등에서 잘 공개되지 않고 있다. 하지만 1인당 GDP가 1만 달러를 넘었다고 하는 중국에 아직도 저런 모습으로 살아가는 사람들이 있구나 하는 점을 알게 되면서 많은 사람들이 놀라고는 한다.[3] 이처럼 다양한 정치, 경제, 사회적 갈등 요소를 안고 있는 농민공 문제는 중국 사회가 어떤 형태로든지 해결해야 할 아킬레스건인 셈인데, 이의 근본 원인 중 하나가 바로 호적제도라 할 수 있다.

한편 호적제도 개혁은 도시의 수용 여건 부족 등 현실적인 이유로 매우 더디게 진행되고 있는 상황이다. 다만 일부 조치들이 조금씩 시행되고 있다. 2014년 및 2016년에는 국무원이 호적제도 개혁을 통해 도시와 농촌 호적 등록제도를 통합하고 호적 전환제도를 개선하였다. 거주허가제도 등도 도입하였다. 또한 2019년에는 인구 300만 명 이하 도

---

2) 중국 정부는 2018년부터 '농민공 임금체불 블랙리스트 기업' 명단을 발표하는 등 임금체불 문제 완화를 위해 노력하고 있다.
3) 다큐멘터리 방송작가 겸 영화감독인 고희영의 책 「다큐멘터리 차이나」(나남, 2014년)는 농민공 등 중국의 사회적 약자들 모습을 사진으로 진솔하게 담아낸 역작이다. 사진이 주는 감동을 생생히 느낄 수 있다.

시의 호적취득 제한 조치를 철폐하였으며 500만 명 이하 도시의 호적
취득 조건은 완화하였다. 특히 광시성(廣西省)은 2019년 12월부터 호적
제도를 대폭 개선하면서 사회보험료 납부, 일정기간 거주 및 취업 요건
등 기존의 호적취득 요건을 모두 철폐하였다. 이상과 같은 제도 개선을
통해 호적 변경 특히 중소도시의 호적 취득이 과거보다는 훨씬 쉬워졌
다. 그러나 베이징 및 상하이 등 대도시는 여전히 문턱이 높다. 매우
까다로운 호적 취득 요건을 보면 이를 잘 알 수 있다. 예를 들어 2019
년 현재 상하이의 호적 취득 요건을 보면 7년 이상 거주증(거류 허가서)
보유, 7년 이상 사회보험료 납부, 일정기간 소득세 납부, 시(市)에서 정
한 전문직 종사, 가족계획 위반 사실 및 위법행위 전력이 없을 것 등이
다. 농민공은 말할 것도 없고 상당수 사람들이 조건을 충족시키기 거의
불가능하며 사실상 고학력·고소득의 일부 전문직 종사자만 신청이 가
능한 조건임을 알 수 있다.

　일부 학자들은 호적제도 개선을 위해 가장 필요한 조치 중 하나가
공공서비스와 호적제도와의 연계를 없애 지역에 상관없이 공통적인 공
공서비스를 공급받게 하는 일이라고 주장하기도 한다. 그러나 이는 막
대한 재정을 필요로 한다는 점에서 쉽지 않은 일로 앞으로도 상당한
시간이 필요한 과제이다.

　우리가 흔히 한 나라의 산업화 내지 문명화 정도를 비교할 때 사용
하는 지표 중 하나가 도시화율(Urbanization Rate)이다. 이는 전체 인구
대비 도시지역 인구의 비율이다. 그런데 중국에는 도시화율을 계산할
때 상이한 두 개의 기준이 존재한다. 호적 기준 및 실제 거주자 기준이
바로 그것이다. 중국도 경제성장에 따라 도시화율이 점차 증가하고 있
다. 그러나 위의 두 가지 기준에 의한 도시화율 차이는 거의 좁혀지지
않고 있다. 2011년 기준으로 도시지역에 사는 인구는 전체의 51.3%였
다. 그러나 도시 호적을 보유한 인구 비중은 34.7%에 불과하였다.
2019년 기준으로도 여전히 실제 거주인구 기준 도시화율은 60.6%, 호

적 인구 기준 도시화율은 44.4%이다. 여전히 15%p 내외의 차이가 난다. 도시 서비스의 향유라는 측면에서 본다면 중국의 도시민은 여전히 전 인구의 절반도 되지 않는다는 점을 알 수 있다. 특히 대도시일수록 거주지 호적을 가지고 있지 않은 인구가 많다. 상하이의 경우 2019년 전체 거주 인구 중 상하이 호적을 보유하고 있는 인구는 45.1%에 불과하였다.

중국 주요 지역 거주 인구와 거주지 호적보유 인구(2019년)

	상하이 (上海)	베이징 (北京)	광둥 (廣東)	저장 (浙江)	장쑤 (江蘇)
총 거주 인구(만 명)	2,428	2,154	11,521	5,850	8,070
호적보유 인구(만 명)	1,095	1,021	6,740	3,662	6,101
호적보유 인구 비중(%)	45.1	47.4	58.5	62.6	75.6

자료: 中國統計年鑒 2020.

거주이전의 자유는 국민의 기본권 중의 하나라 할 수 있다. 비록 시간이 걸리겠지만 호적제도의 개혁은 실질적으로 1등 국민과 2등 국민으로 나뉘어 있는 중국 사회를 통합할 수 있는 기본적인 발걸음의 시작이라고 하겠다. 앞으로 얼마나 실질적인 개혁이 이루어질지 예의주시할 일이다.

라면과 자동차

- 먹거리에도 프리미엄 시대?

전 세계에서 라면을 가장 많이 먹는 나라는 어디일까? 음, 답은 두 가지로 나올 수 있겠다. 세계인스턴트라면협회(WINA: World Instant Noodles Association)라는 게 있다. 여기 자료에 의하면 전체 판매량으로는 압도적으로 중국이 1위이다. 2019년도에 홍콩을 포함하여 중국에서 소비된 라면이 414.5억 개다. 이는 전 세계 소비량(1,064.2억 개)의 38.9%이다. 가히 인구대국다운 모습이다. 그리고 1인당 소비량에서는 바로 우리나라가 1위이다. 우리나라 국민들은 1년 동안 1인당 75.1개의 라면을 먹으면서 2위 네팔(57.6개) 및 3위 베트남(56.9개)을 멀찌감치 따돌렸다.[1]

---

[1] 우리는 어떻게 해서 이렇게 많은 라면을 먹게 된 것일까? 이에 대해 설명하는 한 가지 이론이 있다. 바로 '감각 특정적 포만'으로 설명하는 것이다. 감각 특정적 포만이란 잡식동물에게서 공통적으로 나타나는 현상으로 한 종류의 맛에 대해서만 배가 부른 상태를 말한다. 맛이 다른 두 가지의 음식을 함께 먹으면 하나만 따로 먹을 때보다 감각 특정적 포만에 천천히 도달하므로 더 많이 먹을 수 있게 된다. 그런데 우리는 라면을 김치와 함께 먹으므로 더 많이 더 자주 먹게 되었다는 것이다(정재훈, 2014).

주요국 인스턴트 라면 소비량(2019년)

	중국	인니	인도	일본	베트남	미국	한국	전체
소비량(억 개)	414.5	125.2	67.3	56.3	54.3	46.3	39.0	1,064.2
비중(%)	38.9	11.8	6.3	5.3	5.1	4.4	3.7	100.0

자료: 세계인스턴트라면협회(WINA).

원래 중국 북방 음식인 라면을 인스턴트화한 것은 1958년 일본이었다. 이후 우리나라는 1963년, 중국은 1970년부터 인스턴트 라면을 생산하기 시작하였다. 한·중·일 3국 모두 라면을 좋아하는 나라들이다.

그런데 중국인의 라면 소비와 관련하여 한 가지 재미있는 사실이 있다. 2014년 444.0억 개를 정점으로 이후 2016년 385.2억 개까지 감소하였다가 2017년부터 다시 서서히 증가하고 있다는 점이다.[2] 이 현상을 어떻게 설명해야 할까?

우선 2015년과 16년에 중국에서 라면 소비가 급감했던 것은 당시 어러머(餓了麽), 메이투안(美團) 등의 음식배달 플랫폼이 등장했던 것과 관련이 깊다. 이들은 가격우위를 통해 라면시장을 급속하게 잠식했었다. 여기에 더해 소득 및 소비수준 향상에 따른 건강 및 웰빙 추구 경향도 영향을 미쳤다고 할 수 있다. 중국경제 성장률은 2015년부터 6%대로 하락하였다. 또 이때를 전후로 중국의 성장 기조도 과거와 같은 고속성장 위주에서 질적성장 추구로 변화하였다. 인간다운 삶, 환경, 건강 등에 대한 관심이 증대하기 시작한 시기이기도 하다. 우리나라의 경우에도 라면시장이 정체 내지 역성장을 하는 가운데 다른 형태의 간편식 시장이 급증하고 있는 것을 보면 중국도 동일한 현상이 나타났다는 점을 잘 알 수 있다. 과다 염분으로 대표되는 건강하지 못한 음식의

2) 2017년 389.6억 개, 2018년 402.5억 개, 2019년 414.5억 개다.

중국 인스턴트 라면시장 1위 기업인 캉스푸(康师傅)의 홈페이지 메인화면. 대표적 상품인 홍소우육면(红烧牛肉面)이 전면에 나와 있다. 대만계 기업인 캉스푸의 2019년 중국 라면 시장 점유율은 46.6%에 달하였다.

대명사인 라면이 웰빙시대에는 열등재(inferior goods)[3]로서 그 소비가 감소하는 것은 어찌 보면 당연한 현상이라고도 할 수 있다.

그렇다면 2017년부터 중국의 라면시장이 다시 성장하고 있는 것은 어떻게 설명할 수 있을까?

우선 음식배달 플랫폼 시장이 보조금 감소 및 식품안전 등의 문제로 과거보다 인기가 한풀 꺾였다는 점을 들 수 있다. 플랫폼 업체들이 시장 선점을 위해 대규모의 보조금을 음식점에 지급하면서 출혈 경쟁을 벌였으나 수익성 악화 등으로 줄일 수밖에 없게 되었다. 또한 업체 난립으로 불량식품 문제가 빈번하게 발생하면서 소비자들의 경계 심리도 증가하였다.

또 다른 요인으로 들 수 있는 것은 라면시장에서 새로운 수요의 창출이다. 라면 생산 기업들은 부진한 실적을 만회하기 위해 상품을 고급화 내지 차별화하는 전략을 실시하였다. 이에 따라 새로운 소비자를 끌어들이게 되면서 이전과는 다른 신규 수요를 창출하게 된 것이다. 이처럼 소비자의 욕구에 부합하는 신상품을 출시하면서 중국의 라면시장도 새로운 전기를 맞고 있다는 설명이다. 다양화, 고급화 및 개성화 등에 따라 라면시장에 새로운 수요자층이 진입하고 있는 가운데 수입산 라면 수요도 증가하고 있는 상황이다. 2014년 0.8억 달러였던 중국의 라

---

3) 열등재는 소득이 상승할수록 수요가 감소하는 재화나 서비스를 말한다.

면 수입액은 2018년 2.4억 달러로 증가하였다.[4] 개성 있고 차별된 맛을 적극적으로 추구하는 젊은층의 기호변화도 이와 같은 흐름을 형성한 이유이다. 중국 내 시장점유율 1위 기업인 캉스푸(康师傅)의 경우 2019년 봉지 라면 매출 중 고가의 프리미엄 제품이 79.7%를 차지한 것으로 나타났다. 여기에서 한 가지 재미있는 사실은 중국 라면시장 1, 2위 업체가 모두 대만계라는 점이다. 캉스푸는 원래 대만에서 1958년 설립된 종합식품 그룹이다. 1991년 중국에서 현지법인을 설립하고 이후 지속적으로 성장하여 2019년 중국 라면시장 판매액이 4.3조 원(253억 위안)에 달하였다. 46.6%의 압도적인 시장점유율이다. 2위인 통이(統一)그룹은 중국 현지법인이 1992년 설립되었으나 역시 모기업은 1967년 설립된 대만계이다. 약 21%의 시장을 점유하고 있다. 3위는 순수 중국계 기업인 찐마이랑(今麥郞)으로 1994년 설립되었으며 약 10% 내외의 시장점유율을 기록하고 있다. 이외에 중국계 바이씨앙(白象), 일본계 닛신(日清, Nissin),[5] 한국계 농심(農心) 등이 중국 라면시장에서 주요한 기업들이다.

한편 일부에서는 중국의 라면시장 성장을 다른 시각에서 설명하고 있다. 즉, 중국경제의 부진에 따른 악화된 소비 여건이 원인이라는 것이다. 고속성장 시대의 종언과 함께 미·중 무역갈등을 포함한 대내외 여건 악화로 중국경제가 부진한 모습을 보임에 따라 나타난 결과라는 의미이다. 불경기로 인해 고가의 내구재 소비에 대한 지출은 줄이고 염가 제품에 대한 지출은 늘린 결과가 라면시장의 성장으로 나타났다는 설명이다. 이와 같은 주장의 근거로 고급 내구용품인 자동차 시장의 위축을 들고 있다. 2018년 중국의 자동차 판매는 2,808만 대로 전

---

4) 류빈, 중국에 부는 라면 열풍, 라면 전문식당도 유행, KOTRA 중국시장뉴스, 2019.11.28.
5) 닛신식품의 창업주인 안도 모모호쿠(安藤百福)가 바로 1958년 인스턴트 라면을 세계 최초로 개발한 사람이다. 우리나라는 그로부터 5년 뒤인 1963년 출시된 삼양라면이 최초 인스턴트 라면이었다.

년 대비 2.8% 감소하였다. 2019년의 경우에는 2,577만 대가 판매되어 8.2% 감소하였다.[6] 1990년 이후 28년 만에 처음으로 (-) 성장을 한 이후 2년 연속 감소한 것이다. 이와 같은 설명은 불경기에 비싼 화장품 소비는 감소하는 대신에 립스틱 같은 소소한 화장품 소비가 늘어나는 현상을 가리키는 소위 '립스틱효과(lipstick effect)'와 같은 의미라 할 수 있다.

그렇다면 어떤 설명이 더 현실에 맞는 것일까? 소비 여건의 악화에 기인한다는 후자의 주장보다는 아무래도 전자가 더 설득력이 있는 것 같다. 미·중 무역전쟁에 따른 경기 위축에도 불구하고 투자 및 수출에 비해 소비 부문은 상대적으로 견조한 성장세를 보이고 있는 것을 보면 잘 알 수 있다. 2019년의 경우 전년 대비 수출은 0.5%, 고정투자는 5.4% 증가에 그친 반면 소매판매는 8.0% 증가하였다. 또한 연간 최대의 쇼핑시즌이라 할 수 있는 쌍십일(11월 11일) 행사에서도 견조한 소비 상황은 잘 나타났다.[7] 2019년 쌍십일 당일 알리바바의 총 매출액은 약 45.6조 원(2,684억 위안)으로 전년 대비 25.7% 증가하였다. 코로나19의 영향이 컸던 2020년에도 이러한 추세는 비슷하게 나타났다.[8]

또한 내구재 소비재의 경우에도 자동차를 제외한다면 눈에 띄게 소비가 줄어드는 품목을 찾기 쉽지 않다. 더구나 자동차 소비 감소는 취득세 면제 혜택 종료,[9] 환경규제 강화, 보조금 축소 등의 다양한 정책

---

6) 中國汽車工業協會.
7) 쌍십일은 1993년 난징대학 학생들이 발렌타인데이에 대항하여 애인이 없는 사람들끼리 서로 챙겨주자는 취지에서 시작한 행사였다(솔로를 의미하는 1이 네 개 겹친다는 의미에서). 그러나 2009년 알리바바가 적극적인 소비자 마케팅 행사의 계기로 삼으면서 이제는 중국 최대의 쇼핑 절기가 되었다.
8) 2020년의 경우 알리바바는 11월 11일 당일 매출액은 공표하지 않고, 할인행사 기간 전체(11.1~11일)의 매출액을 공개하였는데 약 84.7조 원(4,982억 위안)에 달하였다.
9) 중국이 자동차 소비 촉진을 위해 실시하던 소형자동차 취득세 감면(10% → 7.5%) 정책이 2018년에 폐지되었다.

적 요인이 가세한 효과가 크다는 평가가 많다. 단순히 경기 부진에 따른 결과만이 아니라는 의미이다. 이와 같은 상황을 반영하듯 코로나19의 영향이 막대했던 2020년에도 중국의 자동차 판매는 2,531만 대에 달하며 전년대비 1.9% 감소에 그쳤다. 감소 폭이 전년보다 크게 줄어든 것이다. 더구나 인구기준 자동차 보유량에서 중국은 아직 성장 여지가 많다는 점에서 자동차시장 잠재력은 여전하다는 평가가 많다. 중국은 1,000명당 자동차 보유대수가 2013년 22대에서 2018년 173대로 크게 증가하였다. 그럼에도 불구하고 미국의 837대에 비하면 아직 크게 작은 수준이다. 신에너지차의 기술 개선 및 보급 확대가 창출할 수 있는 시장 여건이 밝은 상황이라는 의미이기도 하다. 중국 정부는 그동안 보조금 지급 및 번호판 발급의 편의성[10] 제공 등을 통해 신에너지차의 소비 촉진을 위해 노력해 왔다. 환경 관련 의식 강화 등에 따라 신에너지차의 비중이 높아가면서 중국의 관련 시장규모도 자연스럽게 증가할 것으로 보는 게 합리적인 추론이다. 중국 정부는 2019년 현재 4.7%에 불과한 신에너지차의 판매 비중을 2025년 20% 내외까지 올린다는 로드맵을 발표한 바 있다.[11]

결국 소비 여건이 악화되어서 열등재인 라면 소비가 증가했다고 보기에는 억지스러운 측면이 많다. 중국 소비시장이 그 정도로 열악하다고는 할 수 없는 상황이기 때문이다. 2018년 중국 소비시장 규모는 전년 대비 9.0% 증가한 6,000조 원(5.5조 달러)이었으며, 같은 해 소비재 수입액도 199조 원(1,809억 달러)에 달하였다. 2009~2018년 연평균 성장률은 14.1%였다. 이는 주요국인 미국(5.2%), 일본(4.7%), 독일(4.5%)보다 크게 높은 수준이었다.[12] 더구나 코로나19 사태를 계기로 재택근

---

[10] 중국 대도시는 자동차 증가를 막기 위해 신규 번호판 발급을 제한하고 있으며, 기존 번호판은 경매를 통해 구입해야 한다. 상하이 기준으로 평균 약 1,500만 원(9만 위안) 수준이다. 반면 신에너지차는 정부에서 전용 번호판을 새로 발급해 주므로 시간과 비용이 크게 절약된다.

[11] 国务院, 新能源汽车产业发展规(2021-2035), 2020.11.2.

무 등이 늘어남에 따라 인스턴트 식품에 대한 수요가 급증하고 있는 점을 감안할 때 중국에서 라면 수요는 당분간 안정적 성장세를 지속할 것으로 예상된다. 고급화, 차별화된 제품으로 중국 라면시장을 노려봄 직하다.

---

12) 정환우 등, 중국의 전자상거래 시장 현황과 진출 방안, KOTRA자료 19-071, 2019.12.

중국인의 비만 문제

– 차이나 패러독스?

    과거에 '차이나 패러독스(China Paradox)'라는 용어가 있었다. 이는 중국인들이 서양인들 못지 않은 기름진 식생활과 과식에도 불구하고 비만 인구 비율과 성인병 발병률이 낮은 현상을 가리키는 말이었다. 이는 프랑스인들이 다른 서양인들과 비슷한 고지방 식사를 하면서도 상대적으로 심장병에 덜 걸리는 현상을 일컫는 말인 '프렌치 패러독스(French Paradox)'에서 따 온 말로 보인다.[1] 이러한 역설을 설명하기 위해 여러 이유가 제시된 바 있다. 예를 들어 중국인들이 차(茶)를 많이 마시기 때문이다, 파·마늘·양파 등 채소를 많이 먹는 습관 때문이다 등 …

    그러나 이제 이 용어는 더 이상 사용할 수 없을 것 같다. 이제 중국인들이 날씬하지 않기 때문이다. 특히 젊은이들의 비만율이 급속하게 증가하고 있다는 점이 문제이다. 영국 의학전문지 「랜싯(*The Lancet*)」에 발표된 한 논문에 의하면 7~18세의 중국인 학생들 100여 만 명 데이터를 조사한 결과 과체중이나 비만에 속하는 비중이 1995년의 5.3%

---

1) 프렌치 패러독스에 대해서는 레드와인 때문이라는 설명이 유력하다.

에서 2014년에는 무려 20.5%로 상승한 것으로 나타났다.[2] 중국인들의 과체중 및 비만 정도가 갈수록 심해지고 있다는 것은 중국 정부가 공식 발표한 수치에서도 잘 알 수 있다. 중국 성인들 가운데 과체중 인구의 비율은 2002년 22.8%에서 2019년 34.3%로, 비만 인구 비율은 7.1%에서 16.4%로 상승한 것으로 나타났다.[3] OECD 국가 평균 비만 인구 비율이 20% 내외인 점을 감안하면 20년이 채 안 되는 기간에 중국인들의 비만 정도가 얼마나 심해졌는지를 알 수 있다.

중국 성인 및 청소년(6~17세) 과체중 및 비만 인구 비율(%)

	2002		2012		2019	
	성인	6~17세	성인	6~17세	성인	6~17세
과체중	22.8	4.5	30.1	9.6	34.3	19.0
비만	7.1	2.1	11.9	6.4	16.4	

자료: 國家衛健委(2020).

또한 중국인들의 비만이 심해지고 있는 상황은, 여러 가지 한계점[4]에도 불구하고 비만도를 측정할 때 가장 자주 사용되는 지표인 체질량지수(BMI: Body Mass Index)의 변화에서도 잘 나타난다. 체질량지수는 몸무게(kg)를 키의 제곱(m^2)으로 나누어 산출하는데 WHO에 의하면 이 수치가 25를 넘으면 과체중(overweight)으로, 30을 넘으면 비만(obesity)으로 간주한다. 이 수치에 따라 비만으로 분류되는 사람은 제2형 당뇨병이나 뇌졸중, 관상동맥 질환, 일부 종류의 암을 비롯해 생명

---

2) Jieli Lu, et al., Curbing the obesity epidemic in China, The Lancet Diabetes & Endocrinology, Volume 4, Issue 6, 2016.6.1.
3) 國家衛健委, 2020中國居民營養與慢性病狀況報告, 2020.12.23.
4) 가장 큰 한계는 이 수치가 근육과 지방을 구분하지 않는다는 점이다. 예를 들어 근육이 적고 체지방이 많아 BMI 수치가 정상으로 나온 사람은 과잉 체지방으로 인해 심장대사 위험은 오히려 증가할 수 있다.

을 위협하는 질환에 걸릴 위험뿐만 아니라, 우울증 같은 심리적 문제가 발생할 위험도 높다.[5] 실제로 중국은 어느 나라보다도 비만 환자가 많은 것으로 알려져 있는 가운데, 당뇨 환자의 수도 1억 명을 넘어섰다.[6]

$$BMI = \frac{\text{몸무게}\,(kg)}{[\text{키}\,(m)]^2}$$

몸무게(kg)를 키의 제곱(m²)으로 나누어 산출하는 체질량지수(BMI: Body Mass Index)는 여러 가지 한계에도 불구하고 비만도를 측정하는 대표적인 지표로 널리 사용되고 있다.

중국 전체 인구의 평균 BMI 수치가 지속적으로 상승하여 현재는 한국과 비슷한 수준 내지는 추월한 것으로 나타나고 있다. 몸무게의 경우, 1989년 중국 성인 남성과 여성의 평균 몸무게는 각각 59.0kg, 52.0kg 이었으나 30년 후인 2019년은 69.6kg 및 59.0kg이었다.[7]

한국·중국·미국 전체 인구 평균 BMI(kg/m²)

	1983	1990	2000	2010	2016
중국	21.5	21.9	22.4	23.2	23.8
한국	21.6	22.4	23.1	23.5	23.8
미국	25.5	26.2	27.5	28.5	28.9

자료: WHO.

결국 과거에 패러독스처럼 보였던 것은 단순한 이유 때문이었다. 소득수준이 높지 않다 보니 육류 섭취가 적었고, 자동차 대신 자전거를

5) 키트 예이츠, 수학으로 생각하는 힘, 웅진지식하우스, 2020.
6) 팀 스펙터, 다이어트 신화-우리가 먹는 음식 음식 뒤에 숨어 있는 진짜 과학(Diet Myth), 서커스출판상회, 2019.
7) 國家衛健委(2020).

타거나 많이 걷다 보니 살이 찌지 않았던 것이다. 경제성장에 따라 국민 생활 수준이 향상되고 실내 생활 증가에 따른 대외 활동 감소, 육류 소비 증가, 지방과 설탕 함량이 높은 가공 식품과 냉동 음식 및 패스트푸드 섭취량 증가 등이 맞물리면서 중국도 다른 국가와 마찬가지로 비만 인구가 늘고 있는 것이다. 대표적인 패스트푸드 음식점인 맥도널드의 경우 중국에 1호점을 낸 것이 1990년이었다. 정확히 30년이 지난 2019년말 현재 중국에 맥도널드 체인점은 3,380개가 있다. 이는 미국을 제외한 전 세계 체인점 수(24,858개)의 13.6%에 해당한다. 고용 인원만 18만 명에, 연간 이용고객이 10억 명이라고 하니 중국이 얼마나 거대한 패스트푸드 제국이 되어가고 있는지를 잘 알 수 있다. 한편 이처럼 육류를 통한 단백질과 지방 섭취의 증가 이외에도 전곡류, 섬유질 및 영양소의 부족을 현대 중국인의 비만 급증 원인으로 꼽는 의견도 있다.[8]

문제는 비만으로 인한 경제적·사회적 비용이 만만치 않다는 점이다. WHO에 의하면 과체중이나 비만으로 인한 연간 글로벌 사망자 수만 280만 명에 달한다.[9] 중국의 비만 인구가 늘어갈수록 이 숫자는 급속히 증가하게 될 것이다. 또한 세계은행 연구에 의하면[10] 중국에서 비만으로 초래되는 경제적 비용이 2020년은 GDP의 3.6%, 2025년은 8.7%에 이를 것으로 추정되고 있다. 2020년의 경제적 비용을 금액으로 환산하면 약 629조 원(3.7조 위안)이다. 엄청난 금액이 아닐 수 없다. 과연 산해진미의 중국 요리 속에서 중국인들이 어떻게 건강을 지켜나갈지 우려되는 부분이다.

---

8) 팀 스펙터(2019). 이 책에서 소개한 2천 년 전의 한방서인 황제내경(黃帝內經)에 의하면 비만의 원인은 기름기 많은 고기와 정백한 곡물의 과식이다. 이 말은 지금도 여전히 진리라고 생각한다.

9) WHO 홈페이지(https://www.who.int/news-room/facts-in-pictures/detail/ 6-facts-on-obesity).

10) World Bank Group, Obesity: Health and Economic Consequences of an Impending Global Challenge, 2020.1.

중국은 빅 브러더(Big Brother)?

– '1984'와 감시 자본주의

　지난 2020년 5월 삼성그룹 공채 필기시험이 사상 처음 온라인으로 실시되면서 화제가 된 바 있다. 당시 감독관 한 명이 응시생 아홉 명을 원격 감독한 것으로 알려졌는데, 이 과정에서 사적 공간 및 개인 얼굴이 공개되고 감시되는 것에 대한 거부감 문제가 제기되기도 하였다. 이를 계기로 '빅 브러더(Big Brother)'라는 용어가 언론에 다시 한번 등장하였다.

　이제는 너무 익숙해진 빅 브러더는 문학작품 속의 용어가 일반명사화된 대표적인 사례라 할 수 있다. 바로 그 작품이 영국의 소설가 조지 오웰(George Orwell)이 1949년에 초판을 발행한 작품 「1984」이다. 이 책은 디스토피아의 미래상을 그린 대표적인 작품 중 하나이다. 오웰은 이 책에서 당시의 냉전 상황, 공산주의 및 전체주의 등을 날카롭게 비판하고 있다. 빅 브러더로 대표되는 국가의 폭압과 공포정치를 소름 끼치도록 냉정하게 묘사한 소설의 내용 중 상당 부분은 실현되지 않았다. 그렇지만 그가 묘사한 내용 중의 일부는 여러 형태로 그 어두운 그늘을 현재의 우리에게 드리우고 있는 것도 사실이다.

미국이 그동안 대중국 압력 수단의 하나로 흔히 사용한 것이 화웨이 (Huawei) 등 중국 IT 기업에 대한 부품 수출 및 교역 제한 조치이다. 이는 중국의 IT 기업들이 그 응용 능력 면에서는 인공지능(AI), 빅데이터(Big Data) 등 소위 4차 산업혁명 관련 부문에서 상당한 발전을 이루고 있다는 방증이기도 하다. 문제는 중국이 디지털 부문의 발전된 기술을 전방위적인 사회통제에 이용하고 있다는 점이다. 중국 정부는 현재 수 억대의 감시카메라(CCTV)를 전국에 설치하여 개인의 얼굴 정보를 실시간 분석해 공안 감시활동에 이용하는 것으로 알려져 있다. 중국공안부(公安部)는 안면인식 기술을 이용한 감시시스템을 이용해 2016년 이후 이미 5천 명 이상의 범죄자를 체포하였다고 발표하기도 하였다.[1] 현재 공안부는 중국의 세계적인 안면인식 AI 기업인 메그비(Megvii, 曠視)의 기술을 이용하고 있는데, 메그비는 화웨이와 함께 미국 상무부의

메그비(Megvii, 曠視) 기업 개요

	주요 내용
창립	2011년
창립자	인치(印奇), 탕원빈(唐文斌), 양무(楊沐) 등 칭화대 출신 3명 공동 창업
기업성격	이미지 인식 및 딥러닝 S/W 개발
고용 인원	2,349명(19.6월 현재). R&D 인력이 1,432명으로 61%
주요 제품	Face++(중국 최초 온라인 안면인식 플랫폼), Brain++ 등
재무상황	매출(위안): 2016년 0.7억, 17년 3.1억, 18년 14.3억, 19년 21억
기타	중국 정부 신원 확인, 알리페이의 얼굴인식 통한 자동결제 등에 사용중

자료: 홈페이지 및 언론 보도자료.

[1] 박민희의 시진핑 시대 열전 11, 디지털 법가, 감시 자본주의 신세계를 열다, 한겨레, 2020.11.25.

블랙리스트에 올라 있는 중국의 대표적인 IT 기업이다. 당초 2020년 중 홍콩 주식시장을 통한 대규모 기업공개(IPO)를 계획하고 있던 메그비는 미국의 제재로 인해 상장 절차가 연기되고 있는 상황이다.

중국 정부가 2014년부터 단계적으로 추진중인 '사회신용시스템(Social Credit System)' 설립도 사회 통제와 관련된다. 이는 정부가 개인의 신용을 정보화하여 다양한 사회활동의 기준으로 삼는 시스템을 말한다. 구체적으로는 개인의 광범위한 경제·사회활동, 범죄기록 등을 바탕으로 신용등급을 산정하고 신용등급별로 제반 활동에 제약을 가하는 형태로 나타나고 있다. 예를 들어 신용등급이 낮은 사람은 항공편이나 열차 등의 예매 및 사용이 제한된다. 2019년 6월 현재 고속열차 구매에 제한을 받는 인원만 6백여 만 명에 이르는 것으로 나타나고 있다.2) 중국의 이런 모습은 디지털 전체주의의 전형이라 할 수 있으며, 기술이 권위주의적인 정부의 통치를 더 쉽게 하는 역할을 한다는 영국 역사학자 프랭코판(Peter Frankopan)의 주장과도 부합하는 현상이다.3) 중국의 공산당은 정도의 차이가 있지만 「1984」에 나오는 영국 공산당(IngSoc)의 변형된 모습이라는 해석이 가능한 이유이다.

그렇다면 공식적으로 사회주의를 채택하고 있는 중국은 논외로 하고, 미국을 비롯한 소위 민주주의 국가들은 빅 브러더의 그림자에서 자유로운 것일까? 이번 코로나19 사태의 대응과정에서 잘 나타났듯이 우리 개인의 일거수일투족은 거의 모두 사회시스템의 감시와 통제 안에서 이루어지고 있다. 수백만 개의 CCTV, 신용카드 및 스마트폰 사용에 따른 위치 추적 등은 「1984」에서 묘사되고 있는 쌍방향 모니터(telescreen monitor)에 의한 감시와 큰 차이가 없다. 특히 구글이나 아마존 등의 대형 IT포털 기업들은 우리가 검색하고 구입하고 타인과 교

---

2) 국가발전개혁위원회에 의하면 신용등급이 낮다는 이유로 2,682만 장의 비행기 티켓과 596만 장의 열차표 구매가 거부된 것으로 나타났다.
3) MERICS, 2020.8.20.

류하고 경험하는 거의 모든 것들을 데이터로 집적해 나가고 있다. 빅 브러더가 모든 것을 감시하고 모든 것을 파악하고 있는 것처럼 소위 '구글신(神)'이 모든 것을 알고 통제하는 상황이 되고 있는 것이다. 이와 관련하여 미국 하버드 경영대 주보프(Shoshana Zuboff) 명예교수는 소비자의 데이터를 모으고 예측하는 다국적 IT기업들이 새로운 형태의 권력인 '감시 자본주의(Surveillance Capitalism)'를 가능케 했다고 비판하고 있다.4)

영국 작가 조지 오웰(George Orwell, 1903~50년)은 「1984」와 「동물농장」 등의 작품을 통해 전체주의에 대해 신랄한 비판을 가한 실천하는 지식인이었다. 빅 브러더(big brother)라는 용어를 창조해 낸 작가이기도 하다.

설령 직접적이고 거친 형태의 빅 브러더가 없다 해도 은밀한 형태의 그래서 어쩌면 더욱 우리가 인식하지 못하는 빅 브러더가 존재하는 점을 감안한다면 다음과 같은 점을 항상 유념해야 할 필요가 있다.

우선 다양한 형태로 부활하는 전체주의, 대중감시의 망령을 주의해야 한다. 국익이나 대중의 이익이라는 이름으로 행해지는 선전 선동에 부화뇌동하지 않는 것은 물론이고 우리의 정보가 쉽게 도용되거나 이용되는 것에도 단호하게 반대해야 할 것이다. 우리가 검색을 위해 클릭하는 행위는 결코 무료가 아니다. 오히려 나의 행동이나 생각과 관련된 데이터를 무료로 검색회사에 제공해주는 것이다. 요즈음 대두되고

4) Surveillance Studies Centre, Surveillance Capitalism: An Interview with Shoshana Zuboff, Surveillance & Society 17, Queen's University, Canada, 2019.

있는 '데이터 자기 결정권 내지 이용권'은 이를 반영하는 개념이라 할 수 있다.[5] 데이터를 읽고 그 안에 숨겨진 의미를 파악하는 데이터 해독능력을 의미하는 데이터 리터러시(data literacy)를 기르기 위한 노력이 선행되어야 하는 것은 물론이다.

두 번째로 역사 인식의 중요성에 대한 재각성이다. 「1984」의 주인공 윈스턴 스미스의 직장은 진리부(Ministry of Truth)이다. 보도·연예·교육·예술 등을 담당하는 정부기구라고 하지만 실제 하는 일은 역사왜곡이다. 이는 책에 나오는 영국 공산당의 슬로건인 '과거를 지배하는 자는 미래를 지배한다. 현재를 지배하는 자는 과거를 지배한다'에 잘 나타난다. 중국의 동북공정(東北工程) 등 역사 왜곡이 지금도 집요하게 계속되고 있는 것을 보면 중국 정부도 이 슬로건을 너무나 잘 알고 있음을 추측할 수 있다.

마지막은 언어의 중요성이다. '언어가 인식을 결정한다'는 비트겐슈타인(L.J.J. Wittgenstein)의 말을 상기할 필요도 없이 우리 사고의 폭과 넓이와 인식이 언어에 상당 부분 좌우되는 것은 경험으로도 잘 알 수 있다. 언어는 틀짓기(framing)를 결정하는 중요 요소 중 하나이다. 여기에서 틀짓기란 본질과 의미를 파악하는 기본 이해의 도구를 의미한다. 프레이밍 효과란 틀짓기를 어떻게 하느냐에 따라 동일한 사건이나 상황임에도 불구하고 판단이나 선택이 달라지는 현상을 말한다. 예를 들어 'atomic'이라는 말은 '핵'으로도(예: 핵무기), '원자력'으로도(예: 원자력발전소) 번역이 가능하다. 이 두 단어가 우리에게 주는 어감과 의미가

---

5) 이와 관련하여 최근 데이터 소유권을 개인에게 귀속시키자는 '마이데이터(Mydata)' 개념이 관심을 받고 있다는 지적이다. 이는 정부, 병원, 은행, 통신사, 쇼핑몰 등의 나에 대한 데이터를 내가 요청해서 받아내고 내 맘대로 쓸 수 있도록 하자는 개념이다(조성준, 세상을 읽는 새로운 언어 빅데이터, 21세기 북스, 2019). 한편 마이데이터는 각종 기관과 기업에 산재하는 신용정보 등 개인정보를 확인하여 직접 관리하고 활용할 수 있는 서비스인 '본인신용정보관리업'을 지칭하기도 한다.

다르다는 점은 확실하다. 중국 정부가 외국 기업의 중국 진출시 반드시 중국어로 기업명을 변경하도록6) 강제하고 있는 것도 이와 같은 점을 염두에 둔 것이 아닐까 생각한다.

코로나19가 초래한 위기 상황 속에 사생활 통제 및 국가권력의 확대 문제는 앞으로도 중요한 이슈가 될 것이 틀림없다. 특히 지구상에 몇 개 남지 않은 사회주의 정권을 유지중인 중국의 경우는 관련된 우려가 더욱 커질 가능성이 있다. 시민사회의 견제가 없는 중국에서 4차 산업 혁명 관련 기술은 중국의 '감시 자본주의'를 더욱 가속화시킬 수 있다.7) 조지 오웰의 음울한 예언이 빗나가기를 바랄 뿐이다.

---

6) 예를 들어 코카콜라(Coca Cola)사는 원래의 발음에 가까운 글자를 이용하여 可口可乐(커코우커러)를, 애플(Apple)사는 사과라는 뜻 그대로인 苹果(핑궈)를 각각 중국에서의 기업명으로 사용하고 있다.
7) 한겨레(2020.11.25).

한한령(限韓令) 문제

– 국가간 갈등에 경제적 제재?

중국판 넷플릭스로 불리며 뜨고 있는 OTT[1]업체 중에 아이치이 (IQIYI, 愛奇藝)라는 기업이 있다. 2020년말 현재 유료회원 수가 1.01억 명에 달한다. 불과 5년 전인 2015년 회원 수가 107만 명에 불과했으니 얼마나 빠른 속도로 성장했는지를 알 수 있다. 그런데 이 기업이 급성장한 계기 중의 하나로 2016년 초 우리나라에서 선풍적 인기를 끈 드라마 '태양의 후예'를 중국에서 단독 방영한 것을 꼽는 사람이 많다. 이때를 계기로 유료회원이 급증하면서 매출도 급성장하였다는 것이다. 매출 규모가 2015년 9,000억 원(53억 위안)에서 2016년 1조 9,200억 원(113억 위안)으로 단 1년 만에 두 배 이상 성장하였다.[2] 우리 한류(韓流) 드라마의 상품성이 빛을 발한 순간이라 하겠다. 그런데 더 이상 아이치이에서는 한류 드라마를 볼 수 없다. 바로 한한령 때문이다. 2021년 하반기 방영 예정인 tvN드라마 '지리산'의 해외 판권을 구입한 것도 아이치이인데,

---

1) over-the-top. 인터넷을 통해 영화, 드라마 등 각종 미디어 콘텐츠를 제공하는 새로운 형태의 미디어 서비스이다. 이와 반대로 기존의 TV, 라디오, 신문 등의 전통 매체는 레거시미디어(legacy media)로 불린다.
2) 2020년 매출은 2016년보다 약 3배 증가한 5조 490억 원(297억 위안)이었다.

한국과 중국은 방영 지역에서 제외되었다. 이 역시 한한령으로 중국 현지에서 한국 드라마를 내보내기 어렵기 때문인 것으로 알려졌다.[3]

한한령(限韓令)이란 중국 내에서 한류라 부를 수 있는 각종 문화상품을 금지하는 조치를 말한다. 한국에서 제작한 콘텐츠나 한국 연예인이 출연하는 광고 등의 방송을 금지하거나 한국행 여행을 제한하는 것 등을 포함하며 '금한령(禁韓令)'이라고도 부른다. 물론 공식적으로 중국 정부가 인정하는 용어는 아니다. 그러나 대체로 2016년 7월 한국의 사드(THAAD)[4] 배치가 확정된 후부터 이에 대한 보복 조치로 시행중이라는 것이 대체적인 의견이다. 2017년말 이후 조금씩 완화되기 시작한 한한령은 2020년 12월 들어 한국 게임에 대한 서비스 허가권(판호, 版號)이 거의 4년 만에 첫 발급[5]되면서 이제 완전히 풀리는 것이 아니냐는 이야기들이 나오고 있는 상황이다.

사드와 관련된 한한령으로 인해 우리 경제는 큰 영향을 받았으며 특히 관광업이 큰 타격을 받은 것으로 분석되었다. 사드 배치와 이에 따른 경제제재가 중국인 관광객 수에 미친 영향을 분석한 한 연구[6]에 의하면 방한 중국인 관광객은 사드 배치 3개월 이후부터 감소하였으며 이러한 현상은 18개월간 지속된 것으로 나타났다. 사드 배치 이전의 18개월과 비교하면 관광객 수는 65%, 관광 수입은 31% 감소하였으며 금액으로는 192억 달러에 달한다.[7] 이는 2016년 7월~2019년 4월 한국 전체 관광 수입의 44.7%에 달하는 엄청난 금액으로 한류로 인한 피해 규모를 직관적으로 잘 보여주는 수치라 할 수 있다.

---

3) 한국일보, K 드라마에 차이나머니가 파고든다-한한령 속 중국 자본 유입의 명암, 2021.1.11. 아이치이는 동남아 지역을 노리고 판권을 구입한 것으로 해석된다.
4) THAAD: Terminal High Altitude Area Defense(고고도 미사일방어체계).
5) 중국이 한국 게임에 대해 판호를 발급한 것은 2017년 3월이 마지막이었다.
6) 김혜진·이정민, 외교적 갈등이 경제에 미치는 영향(The Economic Costs of Diplomatic Conflict), BOK 경제연구, 2020-25, 2020.11.26.
7) 2016년 기준으로 중국인 관광객이 한국에서 쓴 1인당 평균 비용은 2,079달러였다.

방한 외래 관광객 수 및 중국인 관광객

	2015	2016	2017	2018	2019	2020
전체(만 명)	1,323	1,724	1,334	1,535	1,750	252
중국인(만 명)	598	807	417	479	602	69
중국인 비중(%)	45.2	46.8	31.3	31.2	34.4	27.2

자료: 한국관광공사.

중국이 국가 간 갈등 상황에서 경제적 제재를 가한 것은 한한령이 처음은 아니었다. 대표적인 것이 2010년 중국의 반체제운동가 류샤오보(劉曉波)의 노벨평화상 수상을 이유로 노르웨이산 연어 수입을 제한한 조치였다. 2010년 중국이 수입한 연어 중 90% 이상이 노르웨이산이었으나 2011년은 20%대로 급락하였다. 2011~2013년 중 연어를 중심으로 한 노르웨이 수산물의 대중국 수출은 1.3억 달러~1.8억 달러, 전체 대중국 수출은 7.8억 달러~13.0억 달러 감소하였다는 연구결과도 있다.[8] 물론 당시에도 중국이 노르웨이산 연어 수입 제한 조치를 취하면서 언급한 이유는 위생 등 다른 명분이었다.

중국과 일본이 다오위다오(釣魚島, 센카쿠) 영유권을 다투던 2010년에 중국이 대일본 희토류(rare earth elements)[9] 수출을 제한하고 일본제품 불매운동, 관광금지 등의 조치를 취한 것도 동일한 배경이었다. 이 조치는 자원을 무기화한 대표적 사례로 꼽힌다. 당시 일본은 90% 이상의 희토류를 중국 수입에 의존하고 있어 큰 타격을 받았던 것으로 알려진다. 그러나 이후 대중국 의존도를 낮추기 위해 노력한 결과 2년

---

8) Ivar Kolstad, Too big to fault? Effects of the 2010 Nobel Peace Prize on Norwegian exports to China and foreign policy, CMI Working Paper, 2016.3.
9) 희토류란 자연계에 드물게 존재하는 17개 금속 원소를 가리키는 것으로 전기적·화학적 성질이 뛰어나 반도체, 촉매제, 광학제품 등에 폭넓게 사용된다.

후에는 40%대로 낮추게 되면서 오히려 전화위복이 되었다는 평가를 받기도 한다.

또한 2018년에는 화웨이의 멍완저우 최고재무책임자가 캐나다에서 체포되자, 중국은 국가안보를 이유로 캐나다인 두 명을 체포했으며 캐나다산 콩, 카놀라유 등의 수입을 금지한 바도 있다.

중국은 2019년 기준으로 전 세계 희토류 매장량의 37%, 생산량의 62%를 차지하고 있다(Statista). 2010년 중국과 일본 간의 영토 관련 분쟁시 중국은 이 희토류를 자원무기화 한 바 있다.

최근에는 중국의 호주에 대한 무역보복 조치가 진행중이다. 1973년 수교한 양국은 호주가 철광석과 석탄 등을 대규모로 중국에 수출하는 등 밀접한 경제적 관계를 유지해왔으며 2015년에는 FTA도 발효되었다.

그러나 이후 호주 내부에서 중국에의 지나친 경제의존도에 대한 지적이 나오기 시작하였다. 그 결과 호주는 2018년에 화웨이의 5G 참여를 배제하였으며, 정치자금을 통한 호주 내정 간섭 의혹이 있었던 중국의 영향력 확대를 차단하기 위해 '외국영향 투명성 제도법(Foreign Influence Transparency Scheme Act 2018)'을 제정하였다. 2020년 4월에는 스콧 모리슨(Scott Morrison) 호주 총리가 미국·독일·프랑스 정상에게 코로나19 기원에 대한 독립적인 조사를 제안하고 나서면서 중국의 무역 보복이 시작되었다. 2020년 5월 중국은 호주산 쇠고기 수입을 일부 중단하고 보리에 반덤핑관세 80.5%를, 11월에는 와인에 최대 212.1%의 반덤핑관세를 부과하였다. 또한 12월에는 와인에 임시 상계관세(6.3~6.4%)를 추가 부과하였다. 이외에도 중국은 호주산 면화 사용 자제령,

랍스터 및 석탄 수입 제한, 목재 수입 중단 등의 조치를 취하고 있다.[10] 심지어 주호주 중국대사관은 2020년 11월, 호주 정부의 14가지 반중정책을 공개하며 정책 철회를 요구하기도 하였다.[11] 2019년 기준으로 호주 수출의 33.6%를 중국이 차지하고 있다. 예를 들어 호주산 와인의 최대 수출국은 중국인데 2019/20년 회계연도 기준으로 호주 전체 와인 수출액(28억 호주달러)에서 중국 비중은 39%에 이른다. 이와 같은 구조에서 중국의 무역 보복이 미치는 경제적 충격은 작지 않다. 2020년 5월~10월 기준으로 호주 쇠고기 및 보리의 대중국 수출액은 전년동기에 비해 각각 37.6% 및 12.1% 감소한 것으로 나타났다.[12] 이와 같은 호주의 여건은 대중국 무역의존도라는 측면에서 우리와 호주가 매우 유사한 상황에 처해 있음을 의미한다.[13]

결국 중국은 그동안 막대한 소비 시장과 풍부한 자원 등을 배경으로 갈등 발생 국가에 경제적 제재를 가하는 모습을 반복해온 것이다. 소위 말하는 대국답지 못한 행동이다. 그렇지만 정부가 국익을 위해 어떤 수단이든 동원하는 것을 당연하다고 보면 이해가 가지 않는 것도 아니다. 그러나 그 방법이 편협하고 보편적 공감을 얻기 어렵다는 점에는 변함이 없다. 최근에는 중국의 이러한 압박 외교를 '늑대전사(戰狼, wolf warrior)[14] 외교'라고 칭하기도 한다.

10) 한겨레, 호주 몰아붙이는 중국, 중, 호주 화인까지 무역보복-미 동맹국에 사전경고 보내나, 2020.12.8.
11) 14가지 반중정책에는 화웨이 5G 장비 사용 금지, 외국영향 투명성 제도법 발효, 중국의 남중국해 영유권 주장 반박 등이 포함된다(이선형, 박나연, 최근 호주·중국 갈등 관계의 주요 내용과 시사점, KIEP 세계경제 포커스 Vol. 3 No.38, 2020.12.30). 2021년 4월에는 호주 중앙정부가, 호주의 빅토리아주와 중국간 체결되었던 2건의 일대일로 관련 사업계약을 취소하는 결정을 내리면서 양국간 관계가 더욱 악화되는 조짐을 보였다.
12) 이선형 등(2020).
13) 대중국 수출입 금액은 우리나라가 더 크지만 비중은 호주가 더 높다. 2019년을 예로 들면 한국의 대중국 수출액은 1,362억 달러, 대중국 수입액은 1,072억 달러였다. 호주는 대중국 수출액이 976억 달러, 대중국 수입액이 584억 달러였다.
14) 전랑(戰狼)은 2015년에 1편이, 2017년에 2편이 상영된 중국의 액션 히어로 영화

한국과 호주의 대중국 수출입 비중(%)

	한국		호주	
	수출 비중	수입 비중	수출 비중	수입 비중
2015	26.0	20.7	32.3	23.1
2016	25.1	21.4	32.1	23.4
2017	24.8	20.5	33.2	22.2
2018	26.8	19.9	31.8	22.5
2019	25.1	21.3	33.6	25.6

자료: 한국무역협회.

한편 이와 관련하여 최근에는 중국이 오히려 경제적 제재의 대상이 된 드문 경우가 발생하였다. 바로 2020년 6월~9월 중 일어났던 중국과 인도와의 접경 지역인 '카슈미르' 국경지역 분쟁[15]과 관련하여 인도가 대규모의 대중국 제재조치를 취한 것이다. 중국제품 보이콧 운동이 대표적이며 스마트폰과 자동차가 주요 타깃으로 알려져 있다. 2020년 1사분기에 인도가 수입한 3,250만대의 스마트폰 중 76%가 중국산일 정도로 중국 스마트폰들은 인도시장에서 압도적인 점유율을 차지하고 있다.[16] 뿐만 아니라 중국 기업과의 계약 파기, 중국 기업의 공장 설립 승인 보류, 수입 제한, 공공입찰 제한 등의 조치가 뒤따랐다. 또한 '틱톡'(TIKTOK),[17] '위챗'(Wechat) 등 중국산 앱 59개의 사용을 국가안보와 공공질서 침해를 이유로 금지하는 조치도 실시하였다. 인도가 이렇

이다. 특히 2편은 박스오피스 수입이 9,700억 원(57억 위안)에 달하는 엄청난 흥행을 기록하였다. 미국의 람보 시리즈 영화와 유사하다. 단지 세상을 구하는 것이 중국이냐 미국이냐의 차이만 있을 뿐…

15) 2020년 6월에는 양국 국인들간 싸움으로 비무장 인도군 20여 명이 사망하였으며, 9월에는 1975년 이후 최초로 총격전이 발생하기도 하였다.
16) 서울신문, 중국식 경제보복의 칼—13억 명 인도의 '한중령', 2020.7.9.
17) 틱톡을 사용하는 인도 이용자만 1.2억 명으로 알려져 있다.

게 중국을 대상으로 다양한 경제제재를 실시할 수 있었던 것은 중국이 인도를 상대로 막대한 무역흑자를 기록하는 등 경제적 의존도가 크기 때문이다. 2019년 기준으로 중국의 대인도 수출액은 748억 달러, 수입 액은 180억 달러로 무역흑자가 568억 달러에 달하였다. 항상 강자의 입장에서 공격하는 입장이었던 중국이 오히려 공격당하는 입장에 선 것을 보면 결국 경제적 측면에서는 돈을 버는 쪽이 아쉬울 수밖에 없 지 않나 하는 생각을 다시 한번 하게 된다.

한한령과 같은 일이 여전히 되풀이되고 있다는 사실은 중국이 글로 벌 리더 국가로서 많은 국가들의 공감과 인정을 받기에는 아직 부족하 다는 점을 일깨워준다고 하겠다. 한편 호주 등이 국제협력을 통한 대중 국 대응전략의 일환으로 2020년 12월 설립한 '공급망 복원 이니셔티브 (Supply Chain Resilience Initiative)'[18] 등의 노력은 유사한 상황에 처해 있는 우리도 적극 고려해 볼 수 있는 하나의 방안이라 할 수 있다.

---

18) 호주, 인도 및 일본 3개국이 중국경제 의존도를 낮추기 위해 상호 공급망을 강 화할 목적으로 결성한 협력체이다.

중국 악당은 어디로?

– 문화산업에 대한 자본의 침투

　카톨릭 사제이자 추리소설가였던 영국의 녹스(R.Knox)가 1929년에 「추리소설작법 10계(*10 Commandments of Detective Fiction*)」를 발표한 바 있다. 그는 추리소설 작가가 지켜야 하는 열 가지 규칙을 정하면서 이를 어기면 작가로서 공정하지 못하다고 주장하였다. 그 중 하나가 '중국인을 중요한 인물로 등장시키지 않아야 한다(No Chinaman must figure in the story)'는 것이다.[1] 중국인을 도덕적으로 열등하게 보았던 당시 미국이나 유럽의 풍토에서 중국인 악당이 범인인 것은 당연(?)하므로 중국인을 등장시키면 범인 찾기라는 추리소설의 재미가 반감된다는 의미로 해석된다. 영국의 작가 로머(S.Rohmer)가 1913년 소설에서

---

1) 다른 원칙으로는 초자연적인 방법이 사용되어서는 안 된다는 점(All supernatural or preternatural agencies are ruled out as a matter of course.), 아직 발견되지 않은 독극물이나 지나치게 긴 설명이 필요한 과학장치 등이 사용되면 안 된다는 점(No hitherto undiscovered poisons may be used, nor any appliance which will need a long scientific explanation at the end.), 탐정이 발견한 단서는 곧 독자에게 제공되어야 한다는 점(The detective must not light on any clues which are not instantly produced for the inspection of the reader.) 등이 있다(www.writingclasses.com/toolbox/tips-masters/ronald-knox-10-commandments-of-detective-fiction).

세계정복의 야망을 가진 악당으로 창조한 푸만추(傅滿洲, Fu Manchu) 박사는 대표적인 중국인 악당 캐릭터이다. 서양인들의 중국인에 대한 부정적인 스테레오 타입을 대표하는 인물이라 하겠다.

냉전시대 미국 할리우드 영화의 단골 악당은 소련이었다. 그러나 소련 해체 이후 주요 악당 역할은 러시아, 북한, 이슬람 과격주의 단체 등으로 다양화되는 모습을 보였다. 그런데 중국은 이 명단에 없다. G2로

20세기 초 서양인들의 중국인에 대한 편견을 대표하는 소설 속 인물 푸만추(傅滿洲, Fu Manchu) 박사 아이콘. 소설 출판 이후 드라큘라 영화로 유명한 크리스토퍼 리(Christopher Lee)가 주연으로 출연한 영화가 나오는 등 여러 차례 영화로 만들어지기도 하였다.

등장한 중국이 미국으로서는 가장 껄끄러운 경쟁자이자 잠재적인 적대국일텐데 왜 그럴까? 다음의 두 가지 이유 때문이다.

우선 중국 영화 시장이 엄청나게 큰 규모로 급성장하였기 때문이다. 저자가 중국 베이징에서 생활을 했던 2008년 전후만 해도 노점상에서 파는 불법 DVD를 통해 집에서 영화를 보는 게 일상적인 일이었다. 영화관이 있기는 했으나 시설도 낡았고 관객도 거의 없었다. 그러나 소득수준 상승과 여가 생활에 대한 수요 증가로 이런 상황은 변하기 시작했다. 쾌적한 시설의 복합문화 공간으로서 멀티플렉스 영화관들이 생겨났으며 영화 관객은 폭발적으로 증가하기 시작했다. 2010년 중국의 영화 박스오피스 수익은 1.7조 원(102억 위안)이었다. 그런데 2019년 수익은 10.9조 원(643억 위안)에 달하였다. 10년 만에 약 여섯 배나 시장규모가 커진 것이다. 이는 세계 최대의 영화시장인 미국의 12.4조 원(113억 달러)에 거의 육박하는 규모이다.[2] 이 추세가 지속된다면 몇 년

내에 중국은 세계 최대의 영화시장이 될 전망이다. 이런 상황이 되다 보니 미국 영화 제작자들은 중국 관객의 눈치를 보지 않을 수 없게 되었다. 톰 크루즈 주연의 영화 '미션 임파서블 3(Mission Impossible III)'에서는 상하이 야경이 주요 배경 중 하나이다. 또한 브래드 피트의 '월 드워 Z(World War Z)'에서는 치명적인 바이러스의 근원지를 당초 중국으로 설정했었으나 이후 한국으로 변경한 것으로 알려졌다. 2020년 9월 개봉한 디즈니 영화 '뮬란'도 주요 주인공 및 제작진이 중국인이었다. 다분히 중국 시장을 겨냥한 영화제작이 이어지고 있는 것이다.[3]

중국의 영화 박스오피스 수익과 관객 수

	2003	2005	2010	2013	2015	2017	2019
박스오피스 수익(억 위안)	9.2	20.5	101.7	217.7	440.7	559.1	642.7
관객 수(억 명)	0.44	0.73	2.37	6.12	12.60	16.20	17.27

자료: 國家新聞出版廣電總局.

나머지 하나는 중국 자본이 할리우드 산업에 진출하여 막강한 제작자의 입김을 불어 넣고 있다는 점이다. 맥락에 상관없이 중국을 배경으로 하거나 중국인 배우가 등장하고 중국문화를 삽입하는 것이 대표적이다. '아이언맨 3(Iron Man 3)'에서 주인공 토니 스타크가 수술을 받는 곳은 중국이다. 물론 중국인 의사이다. '퍼시픽 림: 업라이징(Pacific Rim: Uprising)'에서 지구 방위 사령관으로 나오는 인물도 중국인이다.

---

2) 미국의 박스오피스 수익은 2012년 11.9조 원(108억 달러)에서 2019년 12.4조 원(113억 달러)으로 증가하는 데 그치며 사실상 정체 상태이다.
3) 그러나 영화 '뮬란'은 주연배우 유역비(劉亦菲)의 홍콩 민주화 시위 때의 경찰 지지 발언 및 엔딩 크레디트의 '신장위구르 자치구 투르판 공안국에 감사를 표한다'는 문구 등으로 인해 중국 정부의 인권탄압 문제가 이슈로 떠오르면서 흥행에 성공하지 못했다.

글로벌 흥행 상위 50위 영화 중 중국인 배우가 출연한 영화의 비중은 2010년 4%에서 2017년 22%까지 상승한 것으로 나타나고 있다.[4] 그러나 의도적으로 중국 색채를 집어넣다 보니 반감도 많이 일으키고 있는 것이 사실이다. 건전한 상식을 지닌 관객이라면 소위 '국뽕'이나 쇼비니즘(chauvinism)[5] 현상에 거부감을 갖게 되는 것이 자연스러운 일이기 때문이다. 이와 관련하여 미국에서도 점차 중국 자본의 미국 문화계에 대한 잠식 우려가 높아지고 있는 상황이다.

100여 년 전 인종 차별을 바탕으로 중국인 악당을 지목하는 것이 편견에 사로잡힌 옳지 못한 일이었다면 노골적으로 중국 및 중국인을 찬양하는 최근의 일부 영화도 눈살을 찌푸리게 하는 것임은 틀림없다. 우리가 1980년대에 건전가요를 의무적으로 부르게 했다고 해서 그 당시의 군사정권이 건전했다고 생각하지 않는 것과 마찬가지이다. 그런 면에서 중국은 아직 세련됨이 부족한 듯하다. 중국이 진정으로 자신들의 문화적·국가적 우월성을 보여주고 싶다면 슬쩍 찌르기(nudge)의 방식을 통한 감동과 울림이 필요할 것 같다.

---

4) McKinsey Global Institute, China and the world-Inside the dynamics of a changing relationship, 2019.7.
5) 국뽕은 국가와 히로뽕(philopon)의 합성어로 국가에 대한 자긍심이 지나친 현상을, 쇼비니즘은 광신적 애국주의를 말한다.

제3장

중국경제에 대한
선입견과 과제

중국 및 중국경제에 대한 선입견 1

- 중국은 자본주의 국가이다?

'한국인들처럼 평등을 중시하는 사람들이 자본주의 시스템을 도입한 반면, 중국인들처럼 장삿속이 밝은 사람들이 사회주의를 받아들인 것은 역사의 아이러니다'라는 말이 있다. 세계 3대 상인의 하나로 중국 상인을 들 정도로 고대부터 중국인들의 상술은 유명했다. 상인(商人)이라는 말 자체가 상(商)나라 사람이라는 말로, 상나라는 현재 관련 유물이 남아 있는 중국 최초의 왕조인 은(殷)나라의 별칭이었다는 점을 감안할 때 중국인들의 뿌리 깊은 상인 전통을 잘 알 수 있다.

역사적 우여곡절을 겪으며 1949년 사회주의 국가로 재탄생한 중국. 그리고 1979년의 개혁개방 이후 다시 상전벽해의 변화를 경험한 중국. 적어도 겉으로 보이는 외양만으로는 우리와 별 차이가 없는 경제시스템을 지닌 것으로 보이는 중국. 그럼 중국 및 중국경제의 진짜 모습은 어떠할까?

우리가 이데올로기적 편견이나 왜곡 및 과장된 견해에 빠져 있는 한 어떤 현상이나 사물의 실상을 파악하기는 어렵다. 진화학자 스티븐 제이 굴드(S.J. Gould)는 '오류가 가장 많이 생겨나는 대목은 바로 우리가

이미 잘 안다고 생각해서 면밀히 검토하거나 의문을 던지지 않는 영역'
이라고 언급한 바 있다.[1] 중국 및 중국경제의 경우도 마찬가지이다. 더
구나 오늘날 중국경제가 다양한 구조개혁 등으로 빠르게 변화하고 있
다는 점에서 과거의 선입견으로 중국경제를 분석하기에는 한계가 있다
는 점을 유념할 필요가 있다. 우리가 잘 알고 있다고 생각하는 중국 및
중국경제에 대해 흔히 가지는 대표적 선입견을 소개하고 실상을 짚어
본다.

가장 먼저 들 수 있는 것이 '개혁개방 이후 자본주의 요소를 지속적
으로 도입한 결과 중국은 이제 거의 완전한 자본주의 국가이다'라는 선
입견이다.

우선 자본주의가 재화의 사적 소유권을 기초로 재화의 매매나 양도
를 자유롭게 보장하는 경제체제라는 점에서 본다면 중국은 거의 완전
한 자본주의 국가라 할 수 있다. 2008년 제정된 물권법(物權法)을 통해
사유재산 보호를 법으로 명문화하고 있으며, '자본주의의 꽃'이라 할 수
있는 주식시장도 2020년에 개장 30주년을 맞았다. 1990년 8개 기업
주식으로 시작한 중국 주식시장의 2020년말 기준 상장사는 4,000개가
넘는다.[2] 엄청난 양적 성장을 한 것이다. 더불어 자본주의 발전과정에
서 흔히 나타나는 빈부격차, 기업 독과점 등의 폐해도 확산되고 있다는
점에서 중국은 영락없는 자본주의 국가의 모습 그대로인 것 같다. 이처
럼 중국은 자본주의 체제가 지닌 효율성과 부정적인 면을 모두 보여주
고 있다.

그러나 정말 그럴까? 적어도 다음의 두 가지 사실을 감안할 때 아직
중국은 완전한 자본주의 국가라고 할 수 없다. 굳이 이름을 붙인다면

---

1) 스콧 릴리언펠드 외, 유혹하는 심리학, 타임북스, 2010.
2) 상하이 및 션전 증시 상장사는 2000년에 1,000개, 2010년에 2,000개, 2016년에
3,000개를 돌파하였으며 2020년 9월에 4,000개를 돌파하였다. 2021년 4월 7일
현재 상장사는 4,256개이다. 이 중 상하이 증시에 1,855개, 션전 증시에 2,401개
가 상장되어 있다.

자본주의의 외투를 입고 있는 사회주의 국가라 하겠다. 중국인들 스스로가 자신들의 경제 시스템을 '자본주의 시장경제'와 구별되는 '사회주의 시장경제'라 칭하는 데에서 이는 잘 나타난다.

첫 번째는 당(黨)의 막강한 영향력이다. 중국은 공산당이 입법-사법-행정 기능을 총괄하는 당정(黨政) 국가(party-state)이다. 중국인들에게 있어 공산당원이 된다는 것은 공직 등을 맡기 위한 최소한의 요건이라 할 수 있다.[3] 공무원의 신분과 당원 신분 중 더 영속적이면서 중요한 신분이 후자인 것은 말할 필요도 없다. 그래서 중국에서 비위 공무원이 법적인 처벌을 받기 전에 내려지는 처벌이 소위 쌍개(双開) 처분이다. 이는 '개제당적 개제공직(開除黨籍 開除公職)'의 줄임말로 당적을 박탈하고 공직을 박탈한다는 의미이다. 당적 박탈이란 곧 정치적 생명이 끝남을 뜻하는 것이다. 부도옹(不倒翁)으로 불렸던 덩샤오핑이 정치적 숙청을 당하면서도 당적을 유지하기 위해 그렇게 노력했던 것은 권토중래를 위해서는 당적을 보유하고 있는 것이 얼마나 중요

정치적으로 세 번의 숙청을 당하면서도 재기에 성공했던 덩샤오핑(邓小平)은 공산당 당적(黨籍)은 한 번도 잃은 적이 없다. 중국에서 공산당 당적을 잃는 것이야말로 정치적 사형선고이다. 사진은 1976년도에 촬영된 그의 모습이다.

3) 물론 정부 부처의 장관 중에는 공산당원이 아닌 인물이 2~3명 포함되지만 이는 어디까지나 외부 시각을 의식한 구색 맞추기 용이라는 해석이다.

한지를 잘 알고 있었기 때문이다.

이렇게 당의 역할이 절대적인 체제하에서 경제정책은 당 중심의 집단의사결정 방식에 의해 결정된다. 이는 정치적 효율성이 경제적 효율성에 우선하는 경우가 많다는 의미이다.

이처럼 당의 영향력이 막강하게 유지되고 있는 것은 중국이라는 거대한 국가를 유지, 운영하기 위해서는 공산당 일당독재가 필요악이라는 생각이 많은 사람들에게 널리 퍼져 있기 때문이다. 문제점이 있는 것은 사실이지만 대안이 없다는 것이다. 특히 현재의 시진핑 정부하에서 당의 권위와 지배력은 더욱 강화되고 있는 추세이다.[4] 상당수의 정부 기관이 당 조직으로 흡수된 사례가 이를 잘 보여준다. 예를 들면 공직 감찰과 부패행위를 감독하던 감찰부(監察部)와 국가부패예방국(國家腐敗豫防局)은 당의 국가감찰위원회(國家監察委員會, National Supervision Commission)로 흡수되었다. 또한 언론, 출판 및 방송 등을 감독·관리하던 국가신문출판광전총국(國家新聞出版廣電總局)은 중공중앙선전부(中共中央宣傳部, CCP Publicity Department)에 흡수되었다. 당의 하부조직(party cell)도 지속적으로 증가하고 있다. 2013년 430만 개에서 2018년 461만 개까지 증가하였다. 또한 중국 회사법상 세 명 이상의 직원이 있는 기업은 당조직 설치를 의무화하면서 당위원회를 사내에 둔 민간기업 비중이 2013년 40%에서 2017년 73%까지 상승하였다. 중국 공산당의 헌법이라 할 수 있는 당장(黨章, CCP Constitution)에 나오는 다음과 같은 표현은 중국에서 공산당의 위치를 한마디로 설명해준다. "당, 정부, 군대, 사회, 교육 및 동, 서, 남, 북, 중 ― 이 모든 것을 당이 영도한다."(黨政軍民學, 東西南北中, 黨是領導一切的). 2020년 11월에 발생

---

4) "거대한 세력이 몰락하거나 쇠퇴하는 공통적인 원인은 중앙 권위의 상실이었다 (Whenever great powers have collapsed or decayed, a common cause has been the loss of central authority)"는 시진핑 주석의 언급(2019년 10월 28일)은 현재 중국 정부의 기본 입장을 잘 나타낸다.

했던 중국 최대의 핀테크 기업인 앤트그룹의 홍콩·상하이 시장 동시 상장 연기는 중국에서 당과 정부의 영향력을 여실히 보여준 사건이었다. 알리바바 산하의 동 기업은 순조롭게 상장 절차를 밟고 있었으나 민간 IT기업의 영향력 확대에 대한 당의 우려와 마윈(馬雲) 회장의 금융당국 비판 발언 등으로 인해 전격적으로 상장이 무기한 연기되는 사태를 빚게 되었다. 정경유착(政經癒着)이라는 말처럼 어느 나라나 정치와 경제의 깊은 연관성은 있지만, 중국의 경우 압도적인 당의 지배력이 모든 논리와 국가 기관을 뛰어넘는 상황이라는 점을 유념해야 한다. 이는 중국이라는 국가가 과거 엘리트들을 제거한 혁명 주도 세력의 후계자들이 '당'의 형태로 사회, 경제 및 문화 전반에 대해 철저하게 지배-영도(領導)-하는 권위주의 국가임을 의미한다.[5]

이와 같이 당의 영향력이 절대적인 상황에 있는 중국에서는 자본주의의 기본이라 할 수 있는 시장경제시스템이 작동하지 않는 경우가 많다. 또한 공산당은 중국경제의 원활한 운영과 유지를 위해 강력한 통제수단을 통해 시장경제시스템에 상당 부분 제약을 가하는 것을 당연시하는 입장이다. 이의 대표적 사례로 들 수 있는 것이 시장가격에 대한 빈번한 제한이다. 중국은 가격 기능의 효율성을 인정하고 있으나 사회 불안 방지, 국유기업 적정이윤 보장 등을 위해 가격통제 수단을 폭넓게 활용하고 있다. 국민생활에 직접 관련된 품목 및 주요 공공부문 서비스 등의 가격을 정부가 설정할 수 있도록 규정한 1998년의 '가격법(價格法)'이 대표적이다. 현재 중국은 주요 상품 및 서비스 가격이 크게 상승하는 경우 가격제한 조치를 시행할 수 있으며 시장가격의 이상 변동에 대해서는 가격 전면동결 등의 긴급조치도 가능하다. 예를 들어 중국이 소비자물가(CPI)를 낮게 유지하는 비결 중 하나가 소비자물가 구성 항목 중 약 1/3에 해당하는 품목의 가격이 관리가격(administered prices)

---

5) 박노자, 박노자의 한국, 안과 밖, '혐중'을 넘어: 균형 잡힌 중국관을 위해서, 한겨레, 2020.9.16.

이라는 점을 지적하는 의견도 있다. 이는 20% 미만인 미국, 일본, 독일, 프랑스나 10% 미만인 영국보다 훨씬 높은 수준이라는 것이다.[6] 여기서 잠깐 소개한다면 가격제한과 관련된 재미(?)있는 조치의 하나가 2017년부터 실시중인 '연예인들의 출연료 제한조치(綜藝限薪令)'이다. 이는 드라마나 영화 출연 배우들의 출연료는 총 제작비의 40% 미만으로, 특히 주연배우 출연료는 전체 배우 출연료의 70% 미만으로 제한하는 조치이다.[7] 당시 국유기업 임원들의 급여에만 적용되던 이 조치를 연예산업에까지 확대한 것은 지나치다는 비판이 있었다.

  이상과 같은 점을 종합해 보면 중국경제는 신중국 성립 초기의 계획경제시스템이 여전히 상당 부분 작동하고 있으며 그 계획의 주체는 공산당이라는 점이다.

중국 국기인 오성홍기(五星紅旗)는 붉은 바탕에 노란색 별 5개로 이루어져 있다. 이중 가운데의 가장 큰 별이 공산당을 상징한다. 나머지 작은 별 네 개는 노동자, 농민, 소자산계급 및 민족자산계급을 상징한다.

나머지 하나는 여전히 중국경제의 핵심적 기능을 담당하는 국유부문의 영향력이다. 중국경제는 자원배분 과정에서 시장이 중요한 역할을 발휘하지만 어디까지나 국가의 거시적 조정이 전제되어 있는 체제이다. 그리고 이를 담당하는 주요 주체가 국유기업이다. 그동안 중국의 국유기업은 토지 및 금융 등의 부문에서 정부 지원을 통해 주요 산업의 중추적 역할

  6) B. Jones & J. Bowman, China's Evolving Monetary Policy Framework in International Context, Research Discussion Paper, RDP 2019-11, Reserve Bank of Australia, 2019.
  7) 한재현(2020). 배우의 드라마 1회 출연료 상한(100만 위안) 및 전체 출연료 상한(5,000만 위안)도 정하고 있다.

을 수행해 왔으며 지금도 그러하다. 예를 들어 중국의 시가총액 상위 10대 기업이나 은행·증권·보험업의 상위 5대 업체는 모두 국유기업 또는 국유기업의 자회사이다. 이 같은 상황은 특히 은행업에서 극명하게 나타난다. 2020년말 현재 중국 상업은행 전체 총자산은 259.0조 위안에 달한다. GDP의 약 2.5배에 달하는 엄청난 규모이다. 그런데 이중 정부 소유의 대형상업은행 6개[8]의 총자산이 122.6조 위안으로 전체 상업은행의 47.3%에 이른다. 중국의 금융시스템을 은행이 좌우하고 있는 가운데[9] 은행은 다시 이들 대형상업은행이 지배하는 시스템인 셈이다. 이와 같은 현상은 은행뿐만이 아니다. 통신, 에너지, 항공 등 국가 기간산업이라 할 수 있는 거의 모든 분야가 그러하다. 중국이라는 나라 전체가 하나의 거대한 국가기업이라고까지 할 수 있는 상황이다.

가장 개인적인 사업 중 하나라 할 수 있는 음식점의 경우에도 개인 들이 자유롭게 식당을 열 수 있게 된 것은 1984년에 들어와서이다. 중국은 1956년 사회주의 개조에 박차를 가한다는 이유로 개인 식당이 사실상 국영화되었으며 이후 문화대혁명을 거치면서는 음식을 사서 먹는 행위조차 유흥으로 간주된 역사가 있다. 결국 지금 중국에서 100년이 넘었다고 하는 노포(老鋪) 음식점들은 모두 전통이 단절되었던 역사가 있는 셈이다.[10]

한편 산업화의 주역이라 할 수 있는 제조업의 경우에도 국유기업의 영향력은 절대적이다. 일정 규모 이상을 가진 제조업체의 경우[11]를 예

---

8) 중국공상은행, 중국건설은행, 중국농업은행, 중국은행, 교통은행 및 우편저축은 행 등이다.
9) 2020년말 기준 중국 금융기관의 전체 총자산 353.2조 위안 중 은행 자산이 319.7조 위안으로 90.5%의 절대적인 비중을 차지하고 있다. 보험사가 23.3조 위안으로 6.6%, 증권사는 10.2조 위안으로 2.9%의 비중이다.
10) 홍윤기·김준연·권운영, 문화를 잇다 중국을 짓다, 도서출판 뿌리와 이파리, 2019.
11) 엄밀하게는 제조업, 채광(採鑛)업, 전력·천연가스·수력 공급업 중 연 매출 34억 원(2,000만 위안) 이상인 법인기업을 뜻하는 공업기업(工業企業)을 말한다. 공업 기업의 약 90%가 제조업이다.

로 들어보자. 비록 국유 제조기업 수가 지난 20년간 절반 정도로 감소하였고 민간기업은 열 배 이상 수가 늘어났다고 하지만 기업당 평균 총자산 규모는 국유기업이 민간기업의 거의 스무 배에 달하고 있다. 과거보다 차이가 더 벌어졌다. 규모의 경제라는 측면에서 공정한 경쟁을 할 수 없는 상황이 여전히 계속되고 있는 것이다.

중국의 제조업체 중 국유기업과 민간기업 수와 기업당 평균 자산

		2000	2005	2010	2015	2019
국유 기업	수(개)	53,489	27,477	20,253	19,273	20,683
	평균 자산 (억 위안)	1.6	4.3	12.2	20.6	22.7
민간 기업	수(개)	22,183	123,820	273,259	216,506	243,640
	평균 자산 (억 위안)	0.2	0.2	0.4	1.1	1.2

자료: 中國統計年鑑 2020.

문제는 이들 국유기업의 작동 내지 경영 방식이 민간기업과 다르다는 점이다. 원가의식이 희박하고 연성예산제약(soft budget constraint)을 받으며 임직원의 평가기준도 다르다. 여기에서 연성예산제약이란 예산제약 상황이 무르다는 것으로 소득 또는 수입의 엄격한 제약하에 지출이 이루어지는 것이 아니라 이에 관계없이 지출이 이루어지게 되는 것을 의미한다.[12] 이는 적자가 발생할 경우 정부가 이를 보전해준다는 의미로, 한마디로 말해 망할 걱정 없이 기업을 경영할 수 있다는 말이다. 이런 상황에서는 당연히 경제적 효율성이 떨어질 수밖에 없다.

12) 기업이 지속 가능하기 위해서는 소득이나 수입의 제약하에 지출행위가 이루어지는 것이 일반적이다. 이는 자본주의 사회에서 기업이 당면하게 되는 기본적인 제약 상황이라 할 수 있다. 이를 경성예산제약(hard budget constraint)이라 한다.

중국경제에서 점차 국유기업의 역할과 비중이 감소하고 있다고는 하나 여전히 한동안은 국유기업이 핵심이 되는 경제시스템을 유지할 것임에는 틀림이 없다. 왜냐하면 국유기업의 시장화 개혁은 매우 어렵기 때문이다. 국유기업 개혁으로 민영화가 될 경우 당의 국가경제시스템에 대한 지배력은 약화될 수밖에 없다. 당의 논리가 자본의 논리를 지배할 수밖에 없는 국가인 중국에서 이는 쉽게 용납하기 힘든 일이다.

결국 현재 중국이 채택하고 있는 소위 사회주의 시장경제시스템이란 시장의 효율성을 최대한 이용하되 한편으로는 자유민주주의의 전파에 따른 일당독재 권력 상실의 위험도 피하겠다는 의도하에 유지중인 시스템이라 할 수 있다. 문제는 여기에 있다. 지금까지는 이러한 시스템이 그런대로 유지되어 왔으나 앞으로도 그럴 수 있을 것이냐에 대해서는 의문이라는 점이다. 특히 시진핑 시대에 들어와서 중국 정부가 유독 '중국 특색의 사회주의(中国特色社会主义, Socialism with Chinese Characteristics)'를 강조하기 시작한 이유도 체제 유지에 대한 고민이 스며 있는 것이 아닐까 생각한다. 여기에서 '중국 특색의 사회주의'란 덩샤오핑이 1982년에 최초 제기한 개념으로 마르크스-레닌주의 이념에 민족주의, 일당독재, 국가주도 경제, 공산당에 대한 개인적 자유의 복속 등이 추가된 것을 특징으로 한다.[13] 이는 당의 장악력이 약화되면서 급격한 붕괴의 과정을 겪은 옛 소련의 전철을 밟지 않으려는 노력으로 창안된 용어라고 할 수 있다. 과연 중국의 공산당과 정부의 노력이 얼마나 효과적일지는 시간이 판단해 줄 것이다.

---

13) 이상현, 코로나19 이후 미·중 패권 경쟁 전망과 한국의 대응, KDI 북한경제리뷰-동향과 분석, 2020.8.

중국 및 중국경제에 대한 선입견 2

- 중국의 통계 지표는 믿을 수 없다?

2020년 1사분기 중국경제 성장률은 전년동기대비 −6.8%였다. 이는 중국 정부가 1992년 분기별 경제성장률 통계를 발표하기 시작한 이후 최초의 마이너스 성장률이었다. 코로나19 바이러스의 진원지로서 대규모 지역 봉쇄 등을 시행하였고 글로벌 팬데믹 상황 지속에 따라 수출입도 부진하였던 것이 주요 원인이었다. 이후 여타 국가들이 마이너스 성장을 지속하는 가운데, 중국은 2사분기 3.2%, 3사분기 4.9%, 4사분기 6.5% 성장률을 기록하며 확연히 회복되는 모습을 보였다. 2020년 연간으로는 2.3% 성장하면서 주요국 가운데 유일한 플러스 성장을 기록하였다. 다만 글로벌 경기 상황이 여전히 불확실한 가운데 2차, 3차 대유행이 나타나는 상황에서 중국경제 홀로 이렇게 회복될 수 있느냐, 그 숫자를 정말 믿을 수 있느냐 하는 의문도 제기되었다. 그동안 중국경제 성장률이 발표될 때마다 거의 빼놓지 않고 등장하던 중국 정부의 수치 조작설이 다시 한번 등장한 셈이다. 이러한 조작설이 등장하게 된 것은 우리가 언론 등에서 접하는 중국경제 현실과 공식 발표되는 통계 수치가 동떨어져 보이는 경우가 종종 있었기 때문이다. 이는 또한 사회주의 국가인 중국이 강력한 국가통제력을 발휘하여 통계지표를 능히 조작할 수 있으리라는 믿음(?)에도 어느 정도 근거하는 의심이다.

중국의 많은 경제지표 중 특히 경제성장률의 신뢰성에 대한 의문이 가장 많았다. 특히 경제위기 기간의 성장률은 임의적으로 조작한 것이 아니냐는 비판이 지속적으로 제기되어 왔다. 예를 들어 경제성장률은 주로 산업생산과 관련이 있고 산업생산은 다시 에너지사용량 및 화물 수송량과 밀접한 관련이 있음을 근거로 성장률과 이들 지표 간의 괴리를 그 근거로 제시한 로스키(T.G. Rawski)[1]의 연구가 대표적이다. 1998년을 예로 들면 중국 정부가 발표한 공식 경제성장률이 7.8%에 달한 데 반해 그 해 전력소비 사용량은 전년보다 2.8% 증가에 그쳤다. 심지어 철도화물 수송량은 4.6% 감소하였다. 지표들 간의 이런 차이를 감안할 때 공식 발표된 경제성장률 수치를 믿기 어렵다는 것이다. 최근까지도 중국 GDP 수치의 정확성에 대해서는 여전히 의심의 눈길이 많은 상황이다. 2014~2019년 중 중국의 경제규모는 공식적으로 48% 증가했다. 그러나 영국 경제분석기관인 캐피털 이코노믹스(Capital Economics)가 화물수송량 및 부동산판매 등 여덟 개의 대용지표를 이용해 추정한 결과로는 35% 성장에 그치는 것으로 추정된 바 있다.[2] 특히 중국의 경제성장률은 그동안 지나치리만큼 수치의 변동이 없었다. 글로벌 경제상황에 크게 영향을 받지 않는 것처럼 보이는 높은 경제성장률 수치는 중국경제가 진정 꾸준한 성장세를 유지하고 있거나 아니면 수치를 적당히 조작하고 있거나 둘 중의 하나가 아니라면 설명이 쉽지 않은 상황이 자주 나타난 것이다. 아시아 외환위기(1997년, 1998년)나 글로벌 금융위기(2008년, 2009년) 당시가 대표적이었다.

---

1) Thomas G. Rawski, What is happening to China's GDP statistics?, China Economic Review 12, 2001.
2) The Economist, The real deal-Can China's reported growth be trusted?, 2020.10.15.

아시아 외환위기 및 글로벌 금융위기 당시 경제성장률(%)

	1997	1998	2008	2009
글로벌	4.0	2.6	3.0	-0.1
중국	9.2	7.8	9.7	9.4
한국	6.2	-5.1	3.0	0.8

자료: IMF.

경제성장률 이외에 경제규모(GDP)와 관련하여 특히 지방 GDP 합계가 전국 GDP를 크게 초과하는 문제도 자주 지적되어 왔다. 그동안 전자는 후자보다 5~10% 정도 큰 것으로 발표되었는데 이는 통계오차 등을 감안한다 해도 너무 큰 차이라 할 수 있다. 이런 현상이 발생하게 된 것은 이 문제가 지방정부 관료의 평가시스템과 얽혀 있기 때문이다. 그동안의 급속한 경제성장 과정 중 지방정부 관료의 평가 지표에서 해당 지역 경제성장률은 가장 중요하고 비중이 높은 핵심 지표였다. 본인의 관료로서의 승진 및 성공 여부가 거의 전적으로 이 지표에 좌우되는 상황에서[3] 성장률 숫자를 조작하고 경제규모를 부풀리고픈 유혹이 쉽게 발생했을 것임은 능히 미루어 짐작할 수 있다.[4]

한편 GDP 이외에 은행의 무수익여신(NPL) 비율도 그 신뢰성에 의심을 받는 대표적인 통계지표이다. 2020년말 기준으로 중국은행보험감독관리위원회(中国银行保险监督管理委员会)에서 공식 발표한 은행의 무수익여신 비율은 1.84%이다. 그러나 많은 연구자들은 동 비율이 7~20%에 이를 것으로 추정하고 있다. 이와 같은 차이는 현재 은행에서

---

3) 이를 '관리가 숫자를 만들고 숫자가 관리를 출세시키는(官出數字, 數字出官)' 현상이라고 부른다.
4) 예를 들어 2017년 1월 랴오닝성의 천추파(陳求發) 성장은 2011~14년 기간 중의 랴오닝성 성장률 조작을 시인하고, 2016년 랴오닝성 성장률은 -2.5%에 불과하다고 발표한 바 있다. 공식 발표된 2011~14년 평균 성장률은 9.0%였다.

무수익여신 분류기준을 적용할 때 부실 위험을 과소평가하거나 고위험 대출은 만기연장을 통해 부실을 숨기는 방법 등을 사용하기 때문에 발생하는 현상인 것으로 평가된다. 현재 중국 은행업에서는 은행여신을 자산건전성에 따라 정상(正常, pass), 요주의(關注, special mention), 고정(次級, substandard), 회수의문(可疑, doubtful) 및 추정손실(損失, loss) 등 다섯 단계로 구분하고 있다. 이 중 현재는 고정 이하의 여신만 무수익여신으로 분류하고 있다. 그러나 현재는 무수익여신에 포함되어 있지 않은 요주의(關注, special mention) 대출에도 실질적으로는 상환이 불가능한 대출이 다수 포함되어 있을 것으로 추정된다.

이처럼 중국 통계의 진실성에 대한 논란이 제기되는 배경은 무엇일까?

우선, 통계조작의 근원(根源)은 과거 대약진운동(大躍進運動, 1958~60년)으로 거슬러 올라간다. 일반인들에게는 문화대혁명만큼 많이 알려져 있지 않지만 사실 대약진운동만큼 피해가 컸던 중국 현대사의 비극은 없었다고 할 수 있다.[5] 이상적인 사회주의 국가를 만들겠다는 정치적 환상 속에 당시에는 실현 불가능한 목표를 설정하는 일이 잦았다. 예를 들어 1956년 발표된 '1956년~1967년 전국 농업 발전 요강'을 보면 1967년 식량 생산 목표는 1조 근(斤)(5억 톤)이었다. 그러나 1967년 실제 생산량은 4,374억 근(2.2억 톤)으로 목표량의 절반에도 미치지 못했다.[6] 얼마나 허무맹랑한 목표였는지 알 수 있다. 더구나 상부에서 설정한 목표치를 하부에서 달성하는 것은 지상과제였다. 허위보고가 횡행할 수밖에 없었던 이유이다. 당시의 경험은 이후 많은 사람들에게 트라우마로 남았다. 공산당이나 정부에서 설정한 경제 목표를 달성하기 위

---

5) 대규모 집단생활 조직인 '인민공사' 설립을 통한 노동력 집중 등을 통해 공업부문이 주도하는 경제성장을 추진한 운동이다. 무리한 목표 설정 및 대규모 흉작 등으로 실패하였다. 당시 사망자 수가 2,300~4,200만 명으로까지 추정되고 있다.
6) 조영남, 중국의 엘리트 정치, 민음사, 2019.

중국에서 통계 조작이 최초 발생한 시기로 평가되는 대약진운동(大躍進運動, 1958~60년) 시대 모습 중의 하나이다.

해 혹은 달성한 것처럼 보이기 위해 하부 조직이나 기관에서 얼마든지 통계 자료를 조작할 수 있지 않느냐는 의심이 생겨난 배경이다.

두 번째로 주요 데이터 및 통계 수치의 구체적 산출 방식에 대한 대외공개가 부족하여 투명성이 낮은 점도 통계의 신뢰성을 저해하는 요인으로 지적된다. 예를 들어 분기 GDP 통계를 발표하면서 소비, 투자 및 순수출 금액을 발표하지 않고 성장기여율만 발표하는 것이 대표적이다. 심지어는 소비자물가지수(CPI)의 여덟 개 품목별 구성 비율도 공개하지 않고 있다.[7] 일부에서는, 정보를 통제하는 자가 권력을 잡고 유지할 수 있다는 점을 잘 알고 있는 중국 정부가 고의로 상당수의 통계 자료를 공개하지 않는 것이 아니냐는 의심을 하고 있기도 하다. 특히 고용이나 소비 관련 지표가 매우 부실한 상황이다.

마지막으로는 중국경제의 급격한 성장을 관련 통계 인프라가 뒤따라가지 못하고 통계 기관의 독립성이 높지 못한 것도 원인이라 할 수 있다. 중국국가통계국의 위상이 정부 내에서 낮고[8] 인력수준도 만족할만

7) 구성항목 여덟 개는 식품·주류·담배, 주거, 교육·오락·문화용품, 교통·통신, 의복, 의료·보건, 생활용품·서비스, 기타용품·서비스 등이다. 학자들은 이중 식품·주류·담배의 비중이 34~37%에 달해 가장 큰 것으로 추정하고 있다.
8) 2020년말 현재 중국국가통계국 국장은 장관급이기는 하지만 공산당 정책결정 구조상의 핵심 조직인 중앙위원회위원(中国共产党中央委员会委员, 204명)은 아

하지 못하다는 점이 대표적이다.

그렇다면 진실은 무엇일까? 어떻게 중국의 통계를 이해하고 해석해야 할까?

우선, 비록 통계기관의 독립성 및 인프라 부족 등의 문제가 여전하나 중국 통계지표의 신뢰성은 점진적으로 개선중이라는 것이 일반적인 평가이다. 이는 중앙정부 차원에서 핵심 통계지표를 조직적으로 조작하지는 않고 있다는 의미이다. 교역상대국의 대중국 무역통계 등으로 추정한 중국 경제성장률은 공식 발표치와 대체로 일치한다는 페르날드 (J. Fernald) 등[9]의 주장은 통계조작 가능성을 부정하는 대표적인 의견이다. 한편 지방정부 GDP의 부풀림 현상과 관련하여서도 중국 정부는 '역내 GDP 통합산출 개혁 방안'(2017년 6월)을 통해 2020년 이후 각 지역 GDP를 중앙정부에서 작성할 것을 명문화하였다. 더불어 지방관료의 성과 평가지표로 성장률 이외에 환경 및 고용 관련 지표를 새롭게 도입하거나 비중을 높였다. 적어도 제도상으로는 통계조작을 예방하기 위해 다양한 노력을 시행중인 셈이다.

다만 자료수집 및 측정상의 오류, 표본의 불완전성, 통계보고시스템 미비 등으로 중국통계의 정확도(精度)가 낮은 점이라는 점을 감안할 필요성이 있다. 특히 중국은 국가 전체의 규모가 방대하고 경제구조의 변화가 급속도로 진행되고 있어 통계 집계에 대한 현실적 제한이 있다는 점도 염두에 두어야 한다.

결국 그동안 중국의 통계지표는 과거의 트라우마, 관련 인프라 부족 등의 문제로 신뢰성이 낮았던 것이 사실이나 제도적 개선 등을 통해 정확성이 점차 높아지고 있는 중이라고 이해할 수 있겠다. 이런 점을 감안한다면 중국경제를 분석할 때 공식 통계지표를 통해 중국경제의

니다.

9) J. Fernald, I. Malkin, and M. Spiegel, On the Reliability of Chinese Output Figures, FRBSF Economic Letter, 2013.3.25.

큰 흐름을 읽되 여러 가지 한계점을 감안하여 여타 보조지표 및 관련 정보를 함께 활용할 필요가 있다. 예를 들어 기업의 경기전망을 보여주는 심리지표인 제조업구매관리자지수(PMI: Purchasing Managers' Index)의 경우 국가통계국의 공식 지수와 함께 시장조사업체 마킷(Markit)과 경제전문지 차이신(財新)이 공동으로 작성하는 지수를 함께 점검하는 것이 일반적이다.

중국 및 중국경제에 대한 선입견 3

– 중국은 수출주도형 국가이다?

지금 당장 여러분 주위에 있는 물건들을 한편 살펴보면 'Made in China' 표시를 쉽게 찾을 수 있을 것이다. 저자가 눈에 들어오는 것만 헤아려 봐도 머그컵, 스탠드, 키보드, 마우스, 쓰레기통, 전자계산기 등이 모두 중국제이다. 중국이 전 세계로 수출하는 상품이 어마어마하다는 것을 단번에 알 수 있게 되는 순간이다. 중국은 현재 글로벌 1위 수출국가이다. 2020년 상품 수출액이 2.6조 달러에 달해 글로벌 수출의 14.7%를 차지하였다.[1]

그렇다면 중국도 우리나라처럼 수출이 주도하는 대외의존형 국가일까?[2] 수출길이 막히면 성장률을 비롯하여 경제 전체에 치명적인 영향을 줄까? 최근의 미·중 무역전쟁에서 나타나듯 대외여건 악화는 중국 경제에 절대적인 영향력을 미칠까?

결론부터 말하면 그렇지 않다. 분명 영향을 미치는 것은 사실이지만 그 영향은 우리가 흔히 생각하는 것보다는 크지 않을 수 있다.

---

1) 2위인 미국의 비중이 8.1%이다.
2) 우리나라는 2018년 기준 교역의존도가 66.2%에 달한다.

중국은 2001년 WTO에 가입한 이후 대외교역액이 급증하였다. 1989년의 천안문 사태 이후 어려움을 겪던 중국은 WTO 가입을 계기로 글로벌 시장에 본격 진출하였다. 전 세계의 많은 국가들은 중국의 저렴한 상품을 공급받아 물가를 안정시킬 수 있었고, 중국은 미증유의 경제성장을 달성했다. 상호 원원하는 구조였던 셈이다. 그러나 이러한 황금 구조가 언제까지나 지속될 수는 없었다. 급성장한 중국에 대한 미국 등의 견제, 인건비 상승에 따른 중국제품의 가격 인상 등이 원인이다. 중국의 수출액은 점차 증가하고 있지만 그 증가 속도는 점차 줄어들고 있다. 내수에 기반한 경제규모 확대와 맞물려 중국의 교역의존도 (degree of dependence upon foreign trade)[3]는 2007년을 정점(63%)으로 하락하고 있다. 2018년은 38%였다. 여타 주요국 및 글로벌 평균과 비교해도 낮은 수준이다. 미국(27%), 일본(35%) 등에 비해서는 높지만 인도(43%), 러시아(52%), OECD(57%), 글로벌(58%), 독일(87%) 등에 비해서는 낮았다. 이는 중국경제의 규모가 확대되고 내수시장이 성장함에 따라 상대적으로 외부 교역의 중요성은 낮아지고 있음을 의미한다. 특히 중국 정부가 2010년대 들어 소비 중심으로의 성장구조 전환을 적극적으로 추진하면서 내수 역할이 더욱 확대중인 점을 감안할 때 향후 대외여건의 영향력은 점차 줄어들 것임을 미루어 짐작할 수 있다.

이는 미국과의 무역전쟁으로 그 어느 때보다 중국경제에 대한 우려가 컸던 2019년의 경우 수출증가율이 0.5%, 성장률이 6.1%로 나타나면서 비교적 선방한 데에서도 잘 나타난다. 심지어는 코로나19로 글로벌 교역이 급위축되었던 2020년에도 중국 수출은 3.6% 증가하였으며, 경제성장률은 2.3%를 기록하였다. 플러스의 수출증가율과 경제성장을 기록한 나라는 주요국 가운데 중국이 유일하였다.

이와 같은 결과가 나타나게 된 원인 중의 하나는 중국경제의 성장

---

3) 교역의존도는 총수출입액을 명목 GDP로 나누어 산출한다.

엔진이 변화하고 있는 과정이라는 점에 있다. 그동안 중국경제의 성장 동력 역할은 주로 제조업 중심의 투자와 수출이 담당했다. 그러나 이제는 점차 서비스업 및 소비가 그 역할을 대신하고 있다. 이는 구체적인 수치로도 잘 알 수 있다. 2019년 소비의 GDP 성장기여율은 57.8%였다. 투자(31.2%)나 순수출(11.0%)의 기여율을 크게 상회하는 수준이다. 또한 제조업을 추월하여 이제는 서비스업이 중국경제의 중심이 되고 있다. 2019년 중 중국의 3차산업이 GDP에서 차지하는 비중은 53.9%, 성장기여율은 59.4%로 2차 산업을 넘어섰다. 고용 측면에서도 3차산업은 2011년 이후 계속해서 가장 많은 인원을 고용하고 있는 부문이다. 2019년에 3차산업 취업자 비중은 47.4%였다. 이는 건국 초기인 1952년(9.1%)보다 무려 38.3%p가 증가한 수치이다. 결국 중국경제는 소비 및 서비스업이 수출과 제조업으로 대표되던 이전의 성장 엔진을 빠르게 대체하고 있는 과정이라고 할 수 있다.

공업과 3차산업의 경제성장 기여율(%)

	2000	2005	2010	2015	2019
공업	56.9	43.1	49.6	32.6	30.8
3차산업	36.2	44.3	39.0	55.9	59.4

자료: 中國統計年鑒 2020.

성장동력으로서의 소비를 다양한 차원에서 좀더 자세히 살펴보자. 막대한 내수시장을 배경으로 한 거대한 소비규모는 중국경제의 가장 큰 무기이자 잠재력이라 할 수 있다. 중국 정부는 소비시장 확대를 위해 다양한 방면에서 노력중이다. 노동집약적인 서비스업 중심으로의 성장구조 전환과 지속적인 임금인상 정책이 대표적이다. 한편 급증한 소매판매는 중국 소비시장의 양적 확대를, 온라인 소비시장의 급성장은 중국 소비시장의 다양성을 시사한다. 중국은 현재 글로벌 2위의 소비시장과 1위의 온라인 소비시장을 보유하고 있다. 소매판매 규모는 2012년 3,638조 원(21.4조 위안)에서 2020년 6,664조 원(39.2조 위안)으로 약 2배 증가하였다. 특히 자동차, 음식료 등의 소비가 폭발적인 성장세를 보였다. 온라인소비는 2008년의 17조 원(0.1조 위안)에서 2020년의 2,006조 원(11.8조 위안)으로 급증하면서 단 12년 만에 100배 이상 성장하였다. 특히 온라인소비의 급증은 중국의 대표적인 쇼핑 절기인 쌍십일(11월 11일)의 매출 확대로 잘 나타난다. 알리바바가 이 행사를 처음 개최한 2009년 매출액은 88억 원(5,200만 위안)에 불과하였다. 그런데 2019년 매출액은 45.6조 원(2,684억 위안)에 달하였다. 10년 만에 무려 5,000배 이상 급증한 규모이다.[4] 2018년 미국 발렌타인데이 총 소매판매액(온·오프라인 합계)이 22.8조 원(207억 달러), 블랙프라이데이 및 사이버먼데이 온라인 소매판매액이 15.5조 원(141억 달러)이었던 점을 감안하면 중국의 온라인 쇼핑시장이 얼마나 거대한지를 잘 알 수 있다.

한편 중국이 외국으로부터 기술을 이전받고 난 이후에 기술 개선 및 경쟁력 확보를 통해 외국에 다시 진출하는 전략을 추진할 수 있었던 것도 거대한 내수시장을 기반으로 가능하였다는 평가이다. 고속철 사업이 대표적이다. 중국은 일본 등으로부터 2004년 고속철도 기술을 이전[5] 받은 후 국내시장을 대상으로 다양한 기술시험과 시범운영을 통해 독자적 기술 개발에 주력하는 전략을 추진하였다. 그 결과 중국은 기술도입 6년 만인 2010년 첫 번째 고속열차를 상용화하였다. 특히 2016년 6월 베이징-상하이 간 노선에 건설된 푸싱(復興) 고속철은 평균 시속

---

4) 2020년의 경우 쌍십일 쇼핑기간(11.1~11일) 중 양대 쇼핑 전자상거래업체인 알리바바와 징둥(京東)의 매출 합계는 약 131조 원(7,697억 위안)에 달하였다.
5) 중국시장 진출을 조건으로 2004년 일본 가와사키(Kawasaki), 프랑스 알스톰(Alstom) 및 캐나다 봄바디(Bombardier)로부터 기술을 이전받았다.

350km로 핵심 기술을 모두 중국이 자체 개발하였다. 고속철도 총 운영거리도 2020년말 현재 38,000km에 달하는데 이는 전 세계 고속열차 운영거리의 2/3에 해당하는 수준이다. 이처럼 중국은 다년간 다양한 환경에서 고속철도를 운영한 경험을

중국은 2004년 고속철도 기술을 프랑스와 일본 등에서 이전받고 6년 만에 자체 기술로 차량 개발에 성공하였다. 중국 고속철도 푸싱(復興)호는 평균 시속 350km로 운영되며 베이징과 상하이 구간을 4시간 30분 만에 주파한다.

통해 인도네시아, 말레이시아, 라오스, 태국 등의 고속철도 건설 사업에 진출하였다.

결국 이상과 같은 점들을 고려할 때 중국은 더 이상 수출 중심의 국가가 아니며 뉴노멀(新常態, New Normal)[6] 시대하에서 소비 및 3차산업 중심의 성장전략을 추진하는 국가라고 결론지을 수 있다.

그럼 중국경제에서 수출은 더 이상 중요하지 않다는 말일까?

그렇지는 않다. 특히 고용부문에서의 영향이 큰 것으로 추정되고 있다. 미·중 무역전쟁에 따른 수출 부진에도 불구하고 고용 관련 공식적인 지표의 변화는 별로 없었다. 조사실업률[7] 지표의 경우 2018년 4.9%, 2019년 5.2%로 소폭 증가에 그쳤다. 도시지역 신규취업자도

---

6) 뉴노멀이란 시대변화에 따른 새로운 상태를 의미한다. 중국에서는 성장의 질과 경제구조의 선진화 등을 중시하는 중속성장 시대를 지칭하는 용어로 신창타이 (新常態)라는 말이 쓰이며 이는 시진핑 주석이 2014년 5월 처음 언급하였다.
7) ILO 등에서 발표하는 국제 기준의 서베이 실업률과 유사하게 매월 1,800여 개 지역의 약 9만 가구를 조사하여 발표하는 실업률 지표이다(한재현, 2020).

2019년 1,352만 명을 기록하여 2018년(1,361만 명)과 거의 차이가 없었다. 심지어 도시등기실업률[8]의 경우는 2018년 3.8%에서 2019년 3.6%로 감소하였다. 그러나 이처럼 다소 상식에 반하는 수치들은 경제성장률을 비롯하여 위 기간 중에 많은 경제지표가 크게 부진했던 점을 감안할 때 중국의 고용 관련 지표의 타당성이 매우 떨어짐을 시사한다. 실제로 수출 부진이 고용에 미치는 영향은 공식적인 지표에 나타나는 것보다 훨씬 더 클 것으로 추정된다. 동남해안 지역 중심의 중소규모 수출기업에 고용된 인원 중 미·중 무역갈등에 따른 영향을 받은 인원이 상당할 것으로 추정되고 있다. 2020년 기준으로 중국 무역의 46.6%를 중소기업 중심의 민간기업들이 담당하고 있는 상황이기 때문이다.[9] 중국 상무부(商務部)에 따르면 100만 달러 수출에 40.3명의 취업유발효과가 나타나는 것으로 조사되었다. 중국의 2019년 대미 수출액이 4,187억 달러로 2018년(4,784억 달러)에 비해 597억 달러 감소한 것을 감안하여 단순 계산할 때 최소 240만 명의 고용 상황에 영향을 미쳤을 것임을 추정할 수 있다. 이와 같은 상황은 중국이 수출주도형 국가는 아니지만 특히 고용과 관련하여 수출은 여전히 매우 중요한 경제지표이며 또 경제 및 사회 안정을 위해 적극적으로 관리해야 하는 대상임을 의미한다. 중국경제는 지금 1차산업 고용 인원의 감소와 3차산업 종사자의 증가가 지속적으로 진행중이다. 그러나 제조업을 중심으로 한 2차산업 종사자 수 및 비중은 거의 변함이 없다.[10] 수출입이 악화될 경우 이들 제조업부문의 고용에 영향을 미칠 수밖에 없음을 시사하는 대목이라고 하겠다.

---

8) 중국에만 존재하는 실업률 지표로, 도시지역의 호적보유자만을 대상으로 하며 까다로운 조건하에서만 실업으로 인정되므로 현실을 거의 반영하지 못한다는 비판을 받는다.
9) 中國海关总署(2021.1.14). 국유기업 비중은 14.3%에 불과하였으며, 나머지는 외자기업이다.
10) 2007년 이후로 중국의 2차산업 종사자 수는 2.1~2.3억 명을 유지중이며, 전체 취업자에서 차지하는 비중도 25~30%를 오르내리고 있다.

중국경제는 1인당 국민소득이 이미 1만 달러를 돌파하였다. 또한 소비 중심의 내수 주도 성장전략을 취하고 있다. 수입 특히 소비와 관련된 수입은 앞으로 중국경제에서 성장세가 매우 두드러질 것이다. 그렇다면 우리로서는 중국의 내수시장을 적극적으로 공략할 필요가 있다. 이는 중국경제의 성장구조 전환에 대응하여 현재 중간재 중심인 우리의 대중수출 전략이 변화되어야 함을 시사한다. 이는 과거 수출 주도로 경제성장을 이끌었던 중국이 체질을 변화시키고 있는 상황에 맞추어 우리의 대중 전략도 변화해야 함을 의미한다. 예를 든다면 서비스업 확대 및 고령인구의 빠른 증가에 대응한 의료·실버산업 등으로 내수시장 진출 분야의 다각화를 고려할 필요가 있겠다. 우리가 용의 등에 올라타기 위해서는 용이 좋아하는 것이 무엇인지 어느 방향으로 가려고 하는 것인지 잘 살펴보아야 하는 이치와 같다.

중국 및 중국경제에 대한 선입견 4

– 중국의 금융은 비효율적이며 낙후되어 있다?

2006년 2월 유학차 중국에 가게 되면서 맨 처음 한 일이 은행 통장을 만드는 일이었다. 월셋집 부근의 중국은행(BOC)에서 통장을 만들었는데, 기다리는 시간 포함하여 대략 한 시간 40분이 걸렸다. 물론 중국어가 서툴러서이기도 하였지만 써야 하는 서류 종류도 여러 가지였고 절차도 복잡하기만 했던 기억이 남아 있다. 어찌어찌 통장을 만들고 나서 은행 앞에 있던 놀이터에 멍하니 앉아 이런 곳에서 어떻게 2년 반을 지낼까 하면서 걱정하던 모습이 생생하다.[1] 당시의 경험은 중국의 금융시스템이 얼마나 낙후되어 있는가를 몸소 체험했던 일화로 선명히 남아 있다.

중국의 경제규모는 2010년부터 줄곧 세계 2위 자리를 지키고 있다. 2020년 GDP가 14.7조 달러로 글로벌 경제 전체의 17% 내외를 차지한다. 인구가 많아 1인당 소득이 아직 낮고 또 여러 가지 문제점들이 지적되지만 미국과 함께 G2로 불리기에 손색이 없을 정도로 중국경제

---

1) 당초 예상했던 2년 반의 기간은 석사과정 이후 한국은행 베이징사무소 근무로 이어지면서 5년 반으로 늘어나게 되었다.

규모가 성장한 것만은 틀림없는 사실이다.

그러면 실물경제를 뒷받침해주는 혈액의 역할을 하는 금융부문은 어떨까?

미국이 글로벌 경제를 좌지우지하는 명실상부한 최강대국인 이유로는 여러 가지를 들 수 있다. IT 및 제조업 중심의 세계 최고 기업들, 전 세계에서 모여든 풍부한 인적자원, 우수한 법률 및 제도, 막대한 자원이 있는 광활한 국토 등이다. 이에 더해 가장 핵심적인 이유 중의 하나로 들 수 있는 것이 미국의 글로벌 금융시장 장악이다. 달러, 월스트리트, 그리고 연방준비제도위원회(Fed)로 대변되는 미국의 금융권력은 어느 국가도 쉽게 넘볼 수 없는 아성을 구축하고 있다. 금융의 발전은 강대국의 필요조건 중 하나이다. 이는 현재의 미국뿐만 아니라 그 이전에 글로벌 경제를 지배했던 영국이나 네덜란드 등의 경우에도 마찬가지였다.[2] 선진 금융시스템의 보유 여부가 국가 경제의 발전에 얼마나 중요한지를 알 수 있는 부분이다.

현재 GDP 규모 면에서는 미국의 2/3에 육박하는 중국이 금융시장에서는 얼마나 미국을 추격하고 있을까? 아쉽게도 시스템 발전 정도, 개방성 및 효율성 등에서 평가할 때 중국 금융부문은 여전히 개선할 부분이 많은 상황이라 할 수 있다.

우선 중국 은행권의 취약성을 들 수 있다. 수익의 예대마진 의존도가 높은 취약한 수익구조 및 정부가 최종대부자 역할을 하는 대형 국유기업 중심의 대출행태가 여전한 점은 이를 잘 보여준다. 중국의 은행들은 외형적으로는 급성장하였다. 중국 최대 은행인 중국공상은행(ICBC)은 자기자본 기준으로 세계 최대의 은행이다. 그러나 어느 누구도 중국공상은행을 세계 최고의 은행으로 꼽지 않는다. 막대한 고객 수를 바탕으로 예금 및 대출규모는 키웠지만 리스크 관리, 금융기법, IT

---

2) 전통적 금융 허브인 영국 런던의 번영 이전에는, 17세기에 세계 최초로 주식회사와 주식시장이 설립된 네덜란드의 암스테르담이 세계 금융의 중심지였다.

기술, 이익 창출 능력과 다양성 등에서 세계 유수의 일류 은행들과는 차이가 있다는 점을 누구도 부인할 수 없기 때문이다. 더구나 중국 은행권은 정부가 대주주인 6대 대형상업은행의 비중이 절대적인 독과점 체제하에서 창구지도 등 관치금융이 여전하여 비효율성 및 건전성 문제도 상존한다. 세계경제

중국 최대 은행인 중국공상은행(中國工商銀行, ICBC)의 엠블럼. 2020년말 기준으로 중국공상은행 총자산은 5,678조 원(33.4조 위안)이며 총직원은 45만 명에 달한다.

포럼(WEF)이 141개국을 대상으로 조사한 국제경쟁력보고서[3]상 중국 은행들의 건전성은 95위, 자기자본비율은 126위에 그치는 것으로 나타났다. 이는 인프라구조(36위), 혁신능력(24위) 및 ICT기술 활용(18위) 등 여타 실물 부문 경쟁력에 비해 중국의 금융부문 경쟁력이 아직 얼마나 취약한지를 잘 보여주는 결과이다.

두 번째로, 주식 및 채권시장의 상대적인 미발달 등 직접금융시장이 미성숙하고 폐쇄적인 점도 문제점으로 지적된다. 주식 및 채권시장의 외국인 비중은 여전히 2~5% 내외에 불과하다.[4] 즉, 중국의 주식 및 채권시장의 규모는 커졌지만 엄격한 자본통제 조치로 대내외의 자본이 자유롭게 이동하는 상황은 아닌 것이다. 자본시장개방 정도 측정지표

---

3) WEF, Global Competitiveness Report 2019, 2019.10.8.
4) 2018년 기준으로 채권시장에서 외국인 투자자금 비중은 중국 2%, 브라질 5%, 한국 6%, 일본 12%, 미국 25% 등이다. 한편 주식시장에서의 비중은 중국 4%, 미국 15%, 브라질 21%, 일본 30%, 한국 33% 등이다.

중 하나로 자주 쓰이는 친-이토 지수(Chinn-Ito Financial Openness Index)의 경우 0~1의 값을 가지며 1에 가까울수록 개방도가 높음을 의미하는데 2018년 기준으로 중국은 0.165로 거의 최저 수준이었다. 인도 및 브라질 등이 중국과 동일한 0.165였으며 인도네시아 및 말레이시아가 0.417이었다.[5] 한편 스위스의 경제연구단체인 KOF에서 교역 및 금융부문의 개방도를 종합하여 산출한 세계화 수준 지수(KOF Economic Globalization Index)에서도 중국은 2018년 기준으로 조사대상 190개국 중 146위에 불과하였다.[6]

교역 및 금융부문 개방도로 산출한 주요국 세계화 수준

	싱가포르	네덜란드	홍콩	영국	일본	미국	한국	중국	인도
순위(위)	1	2	11	21	58	59	75	146	153

자료: KOF Globalization Index.

이처럼 중국은 은행 중심의 금융산업[7]에서 정부의 규제 및 비효율성 등으로 금융산업과 금융시장 발전이 더딘 것이 사실이다. 다만 이렇게 낙후된 전통적 금융시스템으로 인해 핀테크와 IT기술을 활용한 온라인 금융 등의 부문에서는 오히려 급속한 성장을 하고 있다는 점은 역설적이다.

예를 들어 결제시스템의 경우 낮은 신용카드 보급률 및 열악한 결제환경 등의 요인으로 인해 중국은 현금결제에서 바로 모바일결제 시스

---

5) 한편 이 지수는 IMF의 환율제도 및 제한에 대한 연차보고서(AREAER: Annual Report on Exchange Arrangements and Exchange Restrictions)를 기초로 작성된다.
6) 싱가포르가 1위였으며, 우리나라는 75위였다(https://kof.ethz.ch/en/).
7) 2020년말 기준으로 중국의 은행업 총자산은 319.7조 위안, 보험업은 23.3조 위안, 증권업은 10.2조 위안으로 은행업 비중이 압도적이다.

템으로 이전하고 있는 상황이다. 예를 들어 중국인민은행에 의하면 2020년 9월말 기준 중국의 총 신용카드 발급량은 7.7억 장으로 1인당 0.6장을 보유하는데 그치고 있다.[8] 이러한 상황의 공백을 메우기 위해 새로운 결제시스템 도입 등이 시도되었다는 것이다. 중국의 전자상거래 지급결제시스템을 선도한 알리바바의 알리페이가 성공한 가장 큰 이유 중 하나가 신용사회로서의 기반이 부족한 중국의 현실에 맞는 결제시스템을 도입하였기 때문이라는 지적은 이와 같은 배경이다.[9] 여기에 정부의 네거티브 규제정책 등 관련 규제수준이 낮고 IT 기기가 급속하게 확산된 것도 인터넷 은행 및 제3자 모바일 지급결제 등 온라인 금융 관련 발전을 가속화시킨 이유이다. 2014년 이후 2019년말까지 텐센트의 위뱅크(Webank, 微众银行)와 알리바바의 마이뱅크(Mybank, 网商银行) 등 총 아홉 개의 인터넷 전문은행이 설립되었다. 최초의 인터넷 전문은행인 위뱅크의 경우 총자산이 2016년 8.8조 원(520억 위안)에서 2019년 49.5조 원(2,912억 위안)으로 3년 만에 다섯 배 이상 증가하였다.[10] 한편 알리페이(Alipay, 支付寶)와 위챗페이(WeChat Pay, 微信支付)로 대표되는 제3자 모바일 지급결제 시장규모는 2014년 1,020조 원(6.0조 위안)에서 2019년 3경 8,454조 원(226.2조 위안)으로 5년 만에 약 서른여덟 배가 급증하였다.[11] 노점상은 물론이고 거지까지도 QR코

---

8) 中國人民銀行, 2020年第三季度支付体系运行总体情况, 2020.11.27.
9) 2003년 도입된 알리페이는 당시 인터넷 상거래에서 구매자의 결제대금이 판매자의 계좌로 직접 송금되는 방식을 채택했던 페이팔(paypal)과 달리 결제대금예치 형태(제3자 지급 결제; escrow)의 결제시스템을 도입하였다. 이는 구매자가 알리페이 계좌에 상품 대금을 송금하면 판매자는 알리페이에서 입금 내역을 확인하여 상품을 발송하고, 이후 구매자의 구매확정 이후 알리페이가 판매자에게 대금을 송금하여 지급결제가 완료되는 방식이다(이현태·서봉교·조고운, 중국 모바일 결제 플랫폼의 발전과 시사점: 알리바바 사례를 중심으로, KIEP 연구자료 18-04, 2018.12).
10) 2019년말 기준으로 위뱅크의 고객은 2억 명을 돌파하였으며, 대출규모는 27.7조 원(1,630억 위안)에 달하였다.
11) 2019년 기준으로 알리페이가 55.1%, 위챗페이가 38.9%의 시장점유율을 장악하고 있다.

드를 활용한 제3자 모바일 지급결제를 이용하고 있다는 해외토픽 기사가 나오는 것은 이와 같은 사실을 배경으로 한다.

중국의 제3자 모바일 지급결제 시장규모

	2014	2015	2016	2017	2018	2019
규모(조 위안)	6.0	12.2	58.8	120.3	190.5	226.2

자료: iResearch, 前瞻産業研究院.

한편 개인 신용정보 부족 문제는 핀테크 기업들로 하여금 빅데이터 및 클라우드 컴퓨팅 기술을 적극 개발·활용하여 신용정보를 구축할 유인을 제공하고 있다. 현재 중국의 소비자들은 핀테크를 활발히 사용하는 비중이 87%에 달해 세계 어느 나라 소비자들보다 핀테크 이용 비중이 높은 상황이다.[12]

결국 중국의 금융산업은 전통적인 금융부문은 아직 많이 낙후되어 있으나 그 거대한 시장규모 및 최근의 ICT 등을 활용한 온라인 금융 등을 감안할 때 상당한 잠재력이 있다고 할 수 있다. 미국이 집요하게 중국 금융시장의 개방을 요구하고 있는 이유이다. 중국 정부도 미국 등과의 관계 개선 및 금융의 효율성 증진을 위해 금융시장을 점차 개방하고 있는 상황이다. 다만 문제는 국가가 금융산업 및 금융기관을 여전히 지배하고 있는 상황에서 민간의 창의성 및 효율성이 얼마나 발휘될 수 있는 여건을 만들어 내느냐이다. 또한 중국 지도층의 신중한 접근 태도[13]를 감안할 때 금융시장 개방 절차는 매우 더디게 이루어질 수밖에 없다는 점을 유념해야 한다. 이는 명목상의 개방 조치가 실시된다고

12) EY Global FinTech Adoption Index 2019. 27개국 27,000여 명을 설문조사한 결과이며 조사 대상국 평균은 64%였다. 주요국 이용 비중을 보면 영국 71%, 한국 67%, 미국 46%, 일본 34% 등이었다.
13) 이는 아시아 외환위기 및 글로벌 금융위기 등을 통해 금융시장 개방에 따른 폐해와 어려움을 겪었던 여러 신흥국들을 보면서 체득된 결과이다.

해도 해외 금융기관이 중국 금융시장에 진출하여 눈에 띄는 수익을 창출할 영업활동을 하기는 당분간 쉽지 않다는 의미이기도 하다. 결국 중국 금융시장은 상당 기간 개방성이나 효율성 면에서 모두 느린 속도로 제한적으로만 개선될 가능성이 크다.

중국경제의 과제 1

- 국유기업 개혁

    그동안 중국경제가 미증유의 경제성장을 이룩해 온 것은 누구도 부인하기 힘든 사실이다. 그렇지만 그 과정에서 발생한 제반 경제·사회적 문제들이 초래하는 리스크가 더 이상 간과할 수 없는 수준으로 커졌다는 점도 유의해야 한다. 결국 향후 중국경제가 안정적이며 지속 가능한(sustainable) 성장을 이룩할 수 있느냐 여부는 고도성장 과정에서 발생한 제반 문제들의 성공적인 해결 여부에 달려 있다는 것이 일반적인 평가이다. 이들을 어떻게 해결하면서 성장구조의 전환을 순조롭게 달성할 것인지가 중국경제의 핵심 과제로 등장한 것이다. 구체적인 과제로는 흔히 국유기업 개혁, 부채 축소, 부동산시장 안정, 소득분배 개선, 환경 및 에너지문제 대응, 인구고령화 문제 대비 등이 꼽힌다. 이제부터 하나씩 간단하게 짚어 보자.

    코로나19 사태 이후의 변화된 세계에 대한 예측 중 많이 언급되는 내용 중의 하나가 국가 기능의 확대이다. 방역 및 격리 조치, 대규모 경기부양책 실시 등 민간영역에서 담당하기 어렵거나 불가능한 업무에 대한 국가의 간여를 자연스럽게 여기는 풍토가 조성된 것이 그 배경이다. 불가피한 측면이 있는 것은 사실이지만 그 과정에서 거대한 정부가 초래할 비효율성과 비민주성에 대한 우려가 존재하기도 한다.

공유제를 기본으로 하는 사회주의를 채택한 중국은 건국 초기에는 계획경제 체제를, 1990년대 이후에는 이를 다소 수정한 사회주의 시장경제 체제를 유지하고 있다. 이는 그 출발부터 공적인 부문의 경제활동 영역 비중이 컸다는 의미이다. 이와 같은 배경하에서 중국의 국유기업[1]은 그동안 인프라 개발을 비롯한 경제개발과정에서 핵심적인 역할을 담당해 왔다. 국유기업들은 매우 낮은 가격이나 혹은 무료로 토지를 이용할 수 있었으며 은행대출도 이들 기업에 집중되었다. 이는 정부의 국유기업에 대한 지원과 보호가 국유기업 성장에 큰 역할을 하였다는 뜻이다. 개혁개방 이후 특히 2000년대 들어 민간기업들이 급성장하고 있으나 국유기업은 여전히 중국경제의 중추를 구성하고 있다. 중국 국유기업은 석유 및 천연가스 등 에너지, 전력, 석유화학, 통신, 항공, 금융 등의 주요 기간산업을 독점하고 있다. 통신의 경우를 예로 들면 중국의 3대 통신사인 차이나모바일(中国移动, 가입자 기준 시장점유율 59%), 차이나유니콤(中国联通, 21%) 및 차이나텔레콤(中国电信, 20%)이 모두 국유회사이다. 매년 중국기업연합회와 중국기업가협회에서 발표하는 '500대 중국기업(中國企業 500强)' 현황을 보면 2020년 기준으로 국유기업이 265개, 민간기업이 235개이다. 국유기업 비중이 절반을 조금 넘는 수준으로 크게 차이가 나지 않는 상황이다.[2] 그러나 매출, 순이익, 총자산 등의 비중을 보면 여전히 중국 상위 500대 기업의 핵심은 국유기업임을 잘 알 수 있다.

---

1) 중국은 1993년 소유와 경영의 분리를 강조하기 위해 이전의 국영(國營)기업이라는 명칭을 국유(國有)기업으로 수정하였다.
2) 10년 전인 2010년 기준으로는 국유기업이 325개, 민간기업이 175개였다.

	기업 수	매출	순이익	총자산
비중(%)	53.0	68.9	64.5	83.0

자료: 中國企業聯合會 & 中國企業家協會.

　2019년말 기준 국유기업은 전체 기업 수의 약 1.3%에 불과하다. 그러나 국유기업의 매출액은 62.6조 위안, 총자산은 233.9조 위안에 달한다.[3] 이는 GDP 대비 63.1% 및 236.1%에 이르는 규모이다. 이는 2013년도 국유기업 매출이 46.5조 위안, 총자산이 91.1조 위안이었던 점을 감안하면 불과 6년 만에 매출은 약 1.3배, 총자산은 약 2.6배 증가한 수준임을 알 수 있다.

　문제는 국유기업의 낮은 경쟁력과 비효율성이 중국경제의 건전한 발전을 저해하는 요인으로 작용할 가능성이 높다는 점이다. 중국 국유기업의 이익은 엄청나다. 2019년 국유기업 순이익은 612조 원(3.6조 위안)에 달하였다. 그러나 이는 국유기업의 수익 창출 능력이 뛰어나서가 아니다. 거대한 중국의 내수 시장에서 정부의 보호와 독점적 지위를 이용해 손쉽게 이익을 얻을 수 있었기 때문이다. 경쟁자가 없는 상황에서 성장하다 보니 이들 국유기업들의 브랜

중국 최대 국영기업인 중국석화(中國石化, SINOPEC)는 석유화학 기업이다. 2020년 Fortune 선정 글로벌 500대 기업 순위에서 미국의 Walmart에 이어 2위의 자리를 차지할 정도로 거대기업이다.

---

3) 그나마 국유기업 총자산 233.9조 위안은 비금융 국유기업만의 자산규모이다. 금융 국유기업 총자산도 199.5조 위안에 달한다.

드 가치나 수익창출 능력은 미흡할 수밖에 없었다. 예를 들어 보자. 2010년 톈진(天津)시는 4개 중소형 철강회사를 합병하여 거대 철강 국유기업인 보하이철강(渤海鋼鐵)을 신설하였다. 이 기업은 2015년 Fortune Global 500 기업의 304위에 이름을 올리는 등 외형적 성장을 지속하였다. 그러나 철강 경기 부진에 따른 수익성 악화와 경쟁력 저하로 2018년 10월 파산하기에 이른다. 당시 부채 규모가 32.6조 원(1,920억 위안)에 이르렀으며 채권을 회수하지 못한 금융기관도 105개에 달했다. 규모는 크지만 수익창출 능력이 빈약한 중국 국유기업의 실상을 대표적으로 보여주는 사건이었다. 우리가 세계적인 브랜드로 떠올릴만한 중국 기업이 거의 없다는 점은 이와 같은 중국 국유기업의 취약한 상황을 잘 반영한다. 매출액 기준으로 세계 100대 기업 중 중국기업이 24개에 이르지만[4] 이 중 글로벌 기업으로서 일반 소비자들에게도 잘 알려진 기업은 민간기업으로서 유일하게 이에 포함된 화웨이(Huawei) 하나 정도만 꼽을 수 있다.

이처럼 중국 국유기업의 경쟁력이 떨어지게 된 것은 이들이 독점적 지위를 보장받음에 따라 원가 및 경쟁의식이 희박한 것에 주로 기인한다. 예를 들어 2016~2018년 중 국유기업의 장기 은행대출 금리는 5.27~5.29% 수준이었다. 이는 같은 기간 민간기업의 6.25~6.31%보다 1%p 이상 낮은 수준이다. 시작부터 불공정한 게임인 셈이다. 그 결과 국유기업 상당수가 지나치게 높은 부채비율을 유지하고 있다. 최근 문제가 되고 있는 과도한 수준의 중국 기업부채 중 약 70%가 국유기업 부채인 것으로 알려져 있다. 또한 기업의 지배 및 관리 구조가 경제적 효율성보다는 정치적 정당성에 더 맞춰져 있는 것도 중요 원인이다. 주요 국유기업 임원과 정부 고위 관료는 동일한 인사 풀(pool)에서 임면된다. 기준도 동일하다. 공산당에 대한 충성도가 으뜸 기준이라는 의

---

4) Fortune, Fortune Global 500, 2020.7. 참고로 한국 기업으로는 삼성전자, 현대자동차, SK 등 3개 기업이 100위 안에 포함되었다.

미이다. 이런 상황에서 국유기업 임원진의 우선 관심 사항은 기관의 효율적 운영이 아니라 국가시책 즉, 공산당의 시책에 부합하는 방향으로의 목표 설정 및 관리가 될 수밖에 없다.

중국 정부도 국유기업 개혁의 중요성을 잘 인식하고 있다. 국유기업 부채 억제, 국유기업 정보공개 확대 및 민간자본 투입 허용 등과 관련된 개혁 조치를 지속적으로 발표하고 있는 점은 이를 잘 보여준다.[5]

그러나 정부의 통제력 유지와 국유자산을 처분할 때의 손해 금지라는 국유기업 개혁 과정상의 기본 전제를 변경하지 않는 한 이와 같은 조치들의 실효성은 매우 떨어진다고 할 수 있다. 예를 들어 보자. 국유기업 중 공공재 성격이 강하고 규모가 커서 정부 부처의 직접적인 관리와 감독이 필요한 기업을 중앙기업(中央企業)이라고 한다. 이들 중앙기업은 2019년 기준 중국 전체 국유기업 매출의 57.4%, 순이익의 63.0%를 차지할 정도로 절대적인 비중을 차지하고 있다. 중국 정부는 이들 중앙기업을 관리 및 감독하기 위해 '국유자산감독관리위원회(国有资产监督管理委员会)'라는 정부 부처를 만들었다.[6] 중앙기업의 수는 2000년대 초반만 해도 200여 개에 이르렀으나 현재는 100개 이하로 감소하였다.[7] 이 수치만 보면 비효율적인 기업이 정리되는 것 같은 모습이다. 그러나 이는 대부분의 경우 우량 국유기업이 부실 국유기업을 합병한 결과로 진정한 의미의 효율성 제고와는 거리가 있다는 비판이다.

또한 국유기업에 막대한 자원이 집중된 상황에서 이 분야의 부정부패 현상이 끊이지 않는 것은 중국 국유기업 개혁이 얼마나 어려운 일

---

5) 「국유기업 혼합소유제 발전에 대한 방안」(2015년 9월), 「국유기업 10대 개혁조치 방안」(2016년 2월), 「국유기업의 부채 억제 강화에 대한 지도의견」(2018년 9월) 등이 대표적이다.
6) 중국의 내각이라 할 수 있는 국무원(国务院) 직속기구 중의 하나이다.
7) 중앙기업의 수는 196개(2003년) → 135개(2009년) → 106개(2015년) → 97개(2020년 6월)로 감소하였다.

인지를 시사한다고 할 수 있다. 2021년에 들어서만도 국유기업 전 임원 2명에 대해 뇌물수수 및 횡령 등의 혐의로 사형 및 무기징역형의 선고가 내려진 바 있다.[8]

중국이 공산당 및 정부의 경제에 대한 통제력을 유지하기 원하는 한 국유기업 개혁은 요원한 일이 될 수밖에 없다는 생각이 든다.

---

8) 화룽자산관리공사(華融資産管理公司) 라이샤오민(賴小民) 전 회장이 1월 5일 사형을, 국가개발은행(國家開發銀行) 후화이방(胡懷邦) 전 이사장이 1월 7일 무기징역형을 각각 선고받았다.

중국경제의 과제 2

– 부채 축소

버는 것보다 쓰는 것이 더 많은 가계는 빚을 질 수밖에 없게 되고 이러한 상황이 지속된다면 마침내 파산하게 될 것이다. 국가도 물론 마찬가지이다. 1998년 러시아의 모라토리엄(moratorium)[1] 사태가 대표적이다.

중국경제도 빚이 너무 많은 것 아니냐, 즉 그동안의 경제성장과정에서 부채가 과도하게 축적된 것 아니냐는 비판이 지속적으로 제기되어 왔다. 특히 과거에는 기업부채에 비판의 초점이 모아졌다면 최근에는 가계부채에 대한 문제의식이 높아지고 있는 상황이다.

그동안 중국경제의 부채 특히 기업부채가 급증했던 이유는 투자중심의 급속한 경제성장 과정에서 과도하게 신용공급이 늘어났기 때문이다. 예를 들어 중국경제가 급속한 경제성장을 이룬 2000년~2010년 중 연평균 경제성장률은 10.4%를 기록했다. 반면 같은 기간 총통화(M2) 증가율은 17.8%에 달하였다. 물가상승률을 감안한다 해도 실물경

---

1) 채무지불 유예. 국가나 지방자치단체 등이 만기 채무에 대해 일방적으로 상환을 미루는 행위를 의미한다.

제 성장보다 훨씬 많은 양의 유동성(돈)이 공급된 것을 알 수 있다. 결국 이렇게 급증한 유동성은 부동산가격 상승 및 과잉투자를 초래하게 되었다.

국제결제은행(BIS)에 의하면 2015년말 기준 중국의 '신용갭(credit to gdp gap)'이 25.4%p에 달해 기준(10%p)을 크게 상회하는 것으로 나타났다. 여기에서 신용갭이란 비금융부문의 현재 부채비율과 장기추세와의 차이로, 이 수치가 높다는 것은 현재의 부채비율이 과거 추세에서 벗어난 정도가 큼을 의미한다. 2015년 기준으로 중국의 신용갭은 당시 조사대상 43개국 중 가장 높은 수준이었다. 과거에 신용갭이 높았던 국가들, 즉 급속한 신용팽창을 경험한 국가들은 예외 없이 금융위기에 빠졌던 사례들을 감안할 때 중국도 위험하다는 지적이 많았다. 특히 급증한 기업부채 문제가 한계기업 구조조정 등에 따라 심화되면서 중국 경제 위기의 도화선(trigger)으로 작용할 수 있다는 우려가 컸다.

GDP대비 기업부채 비율도 2010년의 117.8%에서 2015년 158.4%, 2017년은 156.4%까지 상승하였다. 거의 글로벌 최고 수준이다. 결국 중국 정부는 2017~18년 중 재고조정(destocking)과 부채축소(deleveraging) 노력을 통해 기업부채를 어느 정도 감소시킬 수 있었다. BIS의 신용갭이 2018년 0.4%p, 2019년 −2.1%p까지 하락하였던 것은 중국 정부의 부채조정 과정이 비교적 순조롭게 진행 중이었음을 의미한다. 다만 이 과정에서 명목상의 수치 변화 이면에 있는 실질적인 위험 증가를 지적하는 의견도 많았다. 예를 들어 중국의 은행들이 기업부채 축소를 위해 기존의 기업대출액 중 일부를 출자로 전환하는 조치를 취하였는데 향후 기업부실이 발생할 경우 은행의 손실도 따라서 증가할 가능성이 있다는 지적이다.

더 큰 문제는 2020년의 코로나19 사태로 경기부진이 심화되면서 부채축소라는 정책기조가 바뀌었다는 점이다. 적극적인 경기부양을 위한 통화·재정정책 확대로 다시 신용갭과 기업부채비율이 증가하는 추세로 전환된 것이다. 2020년 6월 기준으로 신용갭은 다시 10.6%p로 급등하였으며 기업부채 비율은 162.5%로 증가하였다.

중국의 신용갭과 기업부채/GDP 비율

	2010	2015	2016	2017	2018	2019	2020.6
신용갭(%p)	-	25.4	20.8	11.8	0.4	-2.1	10.6
기업부채/GDP(%)	117.8	158.4	159.5	156.4	149.1	149.4	162.5

자료: BIS.

기업부채 문제는 과잉설비산업 조정, 국유기업 개혁, 은행 건전성 등과 연계되어 있는 복합적인 성격을 지닌 사안으로 중국경제의 가장 취약한 부분 중 하나라고 할 수 있다. 더구나 아직 높지 않은 수준으로 평가되는 은행권 무수익여신비율(NPL)도 기업부채의 상당 부분이 누락된 것으로 추정되는 상황이다. 2020년말 현재 중국 상업은행의 공식 무수익여신비율은 1.84%이지만 주요 기관들은 실제 비율이 이보다 최소 3배 내지는 최대 10배 수준 높을 것으로 추정하고 있다. 이와 같은 추정은 부실위험에 대한 과소평가와 고위험 대출의 만기연장 등을 감안할 때 현재는 무수익여신에 포함되지 않는 요주의(關注) 대출의 상당 부분이 무수익여신으로 분류되어야 한다는 주장 등을 바탕으로 한다.[2]

한편 급증한 모기지대출로 인해 최근 몇 년 사이 급팽창한 가계부채 문제도 잠재적인 리스크 요인으로 지목된다. 현재 중국 가계 총자산의 약 70%가 부동산이며, 가계 총부채의 약 50%가 모기지대출이다.[3] 빚을 내어 주택을 구입한 가계의 부담이 작지 않다는 의미이다. 아직은

---

[2] 현재 중국 은행업은 대출을 정상(正常), 요주의(關注), 고정(次級), 회수의문(可疑), 추정손실(損失)의 5단계로 구분하고 고정 이하를 무수익여신으로 분류한다. 2020년말 기준으로 요주의 채권 비율은 2.57%였다.

[3] 新浪財經, 2020.1.15.

GDP대비 비율로 평가한 중국의 가계부채 수준이 다른 국가와 비교할 때 높지 않다. 2020년 6월말 기준 비율이 59.1%이다. 이는 주요국 및 글로벌 평균(63.7%)보다 낮은 수준이다. 그러나 신흥국 평균(45.2%)보다는 높으며 특히 10년의 짧은 기간에 2배 이상의 수준으로 증가한 그 속도가 문제이다.[4]

가계부채/GDP 비율(2020년 6월)

	중국	한국	미국	일본	글로벌 평균	신흥국 평균
가계부채/ GDP(%)	59.1	98.6	76.2	63.7	63.7	45.2

자료: BIS.

중국 은행들의 전체 신규 대출액에서 모기지대출이 차지하는 비중은 지난 10년간 10% 내외에서 30%대로 급증하였다. 또한 중국 가계부채의 급증은 가처분소득 대비 가계 총부채 비율을 나타내는 '가계부채수입비율' 추이를 통해서도 잘 알 수 있다. 2013년 79.7%에 그치던 이 비율은 2018년 121.6%까지 증가하였다. 중국 가계부채의 급증 현상은 그동안 주로 자기 자금을 이용하여 주택을 구입하던 중국 가계들이 점차 금융권의 레버리지를 활용하기 시작하였음을 의미한다. 이는 많은 중국인들이 지속적인 주택가격의 상승 추세 속에 부동산이 지닌 자산으로서의 중요성을 점점 더 인식하고 있음을 시사한다.

이처럼 급증한 가계부채는 소비를 제약하는 요인으로 작용하고 있다. 2013년 기준으로 도시가계 주민의 가처분소득 대비 소비 비중은 69.9%였다. 그러나 2020년에는 이 비중이 61.6%로 감소하였다.[5] 이는

---

4) 2010년 중국의 GDP대비 가계부채 비율은 27.3%에 불과하였다(BIS).
5) 中國國家統計局, 2021.1.19. 도시가계 주민 가처분소득은 약 750만 원(43,834위안), 소비지출은 약 460만 원(27,007위안)이었다.

도시가계의 소비여력이 감소하였음을 의미하는데 이에 대한 한 가지 가능한 해석은 이처럼 감소한 부분은 모기지 대출의 원금 및 이자 상환에 사용되었을 것이라는 점이다.

한편 중국의 부채와 관련하여 또한 빈번하게 언급되는 것이 지방정부의 부채문제이다. 2020년 6월말 현재 중국의 정부부채는 9,826조 원(57.8조 위안)으로 GDP대비 비율은 57.8%이다. 문제는 이 공식적인 정부부채에는 지방정부공사(LGFV: Local Government Financial Vehicle)의 부채가 포함되어 있지 않다는 점이다. 지방정부공사는 지방정부가 부족한 재정수입 확충을 위해 설립한 일종의 페이퍼컴퍼니이다. 지방정부는 국가 전체 재정수입에서 차지하는 비중이 50% 내외이지만 전체 재정지출의 85% 내외를 담당하고 있다. 수입과 지출의 불균형이 심한 상황인 것이다. 더구나 2014년 8월 예산법이 개정되기 전에는 재정건전성을 확보한다는 명분으로 지방정부채권 발행도 원칙적으로 금지되었다. 자체수입으로 재정을 운용하기 곤란한 상황하에서 지방정부는 중앙정부 교부금이나 토지사용권 판매대금 등에 의존할 수밖에 없었다. 그러나 이것만으로는 부족하였던바, 실질적으로는 지방재정의 역할을 하지만 형식적으로는 민간기업의 형태를 지닌 기업을 설립하게 되었으며 이것이 지방정부공사였다.

지방정부공사는 은행대출시 지방정부의 암묵적 보증을 받는 등 특혜를 받으면서 방만한 운영으로 인한 문제를 노출하였다. 이들의 부채가 급증하게 된 배경이다. 2019년말 현재 약 70만 개의 지방정부공사가 있는 것으로 추정되고 있다. 이들의 부채를 포함할 경우 지방정부부채는 현재의 20조 위안이 아니라 30~40조 위안에 이른다는 것이 많은 연구기관들의 추정이다. 이는 중국의 정부부채가 공식적인 수치보다 최소 50% 정도는 더 많고 이에 따른 취약성도 크다는 점을 염두에 두어야 한다는 의미이다.

과잉부채문제가 단기간 내에 중국경제에 위기를 초래할 가능성은 크

중국의 총부채(기업부채 + 가계부채 + 정부부채) 합계는 2020년 6월 기준으로 이미 GDP의 270%를 초과하였다. 여기에 지방정부가 재정수입 확충을 위해 설립한 일종의 페이퍼컴퍼니인 지방정부공사(LGFV)의 부채를 더할 경우 300%를 넘을 것으로 추정되고 있다.

지 않다. 이는 중국 정부의 정책여력과 통제 능력이 아직 충분하다고 판단하기 때문이다. 다만, 제반 대응책 준비에 소홀할 경우 리스크의 현실화 가능성을 완전히 배제할 수는 없다.

한편 과잉부채로 인한 리스크 회피를 위해 부채축소 노력에 집중하던 지난 몇 년간의 중국 정부 노력은 2018년부터 진행중인 미·중 무역전쟁 상황과 2020년에 터진 코로나19 사태로 인해 더 이상 지속하기 어려운 상황으로 내몰리고 있다. 대내외 불확실성이 가중되고 있기 때문이다. 성장률 하락과 이로 인한 고용 압력은 장기적인 성장 여건 조성을 위한 부채축소 노력을 잠시 중단하거나 연기하는 요인으로 작용할 수밖에 없다. 결국 단기적 성장 하방 압력을 얼마나 견뎌내면서 체질 개선을 위한 고통을 감내할 것이냐의 문제로 귀결된다.

부채 축소 및 관련 리스크 완화는 중국경제의 성장구조 및 방식의 전환 과정에서 필수적인 과제이다. 향후 중국경제가 효율성 및 금융안정을 유지하는 가운데 지속 가능한 성장을 이어갈 것인지 여부가 상당부분 이 문제와 직결되어 있다고 하겠다.

중국경제의 과제 3

– 부동산시장 안정

    지금이야 아들 선호 사상이 거의 사라졌다고 하지만 우리나라에서는 과거에 대를 잇는다는 명목하에 아들을 낳는 것을 필수로 여긴 적이 있었다. 중국도 마찬가지였다. 그 결과 남녀 출생성비는 지속적으로 불균형 현상을 나타내 왔다. 남녀 출생성비는 출생시의 여성 100명당 남성의 수를 의미하는 데 통상 103~107을 정상으로 본다. 그런데 중국은 오랫동안 이 수치가 110을 넘었다. 특히 '한 자녀 정책'의 영향[1]으로 인해 2000년대 이후 출생자를 대상으로 하면 남녀 성비가 118에 이른다. 이는 향후 3,000만 명 이상의 남성들이 배우자감을 찾기 어렵게 된다는 의미이다. 이들은 매력적인 배우자감이 되기 위해 다양한 노력을 할 것이고 그 중 대표적인 것이 자신의 집을 소유하는 것이다. 결국 주택 소유를 위해 집의 노예(팡누, 房奴)[2]가 되는 남성들은 점점 증가할

---

[1] 한 자녀 정책은 1980년 9월부터 2015년 10월까지 실시되었다. 당시 한 자녀 정책 위반시 벌금은 지역마다 달랐으나 대도시의 경우 일반 서민들이 감당할 수 없는 수준인 3,400만 원(20만 위안)에 달할 정도로 엄격하였다(마이클 센델, 돈으로 살 수 없는 것들, ㈜미래엔, 2012).

[2] 대출을 받아 무리하게 주택을 구입한 후 이를 상환하기 위해 평생에 걸쳐 극도의 내핍생활을 하면서 대출금을 갚아 나가야 하는 사람들을 의미한다.

房奴

팡누(房奴, 집의 노예)는 대출금 상환 부담으로
인해 극도의 내핍 생활을 감내해야 하는 대출
자들을 가리키는 신조어이다.

수밖에 없을 것이다. 중국 부동산시장의 중요한 변수 중의 하나이다.

어느 나라이건 부동산시장 안정은 거시경제의 안정을 위한 필수 불가결한 요건 중 하나이다. 의식주 문제의 해결은 고금을 통해 변하지 않은 가장 기본적인 경제과제이기 때문이다. 중국의 부동산시장도 마찬가지이다.

사회주의 계획경제로 출발한 중국에서 부동산시장이 본격적으로 형성된 것은 아직 20년이 채 되지 않았다. 1998년 7월에서야 중국 정부는 주택의 무상분배 제도를 공식 종결하였으며 주택의 매매가 가능해진 것은 2003년 이후이다.[3] 짧은 역사에도 불구하고 중국의 부동산시장은 경제성장에 따른 지속적인 초과 수요, 금융시장의 미성숙으로 인해 마땅한 대체 투자처를 찾지 못한 막대한 유동성 자금 유입[4] 등으로 그동안 폭발적인 상승 추세를 유지해 왔다. 이러한 배경하에 가계뿐만 아니라 기업들도 본업 이외에 부동산 투자에 열중하는 모습을 보여왔다. 예를 들어 2019년 9월 기준으로 A주 상장사 3,743개 중 48.8%에 해당하는 1,826개 기업이 투자용 부동산을 보유하고 있는 것으로 나타났다. 이들이 보유한 부동산 시가만 221조 원(1.3조 위안) 규모이다.[5]

다만 중국 부동산시장은 그동안 기본적인 상승 추세 속에서도 급등

---

3) 1949년 중국 건국 이후 이때까지 주민들에게 무상으로 분배하던 주택은 '복지주택(福利房)'으로 불렸으며, 2003년에 등장한 매매 가능한 주택은 '상품주택(商品房)'이라고 불린다.

4) 26개 성 3만 가구의 조사결과 도시가계 총자산의 71.4%가 부동산인 것으로 나타났다(經濟日報社·中國經濟趨勢研究院, 2019.10.30). 이는 중국 가계 부(富)의 부동산 쏠림 현상을 잘 보여준다.

5) 李迅雷, 2020年能否穩住房地産, 新浪財經, 2019.12.23.

락의 반복이라는 특징을 함께 나타냈다. 이렇게 중국 부동산시장이 급등락을 반복하였던 데에는 부동산시장이 정부 정책에 따라 큰 영향을 받는 정책시장(政策市場)의 성격을 강하게 띠고 있기 때문이다. 즉, 경기 호황 여부와는 관계없이 기본적으로 중국의 부동산시장은 상승세를 유지해 왔으나 가격급등에 대한 우려로 정부가 규제정책을 시행할 때마다 일정기간 둔화되는 추세를 반복해 왔다고 할 수 있다.

그동안 중국 부동산정책은 대도시 중심으로 형성된 부동산 버블 억제라는 목표와 성장엔진으로서의 부동산 경기 부양이라는 목표, 이 둘 간의 균형을 조화시키기 위한 노력으로 약 2~3년을 주기로 변화되어 왔다. 이와 같이 상충되는 두 가지 목표가 생겨난 것은 근본적으로 부동산시장의 2중적 성격에 기인한다.

우선 대도시 지역의 주택난, 결혼과 주택보유와의 관련성에 대한 문화적 관념,[6] 주택보유 여부에 따른 자산가격 불평등 등을 감안할 때는 부동산시장 안정이 필요하다. 부동산시장 안정이 사회통합과 질서유지에 필수적인 요소인 셈이다. 대도시 지역의 주거 부담으로 인해 서족(鼠族, Rat Tribe)이라는 말까지 생겨났다. 이는 예전에 방공호로 지어진 지하 공간에서 거주하는 베이징의 시민들을 뜻하는 데 백만 명에 이르는 것으로 추정된다.[7]

반면 경제성장을 위해서는 관련 산업이 많고 고용 인원도 많은 부동산시장을 부양할 필요성이 있다. 부동산업이 GDP에서 차지하는 비중이 11%에 달한다는 연구결과도 있다.[8] 2003년에 중국 국무원이 부동산업을 국민경제의 중추적 산업으로 규정했던 것은 경제성장을 위한

---

6) 성비가 높은 중국에서 남성의 결혼 조건 중 최우선적인 필수 조건 두 가지가 주택 및 대도시 호적 보유라는 말이 있다.
7) 이들은 지상 월세 비용의 절반인 436위안(약 7만 원)의 수준으로 지하 방을 얻고 부엌과 욕실을 공동으로 사용하는데, 80명의 세입자가 화장실 하나를 함께 쓰는 경우도 있었다(지야 통, 리얼리티 버블, 코쿤북스, 2021).
8) 华创证券, 房地产及产业链对 GDP 的影响分析 : 大比重却小贡献, 弱市下维稳为先, 2017.1.

부동산업의 역할과 중요성을 배경에 둔 것이다. 특히 지방재정의 부동산시장에 대한 높은 의존성을 감안하면 더욱 그러하다. 현재 중국의 지방정부는 지방재정 수입의 약 1/4을 '토지사용권 판매대금(土地出讓金)'에 의존한다.[9] 이는 택지개발 용지의 일정 기간 사용권을 지방정부가 부동산 개발업체들에게 경매형식으로 판매해 얻는 수입을 지칭한다. 중국에서 토지는 기본적으로 국가가 보유하며 개인은 일정기간의 사용권만을 가질 수 있음으로 인해 존재하는 제도이다. 그런데 이 수입은 부동산시장 활황 여부에 큰 영향을 받는다.

결국 이와 같은 상반된 두 가지 입장이 공존함에 따라 중국 부동산시장은 그동안 등락을 반복해 왔던 것이다. 2014~15년 중 부진했던 부동산시장이 일련의 규제완화정책에 따라 2016~17년 중 회복세를 보인 것은 대표적이다. 그러나 2018년 이후 버블 논란이 재연되고 모기지대출 급증에 따른 리스크 우려가 제기되자 중국 정부는 다시 규제 방향으로 선회하였으며 2021년 현재도 이 기조는 기본적으로 유지되고 있다. 대표적인 규제정책인 부동산대출 제한 정책을 보자. 2016년 부동산 신규 대출액은 969조 원(5.7조 위안)으로 전체 신규 대출에서 차지하는 비중이 44.8%에 달한 바 있다. 그러나 이후 꾸준히 감소하면서 2020년 이 비중은 26.5%까지 감소하였다. 2021년 1월부터 실시하고 있는 부동산대출 집중관리제도[10] 또한 투기 억제를 위한 중국 금융당국의 노력을 보여주는 대표적인 조치이다. 이는 은행 규모별로 전체 부동산대출 및 개인모기지대출 비중의 상한 비율을 설정하여 관리하는 제도이다. 대형은행은 부동산대출 비중을 전체 대출의 40% 이내, 개인모기지대출은 32.5% 이내, 중형은행은 각각 27.5% 및 20% 이내로 관리하는 것 등을 주요 내용으로 한다.

---

9) 토지사용권 판매제도는 1987년 12월 선전시에서 최초로 실시되었다.
10) 中国人民银行 & 中国银行保险监督管理委员, 于建立银行业金融机构房地产贷款集中度管理制度的通知, 2020.12.31.

중국 부동산 신규 대출액·비중 및 대출잔액

	2016	2017	2018	2019	2020
신규 대출액(조 위안)	5.7	5.6	6.5	5.7	5.2
전체 신규 대출액 중 비중(%)	44.8	41.5	39.9	34.0	26.5
대출잔액(조 위안)	26.7	32.2	38.7	44.4	49.6

자료: 中國人民銀行, 金融機構貸款投向統計報告 2016~2020年.

현재 중국 부동산시장은 도시간 불균형, 급증하는 공실률 및 유령도시, 택지공급 부족 등의 문제에 직면해 있다. 현재 중국의 대도시라 할 수 있는 1·2선 도시는 수요초과 및 가격버블 현상이, 중소도시인 3·4선 도시는 투자과잉 및 재고누적 현상이 나타나면서 이중적인 어려움에 처해 있는 상황이다.[11] 또한 자금 부족에 따른 공사중단이나 수요 예측 실패로 입주자가 거의 없게 되면서 발생한 유령도시(鬼城) 문제는 무분별한 부동산투자로 인한 자원의 낭비를 잘 보여주는 현상이다.[12] 한편 최소한의 경작지 확보정책[13] 등으로 특히 대도시 지역의 경우는 택지가 부족한 상황이다.

이와 같은 점을 감안할 때 향후 중국 부동산시장은 규제 및 완화정책이 병존할 전망이다. 1·2선 도시에서의 대출 및 구매 제한정책이 지속되는 가운데, 3·4선 도시에서는 부동산 관련 세금 인하 및 농민공에 대한 주택구입 지원 등의 부양정책이 시행될 것으로 보인다. 다만, 과거와 같이 단기적으로 부동산시장 규제 완화를 통한 경기부양 방법은

11) 통상 1선 도시는 베이징, 상하이, 광저우, 선전 등 4개, 2선은 난징, 시안 등 성도(省都) 중심으로 15~30개, 3선은 쿤밍, 우루무치 등 20~40개, 4선은 나머지 도시를 지칭한다. 다만 이와 같은 도시 구분은 실무에서의 편의상 구분일 뿐 중국 정부의 공식적인 입장은 아니다.
12) 현재 중국에는 약 50개 이상의 유령도시가 존재하는 것으로 추정된다.
13) 중국 정부는 18억 무(畝)(1.2억 헥타르)의 농경지 하한선(전 국토의 12.5%)을 정하고 있는데, 현재 농경지 면적은 약 18.3억 무로 거의 한계에 다다른 상황이다.

더 이상 사용되지 않을 것으로 예상된다. 부동산시장 버블 붕괴에 따른 위기 가능성이 점점 커지는 상황에서 중국 정부도 연착륙을 위해서는 점진적인 조정과정이 필요하다고 판단하고 있기 때문이다. 2019년 7월 중앙정치국(中央政治局)[14] 회의 등에서 '부동산을 단기적 경기부양 수단으로 더 이상 사용하지 않을 것'임을 공식 천명한 것은 이를 상징적으로 보여주는 사건이었다.

　결국 중국 정부가 바라는 것은 부동산시장이 지속적으로 완만하게 상승세를 보이되 급등하지는 않는 것이다. 이게 쉽지는 않지만 말이다. 중국이나 우리나라나 참 어렵고 말도 많은 부동산시장이다.

---

14) 중앙정치국은 중국공산당의 최고위 정책 기구로 주요 당론 및 국가정책을 결정한다. 월 1~2회 개최되며 주석, 총리 및 부총리 등 25명으로 구성된다.

중국경제의 과제 4

– 소득 불평등 개선

   오늘날 G2 국가로 일컬어지는 미국과 중국은 상이한 정치·경제 시스템을 지니고 있음에도 불구하고 공통점이 많다. 우선 국토의 크기가 비슷하다. 미국은 9.8억 헥타르, 중국은 9.6억 헥타르로 각각 세계에서 세 번째 및 네 번째로 큰 국가들이다. 또한 두 국가 모두 패권국가적 성격을 지니고 있으며 베트남과의 전쟁 경험이 있다는 점도 공통이다.[1] 그리고 또 하나의 공통점이 있으니 바로 소득 불평등이 매우 심한 국가라는 점이다. 양 국가 모두 소득분배의 불평등 정도를 나타내는 대표적인 지수인 지니계수(Gini Coefficient)[2]가 0.5 내외 수준에 이른다.

   평등을 중시하는 사회주의 국가인 중국의 소득 불평등이 심각한 상

---

[1] 미국은 1960~1975년, 중국은 1979년에 각각 베트남과 전쟁을 치렀다. 월남전의 승패야 이미 아는 것이니 논외로 한다면, 중국과 베트남의 전쟁도 사실상 베트남의 승리라는 평가이다. 중국은 승리를 선언하며 철군했지만 막대한 손실만 입은 채 아무 소득이 없었기 때문이다.

[2] 지니계수는 이탈리아 통계학자 지니(Gini)가 소득분배상태를 파악하기 위해 만든 것으로 소득분배가 완전히 균등할 경우 0의 값을, 완전히 불균등할 경우 1의 값을 가진다. 클수록 소득분배가 불균등함을 의미한다(한국은행, 2018).

황이라는 것은 어찌 보면 아이러니이다. 하지만 그동안 중국이 경제성
장과정에서 취해 온 전략과 제도적 미비점을 살펴보면 수긍이 가는 점
이 없지 않다. 중국이 개혁개방 이후 경제개발을 추진하면서 시행한 대
표적 전략 중의 하나가 소위 '선부론(先富論)'이었다. 이는 간단히 말해
일정 지역, 계층을 먼저 개발하고 지원하여 부(富)를 창출한 후에 점차
이를 다른 지역, 계층으로 확대한다는 것이다. 그리고 이때 먼저 개발
한 지역이 동남부의 화동(華東)지방3)이었으며, 계층은 대도시 주민들이
었다. 개혁개방 정책이 우선 실시된 동남 연해지역의 발전 속도가 여타
지역을 압도한 가운데, 호적제도로 인해 도·농간 이동도 극히 제한적
인 상황에서 지역간 및 계층간 불평등의 발생은 필연적이었다. 또한 국
가자본주의(state capitalism)하에서 국유기업들이 자원 배분권과 경제적
실익을 독점하며 민간부문이 상대적으로 취약한 상황에서 국유부문으
로의 자원집중 현상도 당연한 것이었다.

중국의 상위 10% 인구 소득이 전체 소득에서 차지하는 비중

	1978	1985	1990	1995	2000	2005	2010	2015	2019
비중(%)	27.2	29.5	30.4	33.6	35.6	41.9	42.6	41.4	41.4

자료: World Inequality Database.

이처럼 고속 경제성장 과정에서 심화된 계층간, 지역간, 도·농간, 국
유·민간 부문간 소득 불평등 문제는 중국경제의 대표적인 취약점 가운
데 하나라는 지적을 받고 있다. 1984년 0.227에 불과했던 중국의 지니
계수는 2017년 0.467까지 상승하였다.4) 이는 일반적으로 사회안정을
저해하는 수준으로 간주되는 0.4를 크게 넘는 수준이다. 또한 상위

---

3) 상하이(上海), 산동(山東), 장쑤(江蘇) 및 저장(浙江) 성을 중심으로 한 지역이다.
4) 2018년 이후 중국 정부에서 지니계수를 발표하지 않고 있다. 수치가 악화된 것
   을 감추기 위한 의도가 아니냐는 의심이 드는 대목이다.

10%의 인구 소득이 전체 소득에서 차지하는 비중도 1978년의 27.2%에서 2019년은 41.4%까지 상승하였다.[5]

이러한 불평등 양상은 도농, 직업 및 지역별로도 뚜렷하게 나타나고 있다. 예를 들어 2019년 도시주민 1인당 가처분소득은 42,359위안, 농촌주민 가처분소득은 16,021위안으로 전자가 후자의 2.6배였다. 이같은 결과는 생산요소의 생산성 문제와도 관련된다. 농업이 GDP에서 차지하는 비중이 7%에 불과하지만 노동력의 27%가 농업에 종사하는 상황에서 농업 노동력의 재배치문제가 선결되지 않는 한 도·농 소득 차이는 해결하기 쉽지 않은 문제이다. 한편 5분위 소득분배상으로는 상위 20% 가처분소득이 76,401위안, 하위 20% 가처분소득이 7,380위안으로 전자는 후자의 10.4배에 달하였다. 지역별로도 중국의 소득 불평등 상황은 극명하다. 2019년 기준으로 중국의 1인당 평균 가처분소득은 30,733위안이었다. 그런데 31개 성(시)중 이 평균 수준을 넘는 지역은 상하이, 베이징 저장 등 단 9개에 불과하였다. 특히 최상위 상하이(上海, 69,442위안)와 최하위 간쑤(甘肅, 19,139위안) 간의 소득차이는 3.6배에 달한다.

중국 1인당 평균 가처분소득 상하위 3개 지역(2019년)

지역	상위 3개			하위 3개		
	상하이 (上海)	베이징 (北京)	저장 (浙江)	간쑤 (甘肅)	씨짱 (西藏)	구이저우 (貴州)
가처분소득(위안)	69,442	67,756	49,899	19,139	19,501	20,397

자료: 中國國家統計局.

한편 이러한 소득 불평등은 연금제도에서도 그대로 나타나고 있다.

---

5) 한편 자산의 경우는 상위 10%의 집중도가 더 심한데, 1980년 40.8%였던 상위 10% 인구의 자산 비중이 2015년은 67.4%까지 증가하였다.

도시지역 취업자들이 재직 중 일부를 납입하고 퇴직 후 받는 기본도시
연금 시스템상의 수혜자 약 1억 명이 2016년 받은 월평균 연금 수령액
은 약 44만 원(2,600위안)이었다. 반면 도시 및 농촌 지역 거주자들 모
두에게 일반적으로 적용되는 국가연금 시스템상의 수혜자 약 1.5억 명
의 월평균 연금 수령액은 약 2만 원(117위안)에 불과하였다.[6] 그야말로
명목상의 금액에 불과한 셈이다.

다만 최근 인구사회학적 관점에서 중국 노동자들의 남녀간 소득 격
차가 축소되는 모습을 보이고 있다는 점은 그나마 긍정적인 요인이다.
2011년 남성노동자 평균 임금의 78.5%이던 여성노동자 평균 임금은
2017년 80.0%로 상승하였다. 특히 16~24세의 경우는 같은 기간에
79.5%에서 90.4%로 상승하였다. 경제·사회 발전에 따라 적어도 남녀
간 소득 격차는 점차 완화되고 있는 것이다.[7]

지속적 경제성장을 통한 절대빈곤 상태에서의 탈출이 지상과제였던
중국은 그동안 소득 불평등문제는 크게 이슈가 되지 않았다. 그러나 소
득수준 상승에 따라 이제는 달라지고 있다. 평등문제가 점차 중요해지
기 시작한 것이다. 2019년 중국의 1인당 GDP는 10,262달러에 달하였
다. 중국도 이제는 절대적 빈곤이 아니라 상대적 빈곤이 중요한 시기에
들어서고 있다.[8] 이는 소득 불평등문제가 중국의 정치·사회적 불안요
인으로 작용할 가능성이 점차 커지는 상황이 도래하였음을 의미한다.

---

6) The Economist, Heroic, expendable, November 30th, 2019.
7) X.Y. Dong & V.M. Joffre, Inclusive Growth in the People's Republic of
China, ADB East Asia Working Paper Series No.23, 2019.11. 그러나 소득 격
차 축소에도 불구하고 중국의 남녀 평등도는 낮은 수준이다. 중국 여성들은 비
교적 높은 경제활동참가율(70.3%)에도 불구하고, 남성들에 비해 2.98배 많은 시
간을 가사 및 육아에 투자하고 있는 것으로 나타났다. 물론 이는 남성들에 비해
4.82배 많은 시간을 쏟고 있는 한국 여성들보다는 양호한 상황이다.
8) 그러나 이 말이 더 이상 절대빈곤이 문제가 되지 않는다는 의미는 아니다. 리커
창(李克强) 총리는 중국인들 연평균 수입이 3만 위안에 달하지만, 아직도 6억 명
의 국민들 월수입이 1천 위안 이하라고 언급하여 빈곤문제의 심각성을 다시 한
번 상기시킨 바 있다(2020.5.28).

중국 정부도 소득 불평등문제를 방치할 경우 체제안정이 위협받을 수 있다는 판단하에 다양한 정책을 실시중이며 그 추세 또한 가속화될 전망이다. 서부대개발 정책 등을 통해 낙후된 내륙지역 개발에 노력하면서 교육, 투자 등 다양한 부문의 혜택을 동 지역에 집중하고 있는 것은 그 한 예이다.[9] 또한 국유기업 임원 평균 연봉이 전체 직원 평균 연봉의 8배를 초과하지 못하도록 규정[10]하는 등의 미시적인 조치도 아울러 시행하고 있다.

소득 불평등문제는 단기간에 쉽게 해결할 수 있는 문제가 아니다. 그동안의 성장시스템, 누적된 사회구조적 모순, 기득권 세력의 저항 등이 얽혀 있는 문제이기 때문이다. 특히 농민공 처우 개선, 국유기업 기득권 철폐, 대도시 집중에 따른 부동산문제, 조세의 역진적 성격 등은 해결이 쉽지 않은 대표적인 과제들이다. 무엇보다 막대한 재정을 필요로 한다는 점에서 성장과 분배의 균형을 이루기 위한 묘안이 요구되는 시점이다.

그나마 다행이라면 중국은 미국과 비슷한 수준의 소득 불평등 수준을 보이고 있지만 세대 내 이동성은 더 높다는 점이다. 이는 기회의 땅이라는 미국보다 중국이 밑바닥에서 위로 올라 성공

중국의 실크 가공공장 모습. 임금 체불 등 농민공 관련 문제는 소득 불평등과 관련하여 중국사회가 해결해야 할 가장 중요한 과제의 하나이다.

9) 졸업 후 낙후된 내륙지역에서 일정기간 교사로서 근무할 것을 약정한 사범대학 생들의 수업료를 면제해 주는 조치가 한 예이다.
10) 国有企业薪酬管理规定.

할 가능성이 더 큰 국가라는 의미이다.[11]

　마지막으로 경제적 불평등과 관련하여 개인의 심리적 차원에서도 문제가 발생할 수 있다는 연구결과를 하나 소개한다.[12] 바로 경제적 불평등이 개인의 '자기 고양(self-enhancement)'을 심화시킨다는 것이다. 여기에서 자기 고양이란 객관적 평가와 상관없이 자기 자신을 평균적인 사람보다 더 좋게 인식하는 자기인식 편향(self-perception biases)의 일종이다. 이는 자기 스스로를 실제보다 훌륭하고 우월한 자로 지각하는 상태를 말한다. 로난(S. Loughnan) 교수 등은 한·중·일을 포함한 글로벌 15개국의 지니계수와 그 나라 국민의 자기 고양 정도를 조사한 결과 개인주의와 집단주의와 같은 문화적 특징보다도 소득 불균형이 자기 고양에 더 큰 영향을 미친다는 결과를 얻었다.[13] 이는 소득이 불균등한 나라일수록 경제적 불평등으로 인한 경쟁이 심화되고, 사람들은 경쟁에서 이기기 위해 무의식적으로 자기 고양의 모습을 지니게 되기 때문이다. 지위 불안과 경쟁 심화가 사회안정을 저해하는 결과를 초래하게 되는 것이다.[14] 한편 이 연구에서는 비슷한 지니계수를 지닌 미국과 중국 가운데 미국인들의 자기 고양 정도가 더 높은 것으로 나타났다. 이와 같은 연구결과는 경제적 불평등이 제도적 문제일 뿐만 아니라 개인의 심리적 안정에도 영향을 미치는 본질적인 문제가 될 수 있음을 보여주는 사례라 하겠다.

---

11) 마이클 센델, 공정하다는 착각, 와이즈베리, 2020.
12) Steve Loughnan et al, Economic Inequality Is Linked to Biased Self-Perception, Psychological Science, September 2011.
13) 한국, 중국, 일본, 싱가포르, 벨기에, 에스토니아, 독일, 헝가리, 이탈리아, 스페인, 남아프리카, 호주, 페루, 베네수엘라 및 미국의 1,625명을 조사한 결과였다. 지니계수가 낮고 자기 고양 수준도 낮은 국가는 일본과 독일 등이, 지니계수가 높고 자기 고양 수준도 높은 국가는 페루 및 베네수엘라 등이 꼽혔다.
14) 김병수, 마음의 사생활, 인물과 사상사, 2016.

중국경제의 과제 5

- 환경 및 에너지 문제 대응

20여 년 전 저자가 신혼여행을 떠났던 몰디브(Maldives)는 그 당시만 해도 우리나라에는 그렇게 널리 알려진 관광지가 아니었다. 휴양지로 천혜의 자연조건을 지닌 몰디브는 이후 점차 유명해지면서[1] 이제는 상당히 많은 관광객들이 찾는 곳이 되었다. 그런데 1,200여 개의 섬으로 이루어진 몰디브의 많은 지역이 점차 가라앉고 있다고 한다. 주요 원인이 지구온난화에 따른 해수면 상승의 영향 때문이라는 말이 들린다.

환경은 이제 글로벌 최대 화두 중의 하나이다. 환경문제는 생산 및 소비과정에서 삶의 질 유지와 지속 가능한 성장을 위해 반드시 고려해야 하는 필수 요소가 되었다. 코로나19로 인해 경제활동이 위축되자 지구환경이 눈에 띄게 개선되었다는[2] 뉴스는 우리 인류가 얼마나 환경을 위협하면서 살아가고 있는지를 새삼 깨닫게 된 계기가 되었다. 한 연구에 의하면 코로나19로 인해 국경 봉쇄 조치 및 공장가동 중단 등의 조치가 취해지면서 2020년 4월 중 글로벌 일일 이산화탄소(CO_2) 배

---

1) 2000년 12월, 이제는 고인이 된 배우 최진실의 신혼여행 이후 더욱 유명해졌다.
2) 코로나19 사태로 인한 인류활동 감소로 자연환경이 회복되는 역설적인 현상을 가리키는 코로나 패러독스(Corona Paradox)라는 신조어도 출현하였다.

출량은 2019년 월평균 대비 17% 감소한 것으로 나타났다.[3]

최근에는 환경 특히 기후변화에 따른 새로운 형태의 체계적 위험을 의미하는 "그린스완(Green Swan)"이라는 개념[4]까지 등장하였다. 이는 환경파괴 및 기상이변에 따른 물리적 위험(Physical Risk)과 저탄소경제로 전환하는 과정에서 발생하는 기존 자산의 가치상실로 발생할 수 있는 전환 위험(Transition Risk)을 모두 포괄하는 개념이다.[5]

한편 환경문제와 밀접한 관련이 있는 에너지문제 또한 소홀히 할 수 없는 과제이다. 화석연료 사용의 급증에 따른 환경 파괴와 고갈문제, 친환경 에너지의 개발 필요성 등이 이미 시급히 해결해야 할 인류의 대응과제로 떠오른 상황이다.

중국경제가 그동안의 급속한 경제성장 결과로 지불하게 된 대가 중 대표적인 것이 환경 악화와 에너지 부족 문제이다. 이는 그동안 환경보다 성장을 중시하는 경제정책 실시, 자원 및 에너지 소비 급증, 지방정부간의 성장률 경쟁 등이 복합적으로 작용한 결과 초래된 것이다. 이산화탄소 배출량으로 대표되는 환경오염과 경제성장은 지난 20여 년간 거의 1 : 1의 관계를 보여 왔다는 연구결과가 있다.[6] 이는 그동안 중국에서 경제성장 가속화와 환경 악화가 동시에 발생한 것은 거의 필연이었다는 의미이다.

중국 환경문제의 심각성은 이미 널리 알려져 있다. 2018년 중국 167

3) Corinne Le Quéré, et al., Temporary reduction in daily global CO_2 emissions during the COVID-19 forced confinement, Nature Climate Change, 2020.5.
4) Patrick BOLTON et al., The green swan-Central banking and financial stability in the age of climate change, BIS, 2020.1.
5) 윤동환, 그린스완의 출현과 시사점, KDB미래전략연구소 미래전략개발부 Weekly KDB Report, 2020.8.10.
6) 2000~17년의 글로벌 CO_2 배출량을 글로벌 인구, 1인당 GDP, 에너지밀집도 (GDP 1단위 생산을 위해 필요한 에너지량), 탄소밀집도(에너지 1단위당 CO_2 배출량) 등 4개 구성 요소로 분해하여 추정한 결과이다(G.Hale & S.Leduc, COVID-19 and CO_2, FRBSF Economic Letter, 2020-18, 2020.7.6).

장강 유역의 공장 모습. 중국에서 환경문제가 가장 심각한 지역 중 하나인 허베이(河北)성의 2019년 10월~2020년 3월 평균 초미세먼지(PM 2.5) 농도는 168μg/m³이었다. 이는 WHO 기준(10μg/m³)의 17배 수준이다.

개 주요 도시 평균 초미세먼지(PM 2.5) 농도는 47μg/m³이었다.[7] 이는 WHO 기준(10μg/m³)의 5배 수준이다. 중소도시를 포함하여 전국 338개 도시로 확대해도 이 농도는 39μg/m³에 이른다.[8] 시골을 제외하고 어지간한 규모의 도시에 살고 있는 중국인들은 국제적인 건강 기준을 4~5배 초과하는 공해 환경에서 살아가고 있는 것이다. 더구나 공해로 인한 직접적 피해도 급증하는 상황이다. 공기오염으로 인한 조기사망자 수가 연간 120만 명으로 추정되는 가운데, 공해가 심한 동북부지역 평균 수명은 남부지역보다 5.5세 낮은 것으로 알려져 있다.[9]

중국이 이처럼 환경문제가 심각해진 데에는 느슨한 환경규제 및 성장제일주의 정책과 함께 석탄중심의 에너지 공급구조도 한몫하고 있다. 중국은 지금도 전력 발전의 상당 부분을 석탄에 의존하고 있다. 석탄이 전체 전력 발전에서 차지하는 비중은 최고치였던 2007년의 81%에서 점차 낮아지고는 있으나 2019년에도 여전히 66%에 이른다.[10] 또한 전체 에너지 소비에서 석탄이 차지하는 비중도 여전히 57.7%에 달

---

7) μg/m³은 세제곱미터당 마이크로그램이다. 마이크로그램은 100만분의 1 그램이다.
8) 2019년은 36μg/m³로 소폭 감소하였다.
9) Council on Foreign Relations, China's Environmental Health crisis, 2016.1.
10) 대표적인 친환경 에너지인 풍력은 5.5%, 태양열은 3.0% 비중에 그치고 있다.

하여 절대적인 수준이다. 비용문제로 이와 같은 구조를 급격히 바꾸기는 어렵다는 점에서 에너지원으로서 석탄의 비중 감소는 향후에도 매우 점진적으로 이루어질 수밖에 없을 것이다.

중국 에너지 소비 비중(%)

	1978	1990	2000	2019
석탄	70.7	76.2	68.5	57.7
석유	22.7	16.6	22.0	18.9
천연가스	3.2	2.1	2.2	8.1
기타	3.4	5.1	7.3	15.3

자료: 中國統計年鑑 2020.

환경문제는 중국경제의 양적 성장에도 불구하고 질적 성장을 가로막는 가장 중요한 요인 중의 하나라 할 수 있다. 블룸버그(Bloomberg)에서는 매년 건강국가지수(Bloomberg Healthiest Country Index)를 발표한다. 환경오염 정도, 깨끗한 물에 대한 접근성 등의 환경요인 이외에 의료기관 접근성, 흡연율, 비만율, 기대수명 등의 요인을 종합하여 글로벌 국가들의 국민건강 정도를 평가하는 것이다. 2020년의 경우 169개 조사대상국 중 중국은 52위에 머무르고 있다.

주요국 건강국가지수 순위(2020년)

	스페인	일본	프랑스	한국	영국	독일	미국	중국
순위(위)	1	4	12	17	19	23	35	52

자료: Bloomberg.

이와 같은 상황에서 중국 정부는 2020년 10월 '탄소중립(carbon

neutral)'을 공식 선언하였다. 탄소중립이란 배출한 이산화탄소를 다시 흡수하는 산림조성 및 청정에너지 투자 등의 대책을 통해 실질적인 배출량을 0으로 만드는 것을 말한다. 중국은 2060년까지 탄소중립을 달성한다는 목표이다.[11] 2019년 현재 글로벌 탄소배출량의 27.9%를 차지하고 있는 중국이 더 이상 과거의 성장 방식을 지속하지는 않겠다는 의지의 표현으로 읽힐 수 있는 대목이다.

주요국 이산화탄소(CO_2) 배출량 및 비중(2019년)

	중국	미국	인도	러시아	일본	독일	한국	글로벌
배출량(억 톤)	101.8	52.9	26.2	16.8	11.1	7.0	6.1	364.4
비중(%)	27.9	14.5	7.2	4.6	3.0	1.9	1.7	100.0

자료: Global Carbon Project.

한편 중국경제 규모의 급팽창으로 인한 자원 부족 문제도 점차 심각해지고 있다는 평가이다. 중국은 1995년까지만 해도 원유를 자급자족하는 나라였다. 그러나 원유수요 확대로 인해 1996년 원유 수입국으로 전환된 이후, 2019년에는 원유 자급률이 27.5%에 머무르는 등 원유의 대외 의존도가 급증하는 추세이다. 중국은 2017년 이후 이미 세계 제1의 원유 수입국이 되었다. 2019년 중국의 원유 수입량은 5.03억 톤에 달하였으며, 원유 수입에 지출한 비용만 해도 전체 수입액의 11.6%에 해당하는 2,413억 달러였다.[12] 중국이 원유를 수입하는 지역은 주로 중동, 아프리카 및 러시아 등이다. 중국이 이들 지역과의 교류협력을 강화하는 등 자원외교 측면에서 많은 공을 들이는 주요 이유가 바로 여기에 있다. 중국은 원유뿐만 아니라 천연가스도 수입 의존도가

---

11) 우리나라도 2020년 10월, 2050년까지 탄소중립을 달성할 것임을 선언하였다.
12) 이는 3,055억 달러를 수입한 반도체에 이어 원유가 중국 제2의 수입 품목임을 의미한다.

46%(2018년)에 이르렀다. 역시 세계 1위의 수입국이다. 안전에 대한 우려에도 불구하고 중국이 대규모 원자력 발전소 건설에 집중하는 배경이다. 2019년 현재 중국에서 원전 48개가 운영중이고[13] 11개 신규 원전이 건설중인데,[14] 건설 구상 중인 원전만 40기에 이른다. 중국은 오는 2030년이면 미국을 제치고 세계 최대 원자력발전 국가가 될 것으로 예상된다.

중국경제가 지속 가능한 성장과 삶의 질 제고를 위해서는 현재의 고오염 내지 고에너지 소모 발생의 성장방식을 유지할 수 없는 상황이다. 중국 정부가 수년 전부터 석탄 및 철강산업 등 과잉설비산업에 대한 생산시설 감축 목표를 정하여 강도 높은 구조조정을 진행중인 것은 이러한 이유 때문이다.[15] 2021년 3월부터는 오염배출 허가제도를 실시하게 됨에 따라 중국 내의 각 기업들은 오염배출 허가증(排汚许可证)을 취득해야 오염물질을 배출할 수 있게 되었다.[16] 이는 기존의 관련 규제를 한층 더 강화한 조치이다.

한편 중국 정부가 환경보호 관련 규제를 강화하고 화석연료 억제와 대체에너지 개발 확대 등을 추진함에 따라 산업구조 전환은 더욱 가속화될 전망이다. 이와 같은 흐름은 환경보호법 강화 및 환경보호세법 제정 등에 따라 기존 전통 제조업의 부담이 증가하는 가운데 전기차 등 신산업에는 유리한 여건이 조성되고 있음을 의미하기도 한다. 예를 들어 중국 전기차 시장은 2014년 이후 연평균 106.1%씩 급격히 성장하여 2019년에는 전년 대비 46.3% 증가한 335만 대가 판매되었다. 이는

---

13) 2020년 4월 기준으로 가동중인 원전의 용량은 미국이 98,000MW(megawatt)로 세계 1위이고, 중국은 45,000MW로 프랑스(62,000MW)에 이어 세 번째이다(세계원자력협회(WNA)).
14) 이는 전 세계에서 건설중인 원자력발전소의 약 1/3이다.
15) 중국 정부는 2016~20년 중 철강산업 1.5억 톤, 석탄산업 8억 톤의 과잉설비 감축 목표를 설정하였으며, 철강산업은 2018년, 석탄산업은 2019년에 이 목표를 달성하였다.
16) 國務院, 排汚许可管理条例, 2020.12.9.

전 세계 시장의 약 50% 수준이다.[17] 또한 중국은 완성차 업체를 대상으로 판매 차량의 일정 비율을 신에너지 자동차로 채우게 하는 '신에너지 자동차[18] 의무생산제(New Energy Vehicle Credit)'를 실시 중인데, 2019년 12%인 이 비율을 2025년에는 25%까지 확대할 예정이다. 또한 2030년부터는 내연기관 차량 판매를 금지할 계획이다.[19]

그러나 다른 한편으로는 중국의 환경 관련 규제 강화가 여타국에 예상하지 못한 직접적인 영향을 미치고 있기도 하다. 중국 정부는 2018년부터 환경오염을 이유로 소위 재활용 쓰레기로 불리는 고체폐기물 수입을 점진적으로 줄이고 있다. 2018년 초에 발생했던 우리나라의 재활용 쓰레기 수거 관련 사태는 바로 이 조치의 직접적인 영향 때문이었다. 2021년부터 중국의 고체폐기물 수입이 전면 금지된 상황[20]에서 관련된 국가들의 대응책이 필요한 시점이다.

환경 및 에너지문제의 중요성은 중국 정부도 잘 알고 있으며 이미 다양한 정책을 내놓으면서 노력하고 있는 중이다. 다만, 관련 규제의 강화 과정에서 적어도 일시적으로는 투자 감소 및 성장률 정체 등이 발생할 수 있다. 또한 예기치 못한 부작용이 발생할 수도 있다.[21] 그러

---

17) 손창우, 한·중·일 배터리 삼국지와 우리의 과제, IIT Trade Focus, 한국무역협회, 2020년 31호.

18) 중국에서 신에너지 자동차는 내연기관차보다 대기오염물질이나 CO_2 배출이 적고 연비가 우수한 자동차를 말하며 크게 4가지 차량으로 구분된다. 하이브리드차, 플러그인하이브리드차, 순수전기차, 수소연료전지차 등이 그것이다(한재현(2020)).

19) 국가별 내연기관 차량 판매 금지 시기는 다른데 2025년은 네덜란드 및 노르웨이, 2030년은 중국, 독일, 인도, 2035년 영국, 2040년 프랑스, 스페인, 2050년 일본 등이다(그린피스(Greenpeace), IEA(International Energy Agency), 손창우(2020) 전재).

20) 2020년 9월부터 시행중인 '고체폐기물 오염환경방지법(固體廢物汚染環境防治法)'이 이와 관련된 대표적인 법률이다.

21) 2017년말 겨울 허베이(河北) 일부 지역 초등학생들이 책걸상을 들고 운동장에 나와 수업하던 모습이 해외토픽으로 소개되었던 적이 있다. 대체 난방 준비가 안 된 상태에서 석탄 난방기구 사용을 금지하면서 생긴 촌극이었다.

나 회피할 수 있는 문제는 아니다. 이를 어떻게 감내하면서 극복해 내느냐가 향후 중국의 환경·에너지 정책 성공의 관건이 될 것으로 예상된다.

중국경제의 과제 6

- 인구고령화 대비

　「노인의 전쟁(*Old Man's War*)」이라는 2005년도 소설이 있다. 우주를 무대로 한 활극 SF소설을 일컫는 스페이스오페라(space opera)의 일종인데 소설의 배경이 되는 발상이 독특하다. 누구나 75세가 되면 우주병사로 지원할 수 있는 선택권이 주어지는데 늙은 육체를 유전과학을 이용하여 젊고 강인하며 초인적인 능력을 갖춘 새로운 육체로 바꿔준다는 내용이다. 즉, 늙은 몸으로 그냥 이 지구에서 죽어갈 것인지 아니면 자신의 육체를 벗어버리고 새로운 몸을 입되 우주에서 싸우다 죽어갈 것인지를 선택하게 한다는 설정이다. 인구고령화의 거스를 수 없는 물결이 다가오는 지금 다시 한번 생각난 소설이었다.

　한·중·일 3국은 이웃한 국가들이면서도 여러 가지 면에서 상당히 다르다. 그렇지만 공통점도 많은데 그 중 하나가 이들이 모두 세계에서 가장 빠르게 고령화 과정이 진행중인 국가들이라는 점이다.

　물론 지금은 고령화 현상이 글로벌 공통의 트렌드가 되면서 세계보건기구(WHO)에서는 65세까지를 청년, 79세까지를 중년, 그 이후를 노년이라고 정의하고 있지만[1] 아직은 65세 이상을 노인으로 보는데 큰 무리는 없는 것 같다. 일반적으로 전체 인구 중 65세 이상의 고령인구 비율이 7%에 도달한 사회를 '고령화사회(aging society)'로 간주한다. 이에 도달한 시기는 프랑스 1864년, 영국 1929년, 미국 1942년, 일본 1970년, 한국 2000년, 중국 2001년 등이다. 다른 국가와 비교해 보면 중국은 비교적 늦게 고령화가 시작되었다고 할 수 있다. 그러나 진행 속도는 그 어느 나라보다도 빠르다. 2019년말 기준 중국의 65세 이상 인구는 1.76억 명으로 전체 인구의 12.6%에 이른다. UN 추정에 따르면 이 비중이 2030년 16.9%, 2050년 26.1%에 이를 전망이다. 60세 이상 인구는 2010년 1.78억 명에서 2019년 2.54억 명으로 증가하였으며 총 인구에서의 비중도 13.3%에서 18.1%로 상승하였다. 한편 2050년이 되면 중국의 중위연령(middle age)은 50세에 근접하면서 미국(42세) 및 인도(38세)를 크게 넘어설 것으로 전망된다.

한국과 중국의 노인인구(65세 이상) 수, 비중 및 노인부양비율

	노인인구(만 명)		노인인구 비중(%)		노인부양비율(%)*	
	한국	중국	한국	중국	한국	중국
1995	261	7,510	5.7	6.2	8.1	9.2
2000	395	8,821	8.3	7.0	11.5	9.9
2005	512	10,055	10.5	7.7	14.6	10.7
2010	661	11,894	13.3	8.9	18.2	11.9
2015	838	14,386	16.5	10.5	22.5	14.3
2019	1,020	17,603	19.9	12.6	27.5	17.8

* 노인부양비율＝노인인구(65세 이상 인구)/생산가능인구(15~64세 인구)
자료: 中國統計年鑒 2020, KOSIS.

1) 구체적으로는 0~17세 미성년(underage), 18~65세 청년(youth/young), 66~79세 중년(middle aged), 80~99세 노년(elderly/senior), 100세 이상 장수 노년(long-lived elderly)으로 구분한다.

특히 고령화사회로 들어선 2001년의 중국 1인당 GDP가 1,042달러에 불과했다는 점을 감안하면 중국은 다른 나라와는 달리 '부유해지기 전에 늙는(未富先老)' 현상이 나타나고 있다고 할 수 있다. 이 부분이 다른 나라의 고령화 현상과 가장 큰 차이를 보이는 부분이다. 중국의 고령화 문제가 더 심각한 이유도 바로 여기에 있다.

중국에서 인구가 가장 많은 도시는 충칭(重慶)이다. 2019년 상주인구 기준으로 3,048만 명에 달해 인구 3천만 명이 넘는 세계 유일의 도시이기도 하다. 그 뒤를 상하이(2,420만 명)와 베이징(2,173만 명)이 잇고 있다.

정치 안정 여부, 대외 여건, 재정 및 통화정책, 산업정책, 금융시장 변동성 등 국가경제에 영향을 미치는 요인들은 무수히 많다. 그런데 장기적으로는 이 모든 요인들을 압도하는 하나의 가장 중요한 요인이 있다. 바로 인구요인이다.

극단적으로 가정해서 인구가 점차 감소한다면 결국에는 국가 자체가 소멸하게 될 것이기 때문이다. 이런 면에서 보면 인구고령화는 중국경제에 중장기적으로 가장 큰 영향을 미칠 요인 중의 하나이다.

우선 장기적으로 인구고령화에 따른 노동시장 공급 부족 문제가 중국경제의 안정적이고 지속적인 성장을 저해할 핵심요인으로 지적된다. 특히 생산가능인구 감소에 따라 그동안 고성장을 견인해온 저렴한 노동력이 부족해지면서 중국경제는 더 이상 과거와 같은 인구보너스(demographic dividend, 人口紅利)의 이점을 누릴 수 없게 되었다. 여기에서 말하는 인구보너스란 생산가능인구가 증가하면서 노동력과 소비가 늘고 이에 따라 경제성장이 촉진되는 것을 의미한다. 중국은 생산가능인구가 2011년 9.24억 명을 정점으로 2012년부터 감소하기 시작하였다. 2019년은 8.96억 명이었으며 총인구 중 비중도 64.0%로 감소하였다. 이러한 인구고령화 추세는 청년층 노동인력 비중의 감소로도 잘 나타난다. UN에 따르면 중국의 15~39세 노동인력 비중은 2010년의 54.9%에서 2030년이면 44.0%로 감소할 전망이다. 이와 같은 중국의 상황은 이제 중국이 인구보너스의 시대에서 인구오너스(demographic onus, 人口負擔)의 시대로 전환되고 있음을 의미한다. 인구오너스란 인구보너스와는 반대로 생산가능인력 감소로 노동비용이 상승하고 유효수요가 부족해지면서 경제성장이 지체되는 현상을 의미한다.

또한 노인부양비율[2] 급증에 따른 부담과 연금·의료보험 등 기본적 사회보장체계의 미비는 향후 중국의 사회·경제적 불안요인으로 작용할 가능성이 높다. UN추정으로는 2000년 9.9%였던 중국의 노인부양비율은 2025년 20%, 2035년 30%를 넘을 전망이다. 이런 상황에서 가장 기초적인 사회보험이라 할 수 있는 양로(연금)보험[3]의 경우 수혜자 급증에 따라 재정부담이 가중되는 상황이다. 양로보험 수혜자 수는 2007년 2.5억 명에 불과했으나 2018년 9억 명을 넘어서면서 3배 이상 급증하였다. 더불어 양로보험 재정수지도 2014년부터 적자로 전환되었다. 양로보험을 포함한 전체 사회보험지출 부담도 급격히 증가하고 있다. 2000년 사회보험지출은 2,386억 위안으로 GDP대비 비중은 2.4%였다. 그러나 2019년에는 7조 5,347억 위안을 지출하여 GDP대비 비중도 7.6%에 달하였다. 중국사회과학원은 현재의 추세가 지속될 경우 2035년이면 양로보험이 고갈될 것으로 추정하고 있기까지 하다.[4]

---

2) 65세 이상 인구를 생산가능인구로 나누어 산출한다.
3) 2016년 기준으로 전 세계 168개 국가에서 양로보험 제도를 실시하고 있어 가장 보편적인 사회보험제도라 할 수 있다. 이는 출산 및 육아보험(125개국), 산재보험(116개국), 의료보험(111개국) 및 실업보험(83개국) 실시 국가보다 훨씬 많은 수이다(국제사회보험협회, ISSA).
4) 中國社會科學院 世界社保硏究中心, 中国养老精算报告2019-2050, 2019.4.10.

중국 사회보험지출 규모 및 GDP대비 비중

	2000	2005	2010	2015	2019
규모(억 위안)	2,386	5,401	15,019	38,988	75,347
GDP대비 비중(%)	2.4	2.9	3.6	5.7	7.6

자료: 中國統計年鑑 2020.

　중국 정부도 이와 같은 상황을 좌시할 수만은 없었던 것 같다. '사회보장기금(社会保障基金)' 확충은 대표적인 대응 조치 중 하나이다. 현재 중국에서 양로보험을 포함한 사회보험의 재정지원을 담당하는 것이 사회보장기금이다.[5] 2017년 11월 국무원은 고령화에 따른 연금적자 우려가 가중됨에 따라 일부 국유기업의 지분 10%를 사회보장기금으로 편입시키는 조치를 발표하였다. 사회보장기금에 이전된 국유기업의 지분은 3년간 매각할 수 없으며 배당금 수익을 연금재정 지원에 사용한다는 계획이다. 이 조치에 따라 2018년 3월 차이나유니콤(中國聯通) 등 3개 기업, 11월 중국화능(中國華能) 등 15개 기업 등 2018년에만 18개 기업이 750억 위안을 편입하였다. 또한 2019년 9월에는 중국공상은행, 중국농업은행이 각각 677억 위안 및 475억 위안을 편입하였다. 2019년 9월 현재 67개 국유기업 지분이 사회보장기금으로 이전되었으며 이전 규모는 146조 원(8,601억 위안)에 달한다. 그러나 사회보험의 지출이 수입을 역전하면서 기금이 줄어드는 현상은 앞으로도 지속될 것으로 예상된다는 점에서 이와 같은 조치의 효과는 한계가 있다는 평가가 많다. 2020년의 경우에도 양로(연금), 의료, 공상(산재) 등 3개 사회보험의 수입은 853조 원(5.02조 위안)이었던 반면 지출은 978조 원(5.75조 위안)이었다. 무려 125조 원(0.73조 위안)의 적자가 발생한 것이다.[6]

---

5) 사회보험은 양로(연금), 의료, 공상(산재), 실업, 생육(출산 및 육아) 보험으로 구성된다. 이 중 양로(연금)보험이 수입 및 지출의 각 60% 내외를 차지한다.

6) 经济观察网, 社会保险制度实行以来三项社会保险基金首次出现收不抵支, 2021.1.26.

한편 중국 정부는 인구고령화 대응을 위해서도 다양한 정책을 내놓고 있다.

우선 35년간 지속된 한 가구 한 자녀 정책이 2015년 10월 폐지되었다. 그러나 한 자녀 정책 폐지에도 불구하고 그 효과는 미미하다. 신생아수가 2015년 1,655만 명에서 2016년 1,786만 명, 2017년 1,723만 명으로 증가하여 초기에는 효과가 있는 듯하였다. 그러나 2018년에는 1,523만 명에 그쳐 1961년 이후 최저 수준에 그쳤으며 2019년은 1,465만 명으로 다시 최저 기록을 경신하였다. 정부 예상과는 달리 출산율[7]이 높아지지 않고 있는 상황인 것이다. 현재 중국의 출산율은 약 1.5명으로 세계 평균(2.5명) 및 대체출산율[8](2.1명)에 크게 못 미치는 수준이다. 1973년 출산율이 4.6명이었던 점을 감안하면 무려 1/3 미만으로 감소한 것을 알 수 있다. 이는 주택 및 교육비 부담과 결혼·출산에 대한 인식 변화 등이 그 원인이다. 일반적인 중국 중산층 가계에서 고등학교까지의 자녀 교육비만 연평균 약 500만 원(3만 위안)이 드는 것으로 알려져 있다. 더구나 상하이 등 대도시는 이보다 약 1.5~2배 높은 수준인 것으로 조사되었다.[9]

정년 연장도 중요한 과제 중 하나이다. 인구고령화 진행과 함께 중국의 15~49세 인구가 급격히 줄고 있는 점은 큰 문제이다. 2019년을 예로 들면 2018년보다 500만 명이 감소하였다. 생산활동에 참여할 수 있는 인구를 늘리기 위해 중국 정부가 고려하고 있는 방법 중 하나가 바로 정년을 연장하는 것이다. 2020년 현재 법률상 퇴직연령인 남자 60세, 여자 55세[10]를 상향 조정하기 위한 계획을 진행중이다. 점진적

---

7) 출산율(fertility rate)이란 한 여성이 평생 낳을 것으로 기대되는 평균 출생아 수를 말한다.
8) 대체출산율(replacement level of fertility)이란 현재의 인구규모를 장기적으로 유지하는 데 필요한 출산율을 의미한다.
9) 新浪財經, 中國人的生育意願比日韓更低, 2019.12.19.
10) 한국은 60세, 독일, 일본, 프랑스 등 상당수 국가는 65세이며 미국은 정년이 없다.

으로 정년을 연장하여 남녀 모두 65세까지 연장한다는 방안이다. 이는 재정부담을 줄이는 동시에 노동참여율을 높이기 위한 제도적 차원에서의 노력이다. 특히 중국에서는 현재 퇴직연령을 전후로, 총인구 중 취업인구를 의미하는 노동참여율이 급감하는 모습을 보이고 있다. 한 연구에 따르면 남성은 67%에서 48%로, 여성은 70%에서 46%로 감소하는 것으로 나타났다.[11]

다만 연금제도 개혁 및 사회보장 확대 등은 기업 및 납세자의 부담 증가로 인해 추진에 애로를 겪고 있는 상황이다. 정년 연장 또한 청년층 취업난 확대, 부모 세대의 손주 양육기회 감소 등의 이유로 국민들 반발이 심하여 쉽지 않은 과제이다.

고령화 및 출산율 저하 등 인구구조의 문제는 지금 당장은 크게 문제가 되지 않을지 모른다. 하지만 장기적으로는 그동안 인구대국으로 불렸던 중국의 명운을 판가름할 가장 중요한 요인이 될지 모른다. 중국보다 더 빠른 인구고령화 속에 2020년 출산율이 0.84명에 불과해[12] 세계 최저 수준인 우리나라로서는 남의 이야기가 아니다. 실질적이면서도 다수가 동의하는 현명한 정책 구상과 집행이 필요한 시기이다.

---

11) 封進, 人口高齡化, 社會保障及對勞動力市場的影響, China Economic Studies, No.5, 2019.9.
12) 통계청, 2020년 출생·사망 통계 잠정 결과, 2021.2.24.

중국경제를 이해하고 분석할 때 유의할 점

- 중국경제의 특수성

지금은 중학교에서 한자(漢字)가 필수 과목이 아니며 또한 책, 신문, 인터넷 등에서 한자를 접할 기회도 예전보다는 많지 않은 것이 사실이다. 그래도 중국어를 처음 배우는 서양인들이 한자를 그림 그리듯 하면서 어려워하는 점을 감안하면 우리 한국인들이 중국어를 배우는 것은 상대적으로 쉬운 일임에 틀림이 없다. 또한 동일한 한자문화권에 속해 있음으로 인한 유물, 예술, 의례, 인식 체계 등의 유사성도 우리가 중국에 쉽게 다가가게 하는 요인이다. 거리상으로 가장 가까운 나라인 것은 말할 것도 없다.

이러한 요인들로 인해 우리는 중국 및 중국경제를 많이 알고 있다는 생각을 하기 쉽다. 그러나 착각일 가능성이 높은 경우가 많다.

무엇보다도 중국은 공산당이 70년 이상 집권하고 있는 '일당독재' 국가이며 '사회주의 시장경제'라는 특수한 시스템하에서 운영되고 있음을 이해하는 것이 기본 전제이다. 이는 경제 및 사회 전반을 통제·관리하거나 운영하는 측면에서 자유민주주의 국가나 자본주의 국가와는 본질적으로 큰 차이가 있음을 의미한다. 국가자본주의(state capitalism)라는 표현이 나온 배경이 여기에 있다. 예를 하나 들어보자. OECD에서 발표하는 해외직접투자 규제지수(FDI Regulatory Restrictiveness Index)라는 것이 있다. 해외직접투자와 관련하여 외국기업 투자 제한 여부, 승인 절차의 복잡성, 외국인력 채용 및 운영상의 제한 등 규제 정도를 간단히 수치로 나타낸 지수이다. 0~1의 숫자로 표현되며 0에 가까울수록 개방도가 높음을, 1에 가까울수록 규제 정도가 심함을 나타낸다. 2019년 기준으로 OECD국가 지수 평균은 0.064였다. 중국은 0.244로 G20 국가 중 러시아와 인도네시아를 제외하면 가장 높은 수준이었다. 중국이라는 국가의 경제 방면에서의 규제수준이 어떠한가를 단적으로 보여주는 결과이다.

OECD 해외직접투자 규제지수*(2019년)

	독일	영국	OECD 평균	미국	한국	인도	중국	러시아	인니
규제 지수	0.023	0.040	0.064	0.089	0.135	0.207	0.244	0.261	0.345

* 0~1의 값을 가지며 1에 가까울수록 규제 정도가 심함을 의미.
자료: OECD.

정치·사회적 규제는 더 말할 것도 없다. 중국도 우리의 국회에 해당하는 '전국인민대표대회(全國人民代表大會)'라는 기구가 있다. 중국 헌법상의 최고 의결기구이다. 그러나 이 기구는 1년에 단 한 차례 모이는 비(非)상설기구로 공산당의 주요 정책결정을 추인하는 기능만을 가진 형식적인 기구이다. 중국에는 국민의 뜻을 집약하여 반영하는 실질적인 의회제도가 없는 셈이다. 언론, 출판, 집회, 결사의 자유 등도 물론 매우 제한적이다.

즉, 중국은 자본주의 요소를 상당 부분 도입하였음에도 불구하고 공산당의 절대적인 영향력 하에 국유기업 중심, 광범위한 가격통제 등 국

전국인민대표대회(全國人民代表大會)는 중국 헌법상 최고 의사결정기구이다. 그러나, 실질적으로는 공산당의 결정을 추인하는 형식적인 기구에 불과하다.

가 주도적인 성격이 강한 경제시스템을 유지하고 있다는 점을 항상 염두에 두어야 한다. 또한 호적제도를 통한 거주이전의 자유제한 등 사회적 제약이 여전하다는 점도 유의해야 한다. 시민사회 단체의 견제를 통한 정부 비판도 거의 찾아볼 수 없다. 이와 같은 점을 감안할 때 중국은 어느 국가보다 더 자본주의 국가 같은 모습을 보이면서도[1] 본질적으로는 그렇지 않은 국가임을 명심할 필요가 있다. 우리가 중국경제를 분석할 때 중국의 특수성을 감안한 접근이 요구되는 배경이다. 기존의 시각과 패러다임으로만 해석할 경우 중국의 진짜 모습에 대한 포괄적 이해가 쉽지 않게 될 가능성이 크다.

결국 우리가 중국경제를 관찰하고 분석할 때는 선입견에서 벗어나 균형 잡힌 다양한 시각에서 접근할 필요가 있다. 특히 일부 서방 언론의 시각과 중국 내부 공식 견해와의 차이가 큰 경우가 많은데, 이는 양쪽 주장이나 의견을 정확히 이해한 후에 포괄적이면서도 종합적인 입장에서 판단해야 할 필요가 있음을 시사한다. 다만 맹목적인 비판은 지양하되 중국의 특수성만을 지나치게 강조하는 것도 옳지 않은 태도이다. 예를 들어 중국은 의회제도의 폐해와 부작용을 비판하면서 서구식 민주주의는 도입하지 않을 것임을 강조하고 있다. 능력주의(meritocracy)

---

1) 능력에 따른 차등 성과급을 당연시하는 풍토가 대표적이다. 또한, 부자에 대한 인식도 우리보다 훨씬 덜 적대적이다.

를 따르는 자신들의 통치시스템이 더 합리적이라는 것이다. 이는 일당 독재를 정당화하는 궤변일 수밖에 없다. 한편 '정의론'으로 유명한 미국의 마이클 센델(Michael Sandel) 교수는 경제부문에서 나타나는 중국의 능력주의 또한 문제가 많음을 사례를 들어 비판하고 있다.[2]

중국경제를 분석할 때 중국적 특수성을 고려해야 하는 몇 가지 구체적인 사례를 들어보자.

첫째는 부채문제의 경우이다. 중국은 특히 과도한 기업부채가 문제라는 지적이 많다. 그러나 중국 기업부채의 상당 부분은 국유기업부채로서[3] 이는 정부부채와 실질적으로는 동일하다. 이는 기업도산과 같은 문제의 발생 가능성이 거의 없다는 의미이다. 부채문제와 관련하여 또 한 가지 언급할 점은 중국의 전체 국가부채비율은 높지만 외채비율은 그렇지 않다는 점이다. 2020년 6월말 현재 가계, 기업 및 정부부채를 합한 중국의 국가부채는 39조 달러로 GDP의 270%에 이른다. 반면 이 중 외채는 2.1조 달러로 GDP의 14%에 불과하다. 적어도 부채 과다로 인해 대외지급불능 사태 등이 초래될 위험은 매우 낮다는 의미이다. 중국의 부채문제가 중국경제의 취약점이라는 지적은 옳지만 부채문제로 중국경제가 금방이라도 쓰러질 것처럼 과장하는 사람들은 현실을 과장하거나 호도하는 것이다.

둘째는 소비지표 등 경제지표의 특이성 문제이다. 소비 현황을 파악하는 대표적인 그리고 거의 유일한 지표인 '소매판매지수(社會消費品零售总額, Total Retail Sales of Consumer Goods)'의 경우 여러 가지 한계를 지니고 있어 진정한 소비 실태를 파악하기에는 제약이 많다. 예를

---

2) 마이클 센델 교수는 중국 샤먼대에서의 강연을 소개하면서 '부자가 된 사람은 그만한 능력을 입증한 것이며 가난한 사람의 신장(腎臟)을 사서 생명을 연장하는 것도 가능하다'는 한 학생의 말을 인용하고 있다. 중국의 후안무치한 능력주의를 비판하는 하나의 사례이다(마이클 센델, 2020.)
3) 연구기관별로 다르나 대략 전체 기업부채의 65~75%를 국유기업부채로 추정한다.

들어 일정규모 이상의 대형 도소매업 및 숙박업 판매만 포함된다는 점, 서비스 소비활동이 포함되지 않는다는 점 등을 들 수 있다. 이외에도 식료품 가격의 가중치가 여타국에 비해 크게 높은 소비자물가지수, 기준이 느슨한 무수익여신 분류 기준 등이 있다. 이들 지표들의 특징을 알지 못한 채 분석 및 예측을 수행할 때는 중국경제의 진정한 모습을 파악하지 못할뿐더러 관련된 리스크를 확대 내지 축소하는 우려를 범할 우려가 크다.

셋째는 정부정책의 해석 문제이다. 어느 나라나 경제정책의 중요성은 두말할 필요가 없겠지만 중국에서 정부의 경제정책은 특히 큰 의미를 지닌다. 과거 계획경제 시절의 유산 때문인지 중국은 장단기 경제정책을 많이 발표한다. 우선 과거 우리나라의 경제개발 5개년계획과 같은 5년 단위의 경제 청사진을 여전히 발표하고 있다. 2021년부터는 제14차 경제사회발전계획(2021~25년)이 시작되었다. 이외에도 '로봇산업 발전계획(2016~20년)', '5G산업 발전 3개년 행동계획(2019~21년)', '신에너지자동차산업 발전계획(2021~35년)' 등 광범위한 산업에서 다양한 기간을 대상으로 한 정책이 많다. 그리고 이들 정책에 따라 관련 조치의 추진 방향과 자원배분 등이 결정된다. 국가는 경제 전체가 나아갈 방향과 방법을 정하여 민간부문을 이끈다는 성격이 짙다. 꼭 필요하지만 민간기업들은 자금 부족과 실패 가능성으로 망설이는 분야에 정부가 장기간에 걸친 자원 투입과 지원을 통해 부흥을 이끄는 경우가 많다. 신에너지산업이나 탄소소재산업 등이 대표적이다. 중국경제 향방을 파악할 때 무엇보다 정부정책을 파악하고 면밀하게 분석해야 하는 이유이다.

중국 및 중국경제에 대한 명확한 이해를 바탕으로 모니터링과 분석을 수행한 이후에야 우리가 수립·시행해 나갈 최선의 대응전략을 준비할 수 있을 것이다. 특히 유의해야 할 것은 경제적인 요인 못지않게 아니 그보다 더 중요한 것이 정치적 및 체제적인 요인이라는 것이다. 덩샤오핑(邓小平)이 1989년에 언급한 '안정이 모든 것에 우선한다(稳定压倒一切)'는 명제는 여전히 중요하다. 여기에서의 안정은 '정치적 안정'을 의미하며 이는 경제성장을 비롯한 모든 목표 내지 어젠다는 정치적 안정에 위배된다고 판단될 경우 언제든지 폐기 내지 변경될 수 있음을 의미한다. 이 점을 항상 염두에 두어야 한다.

제4장

중국경제의 트렌드
변화와 미래

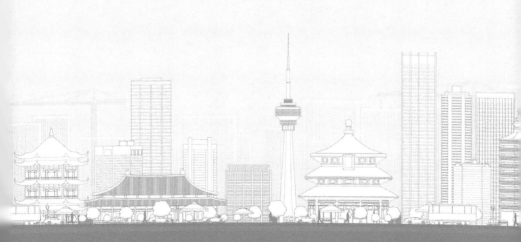

글로벌 가치사슬(GVC) 변화의 중심

- 세계의 공장에서 공장+시장으로

그동안 세계의 공장 역할을 충실하게 수행해 온 중국은 중국제품 (Made in China)으로 글로벌 시장을 석권했다. 또한 중국중심의 글로벌 교역 확대는 세계경제의 성장을 이끈 주요 성장엔진으로서 기능하였다. 그러나 중국은 소득수준이 높아지고 인건비가 상승하는 등 제조업과 관련된 제반 여건이 변화하면서 점차 과거와는 다른 모습을 보여주고 있다. 생산기지로서의 역할보다 거대한 소비시장으로서의 역할이 점차 중요해진 것이다. 세계 각국이 중국을 위한 제품(Made for China) 생산에 주력하게 된 배경이다.

이처럼 중국의 역할이 변화하게 됨에 따라 글로벌 가치사슬(GVC: Global Value Chain)도 변화하고 있다. 구체적으로는 글로벌 분업체계의 약화로 나타나고 있다. 글로벌 가치사슬이란 기업의 가치창출 활동 즉, 제품의 기획, 부품·원재료 조달 및 가공, 생산, 조립, 유통, 판매에 이르는 일련의 과정이 글로벌하게 이루어지는 것을 의미한다. 이는 주로 생산과정의 배치와 이를 위한 국가간 공급 및 조달 문제를 가리키는 글로벌 공급사슬(Global Supply Chain)보다 더 포괄적인 개념으로 사용된다. 중국이 2001년 세계무역기구(WTO)에 가입한 이후 글로벌 주요 기업들은 낮은 인건비를 활용한 제품생산을 위해 중국으로 생산설비를 대거 이전하였다. 중국이 가히 세계의 공장 역할을 하게 된 배경이다. 이 역할을 충실히 수행해 온 중국은 그동안 고도 경제성장을 이룩하였으며 세계는 저렴한 중국제품 소비를 충분하게 만끽하였다. 서로가 윈윈하는 구조였던 셈이다.

이 구조를 구체적으로 보면 그동안 중간재 공급(한국, 일본, 대만, 아세안 등) → 조립(중국) → 소비(미국, EU 등)로 연결되는 생산 및 교역의 가치사슬이었다. 이러한 구조하에서는 중국 수출이 증가할수록 우리를 비롯한 중간재 공급 국가들의 수출도 늘어나게 된다. 예를 들어 2018년 우리의 대중국 수출은 1,621억 달러로 우리 전체 수출의 26.8%를 차지하였다.[1] 그런데 이 중 1,282억 달러가 중간재였다. 무려 79.1%이다. 이는 우리나라 전체 수출에서 중간재 수출이 차지하는 비중인 71.5%보다도 높은 수준이다. 대중국 수출의 경우 중간재 편중도가 더 심한 것이다. 이에 반해 2018년 우리의 대중국 수출액 중 소비재 비중은 10.6%에 불과하다. 그 결과 2018년 중국 소비재 수입시장에서 우리가 차지하는 비중은 3.1%에 그쳤다.[2] 전체 중국 수입액에서 우리나라 제품이 차지하는 비중이 9.5%인 점을 감안하면 소비시장으로서의 중국에 대한 공략은 상당히 미진함을 알 수 있다.

그러나 중국경제가 투자·수출중심에서 소비중심으로의 성장구조 전환 정책을 본격적으로 시행한 2010년대 들어 점차 기존의 글로벌 가치사슬에 변화가 발생하고 있다. 인건비 상승, 환경 규제, '중국제조 2025'로 대표되는 고기술 부가가치 중심의 제조업 선진화 정책 추구

---

1) 심지어는 대부분 중국으로의 우회 수출인 對홍콩 수출 비중(7.6%)을 감안할 때 실질적인 대중국 수출 비중은 34.4%에 달한다.
2) 이유진, 세계 소비재시장 잠재력 분석 및 우리나라 수출 경쟁력 현황, IIT Trade Focus, 2019년 36호, 한국무역협회, 2019.10.

등에 따라 중국은 기존의 단순 조립 생산기지로서의 역할에서 점차 벗어나고 있다. 더구나 2018년 이후 격화된 미국과 중국의 무역전쟁은 중국중심의 글로벌 가치사슬 변화를 더욱 촉진하는 역할을 하고 있다. 그리고 이러한 글로벌 가치사슬 이동의 핵심 지역이 베트남을 중심으로 하는 아세안 지역이다. 예를 들어 미국의 대중 관세 부과 조치가 격화되었던 2018년 10월~2019년 10월 중 중국 진출 글로벌 주요 기업 중 50여 개 이상이 생산기지를 옮기거나 옮기는 것을 고려했던 것으로 나타났다. 아마존(Amazon)이 인도로, 델(Dell)이 대만으로, 파나소닉 (Panasonic)이 태국으로 생산공장을 옮긴 것이 대표적인 사례이다.[3] 2002년 중국에 진출했던 삼성전자의 경우에도 2019년 10월 후이저우 (惠州)에 위치했던 마지막 휴대폰 생산 공장을 폐쇄하며 철수한 바 있다.[4]

결국 중국 내 제조원가 상승, 산업고도화에 따른 저부가가치 업종의 공장 이전, 미·중 무역전쟁 등 대외통상환경 변화로 기존의 글로벌 가치사슬은 이미 균열 조짐을 나타내고 있었다. 여기에 더해 2020년에 발생한 코로나19 사태는 이러한 변화를 더욱 가속화하는 분위기이다.

그럼 앞으로 글로벌 가치사슬은 어떤 방향으로 변화하게 될까?

우선 많은 사람들이 첫 번째로 꼽고 있는 것이 향후 효율적인 가치사슬보다는 안정적인 가치사슬(Stable Value Chain)이 더 중시되는 방향으로 전개될 것이라는 점이다. 코로나19 사태로 인한 국경폐쇄 등을 경험하게 되면서 각국은 그동안 유지해 오던 글로벌 가치사슬의 약점을 깨닫게 되었다. 중국으로부터 부품을 수입하지 못하게 되면서 현대자동차가 한동안 공장을 가동할 수 없었던 것은 이의 대표적 사례라

---

3) Shaomin Li, The Relocation of Supply Chains from China and the Impact on the Chinese Economy, China Leadership Monitor Issue 62, Winter 2019.
4) 삼성은 2020년 현재 베트남에 8개 공장과 1개 연구개발센터를 설립하고 이곳에서 글로벌 스마트폰 생산량의 약 60%를 생산중이다.

할 수 있다.5) 이와 같은 경험은 앞으로 점차 '비용'에서 '안정'으로의 글로벌 가치사슬 전환이 이루어질 것임을 추측케 한다. 이를 위해 각국 정부와 기업들은 위험 노출을 줄이기 위해 생산지역 분산 및 공급망 다변화, 기업의 본국 회귀(reshoring), 생산공정 자동화 및 디지털화 등을 통해 공급망 리스크 관리를 강화하려는 움직임을 보일 것이다.6) 이는 글로벌 금융위기 이후 저성장, 소득 불평등 및 양극화 심화 등으로 자국 우선주의가 강화되면서 추진되던 느린 세계화(slobalization: slow+globalization) 경향과 맞물리게 될 것이다. 이는 자본과 노동의 이동이 더 제약되는 가운데 국제공조는 약화될 것이라는 의미이다.

다른 하나는 글로벌 가치사슬의 지역적 강화 현상이 나타날 것이라는 점이다. 역내 교역이 2013년 이후 증가 추세인 가운데 소비자에 대한 접근성을 높이기 위해 소비지역 인접 생산(nearshoring)이 증가하고 있다.7) 이는 역내 국가들간의 교역 증가로 지역가치사슬(RVC: Regional Value Chain)의 영향이 확산된다는 의미이다. 그 결과 지역무역주의는 더 강화될 것이다. 특히 지역 내 교역 비중이 이미 높은 아시아와 유럽의 경우 위기 대응에 유리한 지역 내 공급망 구축이 더욱 가속화될 가능성이 높다.8)

이와 같은 글로벌 가치사슬의 변화과정에서 중국경제가 어떤 모습으로 변화하면서 대응할지도 관심사이다.

---

5) 2020년 상반기 기준 글로벌 중간재 수출시장은 전년동기대비 11.6% 감소한 것으로 나타났다. 특히 스페인(26.5% 감소), 프랑스(24.1%), 미국(16.6%), 독일(18.6%) 등 유럽과 북미 지역에서의 영향이 컸다(오유진 등, 코로나19 發, 글로벌 밸류 체인(GVC)의 충격과 한국 산업의 리밸런싱 방향, 하나은행 하나금융경영연구소, 2020.12.9).
6) 이현태, 정도숙, 포스트 코로나시대 중국의 글로벌 가치사슬 변화 전망과 시사점, 중국지식 네트워크, 2020.6.
7) 최문정, 김명현, 코로나19 팬데믹의 글로벌 가치사슬에 대한 영향 및 시사점, BOK 이슈노트, 제2010-10호, 2020.8.
8) 2020년 상반기 기준으로 세계 시장 대비 지역내 교역 비중은 유럽이 63.2%, 아시아가 56.2%에 달한다(오유진 등, 2020).

현재 미국은 글로벌 가치사슬의 탈중국화를 여러 국가에 강하게 압박하고 있는 상황이다. 그러나 중국을 배제하거나 주변화하는 완전한 탈동조화는 불가능하거나 설령 가능하더라도 실익이 없거나 크지 않다는 의견이 많다.[9] 중국처럼 다층적인 수준의 기술력과 생산성 및 완비된 제조업 기반 인프라 체계를 갖춘 국가가 현재는 없기 때문이다.[10] 예를 들어 코로나19 사태로 큰 관심이 쏠렸던 소독약 및 세정제, 살균제, 주사기, 마스크, 산소호흡기, CT촬영기, 맥박측정기, X-ray 장비 등 개인보호용품의 수출은 중국, 독일, 미국 등 3국 비중이 40%에 달하였다. 단기간에 이들 국가의 생산 기능을 보완해 줄 수 있는 나라가 없는 것이다.[11] 중국은 이미 미국을 넘어 2010년 이후 세계 최대의 제조강국 자리를 유지중이다.[12] 단기간에 이 지위가 쉽게 변화할 가능성은 낮다. 중국은 주요국 대부분이 마이너스의 수출 실적을 기록한 2020년에도 전년 대비 3.6%의 수출증가율을 기록하였다. 특히 의료기기 수출액은 129억 달러로 전년 대비 40.5%나 급등하였다. 코로나19 상황에서 오히려 중국의 역할론이 더욱 부각된 셈이다. 가전제품의 경우도 전 세계 판매량의 약 40%를 중국제품이 차지하고 있는 가운데, 2020년 중국의 가전제품 수출액은 535억 달러를 기록하여 전년 대비 23.5% 상승하였다.

---

9) 윤경우(2020).

10) 현재 탈중국화가 저부가가치 부문에 집중되어 있고 중국의 제조능력, 물류시스템의 효율성, 아시아 공급망과의 통합성 등을 감안하면 고부가가치 부문의 탈중국화는 쉽지 않을 것이라는 평가도 같은 맥락이다.(한국무역협회, GVC 구조 변화 동향 및 코로나19 영향(발표자료), 2020).

11) 이들 제품의 각 국별 생산 비중은 중국 17.2%, 독일 12.7%, 미국 10.2%, 일본 4.8%, 프랑스 4.5% 등이었다(WTO, Trade in Medical Goods in the context of tackling COVID-19, 2020.3.3).

12) 2018년 기준 글로벌 제조업 생산액 비중은 중국 28.4%, 미국 16.6%, 일본 7.2%, 독일 5.8%, 한국 3.3%, 인도 3.0%, 이탈리아 2.3% 등이다(UN Statistics Division).

주요 가전제품 글로벌 판매 중 중국제품 비중(2019년)

	공기청정기	LCD TV	냉장고	에어컨	세탁기	정수기
비중(%)	68	64	44	38	32	14

자료: 中信證券(2020.5).

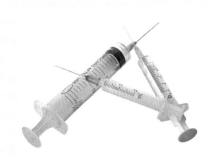

2020년 중국의 의료기기 수출액은 전년 대비 40.5% 급등한 129억 달러에 달하였다. 코로나19 상황은 주요 제품의 생산과 관련하여 중국에 대한 의존성을 상기시킨 계기가 되었다.

또한 글로벌 기업들이 중국 공장에서 생산하는 제품들의 최대 소비처가 바로 중국이므로 중국을 벗어날 유인이 별로 없다는 점도 지적된다.[13] 결국 가장 현실적인 방안은 중국중심의 기본 글로벌 가치사슬을 유지하되, 한 개 또는 그 이상의 다양한 지역 가치사슬을 추가하여 복합적으로 공존하는 방법이 될 것이다. 소위 China+1 혹은 China+α 전략이다.

다만 일부에서는 중국의 글로벌 가치사슬에서의 역할 축소가 중국의 성장세 위축을 초래하면서 위기에 처하게 되는 상황을 우려하고 있기도 하다. 중국이 내수중심으로의 성장구조 전환, 가공무역 억제를 통한 수입대체정책, 기술혁신정책 등을 통해 국가가치사슬(NVC: National Value Chain)을 형성하기 위해 노력하는 이유가 여기에 있다. 중국은 이미 2000년대 초반부터 소위 홍색공급망(red supply chain) 형성을 위해 노력중이다. 이는 부품·소재의 국산화를 통한 중간재 수입대체 전

---

13) 이상현(2020.8).

략을 말한다. 독자적인 산업생태계 구축을 위한 몸부림인 셈이다. 현재 중국의 글로벌 가치사슬 내 위상은 기존의 최종조립 단계에서 생산과정 전방으로 이동중이다. 그렇지만 국가간 연계성과 기술수준 등을 감안할 때 이는 그리 쉽지 않은 과제이다.

과연 중국은 자체적인 중국 가치사슬(China Value Chain) 형성에 성공할 수 있을까? 단순한 하청기지의 역할에서 벗어나 고부가가치의 제품을 생산하고 판매할 능력이 커지면서 전 세계에서 중국과 함께 만드는 제품(Made with China)의 시대를 가져올 수 있을까? 미·중 무역전쟁과 코로나19의 여파 속에 이의 달성은 점차 중국경제의 선택이 아니라 필수적인 과제로 되어가고 있는 모습이다.

옌즈경제(顔值經濟)

– 아름다움을 추구하는 욕구의 보편성

　　SF 작품의 효시로 일컬어지는 책 「프랑켄슈타인」[1]은 1818년 초판이 발행되었으니 이미 200년이 넘은 책이다. 그럼에도 불구하고 이 책 주인공인 '괴물[2]'이 세상과 사람들로부터 철저히 외면당하고 배척당하는 원인인 그의 외모의 흉측함이 지닌 가치 내지 사회적 상징성은 지금도 똑같다고 할 수 있다. 특히 괴물이 애정을 가지고 정성을 다해 도와주려던 사람들이 그의 무서운 외모만을 보고 적대감을 보이다가 마침내 떠나가는 장면에서는 한없는 안타까움을 느끼게 된다. '심장이 쓰디쓴 슬픔에 젖어 있었다'는 책의 표현은 이를 잘 보여준다. 눈에 보이는 것만으로 판단하는 이 세상의 인간들과 동화될 수 없음을 깨달은 괴물이 자신의 짝을 만들어줄 것을 자신의 창조자 프랑켄슈타인 박사에게 집요하게 요구하는 데에는 이런 배경이 있다. 그리고 이 마지막 요청마저 프랑켄슈타인 박사가 거절했을 때 괴물이 박사의 가족과 주변인들을

---

1) 메리 셸리, 프랑켄슈타인, 문학동네, 2012.6. 이 책의 원제는 '프랑켄슈타인 혹은 근대적 프로메테우스(Frankenstein; or, The Modern Prometheus)'이다.
2) 그렇다. 많은 사람들이 프랑켄슈타인을 괴물의 이름으로 착각하고 있지만 그렇지 않다. 그를 만든 박사의 이름이다. 원작에서 괴물은 이름이 없다.

차례차례 제거해 나
간 것은 그의 선량
함과 기대가 배반당
한 데 대한 복수심
이 자리하고 있는
것이라고 해석할 수
있다.

미·중간 무역전쟁
을 비롯하여 대내외
여건의 불확실성이
증대되면서 중국경
제에 대한 우려의 목
소리가 커지고 있는
중에도 여전히 호황
인 몇몇 분야가 있
다. 소위 옌즈경제
(顔値經濟)라 부르는

소설 「프랑켄슈타인」은 초판이 발행된 지 200년이 넘은 작품이다. 그러나 이 소설에서 묘사된, 외양만으로 타인을 판단하기 쉬운 인간의 편견은 여전히 그대로이다.

부분도 그 중 하나이다. 옌즈란 중국어로 얼굴을 뜻하는 옌(顔)과 가치를 뜻하는 즈(値)의 합성어로, 얼굴의 가치라는 의미이다. 즉, 옌즈경제란 외모를 가꾸기 위한 소비활동을 일컫는 중국의 신조어이다. 화장품 및 미용의료 시장 등이 옌즈경제의 대표적인 부문이라 할 수 있다.

생활수준이 높아진 중국인들이 얼마나 외모에 신경을 쓰는지는 중국이 2013년 이후 일본을 제치고 미국 다음으로 큰 화장품 시장이 되었다는 점에서도 잘 나타난다. 2019년 기준 중국 화장품 시장규모는 글로벌 시장(5,148억 달러)의 12.7%인 656억 달러에 달하였다.

2019년의 경우 전체 소매판매 증가율이 8.0%였던데 반해 화장품 소매판매 증가율은 12.6%에 달하였다. 한편 가파른 성장세를 보이고 있는 중국 화장품 시장에서 우리나라 제품이 선전하고 있는 것은 중국경제의 소비 트렌드를 잘 파악하고 이에 적극 대응한 결과일 것이다. 중국의 화장품 수입액은 2005년 2.2억 달러, 2010년 8.7억 달러에 불과하였으나 2015년 32.5억 달러, 2018년 102.9억 달러, 2019년 132.2억 달러로 급등하였다.3) 우리나라는 중국 화장품 수입시장에서 2018년은 25.6%의 점유율로 1위, 2019년은 23.1%의 점유율로 2위를 차지한 바 있다.

주요국 화장품 시장규모 및 글로벌 비중(2019년)

	미국	중국	일본	브라질	독일	영국	프랑스	인도	한국
규모 (억 달러)	937	656	396	319	211	180	160	154	144
비중(%)	18.2	12.7	7.7	6.2	4.1	3.5	3.1	3.0	2.8

자료: Euromonitor, 前瞻産業硏究院.

성형수술을 포함한 미용의료 시장의 규모도 2011년의 3.9조 원(230억 위안)에서 2019년 13.6조 원(798억 위안)4)으로 세 배 이상 급증하였다.

중국 미용의료 시장규모

	2011	2013	2015	2017	2019
미용의료 시장(억 위안)	230	330	472	636	798

자료: 智硏咨询.

3) WIND, GTA 등. 2020년의 경우 전년보다 31.1% 증가한 173.4억 달러를 기록하였다. 이 중 한국으로부터의 수입액은 34.9억 달러였다.
4) 2019년 기준으로 성형수술 시장은 2.2조 원(130억 위안)으로 전체 미용의료 시장의 16.3%를 차지하고 있다.

중국에서 이처럼 옌즈경제가 발달하게 된 것은 중국의 소득수준 향상 특히 중산층의 급증과 관련이 깊다. 2019년 기준으로 자산 100만 달러 이상을 보유한 중국인은 445만 명에 달해 중국은 미국(1,861만 명) 다음으로 백만장자가 많은 국가인 것으로 나타났다.[5] 이는 일본(303만 명), 영국(246만 명), 독일(217만 명) 등 주요 선진국을 크게 앞서는 수준으로 소비 여력을 갖춘 중국 중산층이 얼마나 빠르게 확산되고 있는지를 잘 보여준다. 또한 과거와는 다른 가치관과 소비 습관을 가진 밀레니얼 신세대의 등장도 옌즈경제 발달의 중요한 요인이다. 자신의 외모를 가꾸는데 아낌없이 투자하는 남성을 가리키는 그루밍(Grooming)[6]족의 등장은 이와 같은 변화의 대표적인 모습이라 할 수 있다.

　「프랑켄슈타인」에서 묘사된 외모에 대한 사람들의 가치관은 여전하다. 내면에 관계없이 외모가 뛰어난 사람이 우대받고, 외모가 덜 아름다운 사람이 홀대를 받는 상황은 인간 역사에서 몇백 년간 전혀 혹은 거의 변함이 없는 상태이다. 이는 정치, 경제, 사회, 문화 등 모든 부문에서 공통적인 현상이다. 역대 미국 대통령들의 신장이 평균 미국인들 신장보다 5cm 내외가 더 컸다는 점,[7] 배심원제를 채택하는 국가에서 피고인이 아름다울수록 유죄 판결을 받을 확률이 급격하게 낮아진다는 점 등이 이를 잘 나타내주는 대표적인 사례들이다. 심지어 외모는 소득 차별과도 관련이 있는 것으로 나타나고 있다. 미국의 하머메쉬(D.S. Hamermesh) 교수 등의 연구[8]에 의하면 평균보다 외모가 뒤떨어지는 하위 10%의 소득은 평균보다 7~10% 낮은 것으로 나타났다. 반면 평

---

5) Global Wealth Databook 2019, Credit Suisse, 2019.10.
6) 그루밍은 원래 영장류 등에서 행해지는 친교 목적으로서의 털고르기 행위를 지칭하는 인류학 용어이다.
7) 가장 키가 컸던 미국 대통령은 193cm였던 링컨이다.
8) D.S. Hamermesh & J.E.Biddle, Beauty and the Labor Market, NBER Working Paper No.4518, 1993.11.

균보다 외모가 뛰어난 상위 30%의 소득은 평균보다 5% 높은 것으로 조사되었다. 실제 능력과는 무관하게 호감이 가는 외모를 지니고 있다는 것만으로 추가적인 소득 획득이 가능하다는 것이다. 이런 연구는 오늘날 왜 그렇게 많은 사람들이 외모 가꾸기에 열광하는지를 설명해준다.

중국에서 옌즈경제가 호황이라고 하니 떠 오른 단상이다. 시간과 공간을 초월해서 인간의 욕망이란 어디나 비슷하다는 생각이 다시 한번 든다. 그리고 편견이 쉽게 사라지지 않는다는 것도…

야간경제(夜間經濟)

- 생활습관과 방식의 변화

　저자가 처음 중국에 간 것은 지금부터 약 15년 전인 2005년이었다. 베이징 공항에서 숙소가 있던 시내까지 택시를 타고 가면서 느꼈던, 우리나라와는 다른 가장 큰 이질감 중의 하나가 상당히 어둡다는 점이었다. 불야성을 이루는 서울 시내에 익숙했던 저자로서는 중국의 수도인 베이징의 밤 풍경이 훨씬 차분한 것에 놀랐던 기억이 생생하다. 그 이유는 소위 밤 문화가 발달하지 않았고 상당수의 시민들이 일찍 귀가하여 이른 시간에 잠드는 것에 익숙한 것이기 때문이리라 추측했었던 것 같다.

　그러나 지금의 중국은 완전히 바뀌었다. 중국 정부 스스로 야간활동을 장려하는 모습을 보이고 있다. 소비 촉진을 통한 '야간경제(nighttime economy)'의 활성화를 위해서이다. 야간경제란 보통 오후 6시에서 다음날 새벽 6시까지 온라인 및 오프라인 상에서 이뤄지는 소비로 인한 경제활동을 의미한다. 구체적으로는 이 시간대에 이루어지는 쇼핑, 식사, 여행, 오락, 영화 관람, 운동 등과 관련된 소비활동을 지칭한다.

　야간경제라는 개념은 영국에서 1995년 도시발전계획의 일환으로 이 개념을 포함하면서 최초 제시되었다. 영국은 야간경제 관련 산업이 GDP의 6%, 고용의 8%를 담당한다는 조사도 있다.[1] 중국은 2006년 항저우(杭州)시가 '항저우 야간오락 및 휴식생활 발전보고'를 발표한 것이 시초였다. 이후 베이징, 상하이 등 40여 개 지역에서 야간경제 관련 정책을 차례로 발표하였다.[2] 중국경제에서 야간경제 개념이 강조되고 있는 것은 중국이 성장구조 전환 정책의 일환으로 핵심 성장동력을 소비에서 찾고 있기 때문이다. 이미 중국경제에서 소비는 투자를 넘어 경제성장의 핵심 역할을 담당하고 있다. 소비의 경제성장 기여율은 2018년 65.7%, 2019년 57.8%에 달하였다.

중국경제의 성장에 따라 중국인들의 생활 양식과 소비 형태도 다양해지고 있으며 야간경제는 이렇게 다양화된 소비의 모습을 상징적으로 보여주는 부문 중의 하나이다. 현재 중국인 소비활동의 약 60%가 야간에 이루어지고 있으며, 대형 쇼핑몰의 18~22시의 매출은 전체 매출의 50% 이상을 차지하고 있는 상황이다. 한편 야간경제 이외에도 녹색 상품, 스마트 상품, 문화·여행 상품 등이 중국 정부가 소비 촉진을 위해 노력하고 있는 분야들이다.[3] 또한 국경간

저장(浙江)성의 성도(省都)인 항저우(杭州)시는 2006년 야간경제 관련 정책을 중국 최초로 발표하는 등 소비 진작을 통한 경기부양에 노력하고 있다.

---

1) Night Time Industries Association(https://www.ntia.co.uk/).
2) 2019년 4월 상하이의 '야간경제 발전을 위한 지도의견(夜间经济发展指导意见)', 2019년 7월 베이징의 '야간경제 소비 촉진을 위한 조치(关于进一步繁荣夜间经济促进消费增长的措施)' 등이 대표적이다. 2020년 10월 현재 각 지역에서 발표한 야간경제 관련 정책만 197개에 이른다.

전자상거래를 통한 소비시장 확대도 눈여겨 볼 대목이다. 2018년 중국의 전자상거래 규모는 약 1.4조 달러로 글로벌 전체 규모(2.9조 달러)의 절반 수준에 달하였다.

중국의 야간경제규모는 앞으로도 지속적인 확장세를 보일 것으로 예상된다. 2016년 18.3조 위안이던 야간경제규모가 2018년 22.9조 위안으로 증가한 가운데, 2020년에는 30.9조 위안, 2022년에는 42.4조 위안까지 규모가 커질 전망이다.[4] 한편 이러한 확장세에는 정부정책의 뒷받침이 중요한 역할을 하고 있다. 24시간 편의점 운영, 지하철 운행시간 연장, 박물관 및 유원지 개관시간 연장 등이 모두 야간경제활성화와 관련된 조치들이다. 예를 들어 2019년 기준 중국의 주요 도시 지하철 평균 운영시간은 하루 16.4시간이다. 그런데 야간경제가 활성화되고 있는 베이징의 경우 17.3시간이다. 더구나 이 시간은 향후 점차 연장될 것으로 예상된다. 이미 야간경제 선진국이라 할 수 있는 우리나라 서울의 지하철 운영시간은 19.5시간에 달하기 때문이다.[5]

한편 야간경제 이외에 '휴일경제'도 소비 촉진과 관련하여 눈여겨볼 부분의 하나이다. 중국은 우리나라보다 9년 빠른 1995년부터 주5일 근무제를 시작하였다. 또한 춘절(1월 1일) 및 국경절(10월 1일) 전후에 5~7일의 장기 휴무제도를 시행하고 있다. 이 모두가 소비 촉진을 통한 경제활성화 노력의 일환이었다. 이와 관련하여 여기에서 잠깐 중국의 좋은 제도 하나를 소개할까 한다. 바로 공휴일과 관련된 것이다. 우리나라도 공휴일이 휴일과 겹칠 경우 평일에 쉬도록 하는 대체휴일제를 실시하고 있으나 일부(설날, 추석, 어린이날)에만 국한되어 있다. 그것도 제

---

3) 예를 들어 중국인들이 국내외의 여행을 위해 지출한 비용은 2014년 612조 원(3.6조 위안)에서 2018년 1,020조 원(6.0조 위안)까지 증가하였다. 연간 14%의 증가속도이다(McKinsey & Company(2019)).

4) iiMedia Research, 2019~2022年 中國夜間經濟産業發展趨勢與 消費行爲研究報告, 2019.8.12.

5) 다만, 2021년 초 현재는 코로나19 사태로 운영시간이 단축되어 운영중이다.

한적이다. 중국의 경우는 국무원에서 다음 해의 공휴일과 관련된 구체적인 날짜를 직전 연도 말에 지정하여 공휴일 일수가 줄어들지 않도록 하고 있다.6) 또, 대체근무제도를 통해 장기간의 휴가가 되도록 배려하고 있다. 예를 들어 2021년도 설의 경우를 보자. 설 연휴는 우리나라의 경우 3일 공휴일인데 토요일이 하루 겹치게 되었다. 그래서 실질적으로는 4일 연휴에 불과하다(2월 11일~14일). 만약 설날이 목요일이었다면 5일 연휴가 될 수 있었다. 이에 반해 중국의 경우 설(춘절) 연휴는 5일이다. 그런데 평일 2일을 그 전 주 및 다음 주의 토요일이나 일요일에 대체근무를 하게 하면서 설 연휴를 7일로 만든다. 2021년은 2월 11일~17일이 휴일이며 2월 7일 및 20일에 대체근무를 하도록 하였다. 이와 유사하게 국경절(10월 1일) 휴일도 7일, 노동절(5월 1일) 휴일은 5일, 단오(음력 5월 5일) 및 청명절(4월 5일 전후) 휴일은 3일 연휴가 되도록 날짜를 정하고 있다. 휴일 하루가 황금같은 노동자들로서는 대단히 합리적인 제도라 아니 할 수 없다. 2021년의 경우 우리나라는 세 번의 연휴 포함하여 연간 총 휴일은 14일이다. 토·일요일과 겹치는 날이 많아 2020년의 17일보다 줄었다. 중국은 일곱 차례의 연휴가 있으며 대체근무일 7일을 제외해도 총 휴일이 24일이다. 2020년에도 물론 24일이었다.

결국 야간경제 촉진도 위에서 말한 주5일 근무제 및 장기 휴무제와 동일선상에서 취해지고 있는 노력이라 할 수 있다. 다만, 기우를 하나 덧붙인다면 야간경제를 통해 소비활동을 증대시킬 수 있을지는 모르지만 개개인들의 건강에는 그리 좋지 않은 부분도 있을 것 같다는 점이다. 가뜩이나 소득 증가로 인해 중국인들의 식단이 기존의 채소중심에서 육류중심으로 변하면서 비만이 문제가 되고 있다. 현재 중국 성인 인구의 1/4 이상이 과체중이나 비만이며, 유아 인구의 7%가 의학적으

---

6) 2021년도 공휴일 날짜는 국무원에서 2020년 11월 25일에 발표하였다.

로 비만 판정을 받는 상황이다.[7] 여기에 더해 밤에 먹는 것이 추가된다면 문제는 더 심각해질 수 있기 때문이다. 중국 야간경제활동의 약 70%가 음식료 섭취와 관련된다는 조사도 있다.[8]

AI를 탑재한 기계가 생산과 노동을 무섭게 점령해가는 상황에서 소비는 머지않아 인간에게 남은 가장 중요하고도 고유한 활동이 될지 모른다는 지적이 있다. 바야흐로 소비하는 인간(호모 콘수무스, Homo Consumus)이 점점 더 중요해질 것이라는 의미이다.[9] 이러한 점을 감안한다면 야간경제는 앞으로도 지속적으로 확장될 것이 틀림이 없다. 물론 중국도 예외는 아닐 것이다.

---

7) 팀 스펙터(2019).
8) 中国旅游研究院, 2019中国夜间经济发展报告, 2019.11.16.
9) 설혜심, 소비의 역사 - 지금껏 아무도 주목하지 않은 '소비하는 인간'의 역사, 휴머니스트, 2017.

독신경제(單身經濟)
- 가치관의 변화와 독신의 딜레마

2019년 우리나라 1인 가구는 615만 가구로 전체 가구 중의 비중은 30.2%였다. 불과 20년 전인 2000년에만 해도 그 비중이 15.5%(226만 가구)였으니 얼마나 빠른 속도로 1인 가구가 증가하였는지를 잘 알 수 있다. 이제는 혼자 사는 게 전혀 어색하지 않은 시대가 되었다. 이와 같은 사회 추이와 함께 새롭게 등장한 신조어가 있으니 바로 독신경제(單身經濟, single economy)라는 용어이다.

독신경제란 1인 가구 및 싱글 미혼자를 대상으로 하는 제품과 서비스가 형성하는 시장 혹은 그와 관련된 경제활동을 일컫는 말이다. 독신경제의 확대는 글로벌 추세 중의 하나이다. 일본에서 2017년 4월 발표된 '평생미혼율' 조사에서는 2015년 기준 50세 이하 일본 남성 중 결혼 경험이 없는 비중이 23.4%에 이르는 것으로 나타났다.[1] 우리나라의 경우에도 결혼 건수 및 혼인율이 급격히 감소하고 있다. 2010년에는 1년 동안 32.6만 건의 결혼이 있었으나 2019년은 23.9만 건으로 감소하였

---

1) 여성은 14.1%로 훨씬 낮았다(National Institute of Population and Social Security Research).

다. 또한 인구 1천 명당 혼인 건수를 의미하는 조혼인율(粗婚姻率, crude marriage rate)은 같은 기간 6.5명에서 4.7명으로 감소하였다.[2] 이는 1970년 이후의 최저치이며 앞으로도 계속 최저치 경신이 이루어질 것으로 예상된다.

중국도 예외가 아니다. 높아진 이혼율과 감소하고 있는 혼인율은 이러한 독신경제 급증의 원인 중 하나이다. 중국의 2018년 조혼인율은 7.2명이다. 우리보다는 높다.[3] 그러나 1천 명당 이혼 건수인 조이혼율(粗離婚率, crude divorce rate)은 3.8명으로 우리나라의 2.1명보다도 훨씬 높다. 2018년 기준 중국의 성인 인구 중 미혼 인구는 2.6억 명에 달한다. 2013년이 1.7억 명이었던 점을 감안하면 불과 몇 년 만에 미혼 인구가 급증한 것을 알 수 있다.[4] 또한 이들 미혼 인구 중 약 7,700만 명이 혼자 거주하고 있다. 전체 가구 중 1인 가구가 차지하는 비중도 지속적으로 상승하여 2019년은 18.5%에 이르렀다. 이를 전체 인구수에 비추어 계산해 보면 중국의 1인 가구 수는 약 8,850만 가구인 점을 알 수 있다. 민정부(民政部)에 의하면 2021년 1인 가구 거주자 수는 9,200만 명에 달할 것으로 전망된다.

중국 1인 가구 비중

	2008	2011	2014	2017	2018	2019
비중(%)	10.0	14.0	14.9	15.6	16.7	18.5

자료: 中國統計年鑑 각 연도.

중국에서 독신경제의 대두는 결혼에 대한 인식 및 가치관 변화로 비

---

2) 2019년 결혼 및 이혼 통계 보고(통계청).
3) 그러나 상하이가 4.4명에 불과한 것에서 알 수 있듯 대도시의 경우에는 우리나라보다 혼인율이 더 낮다.
4) 다만 총인구 대비 독신자 비중은 19%로, 미국(45%), 일본(32%), 한국(24%) 등 주요국보다는 아직 낮은 수준이다.

혼(非婚) 및 만혼(晚婚) 현상이 심화된 것이 그 일차적인 배경이라 할 수 있다. 상하이를 예로 든다면 2005년 남성 25.3세, 여성 23.0세이던 초혼 연령은 2019년 남성 30.7세, 여성 28.8세로 상승하였다.[5] 물론 급등한 주택가격 및 교육비에 대한 부담이라는 현실적인 이유도 많은 중국 남녀들이 가정을 이루기보다는 홀로 살기를 선택하는 원인이라 할 수 있다.

한편 자아실현 욕구가 강한 이들 싱글족들은 그 소비행태에 있어서도 기존의 가족단위 소비와는 다른 모습을 보인다. 이들이 높은 경제력을 바탕으로 자신을 위한 소비는 아끼지 않는 경향이 있다는 점을 감안하여 다양한 상품 및 서비스가 개발, 판매되고 있다. 독신경제가 성장할 수 있었던 이유이다. 1인용 소형 가전제품, 여행, 화장품, 배달, 반려동물 산업 등이 독신경제에서 크게 성장하고 있는 대표적인 부문들이다.

예를 들어 알리바바의 온라인 판매포털인 티몰(T-mall)에 의하면 지난 10년간 미니 전자레인지는 970%, 미니 세탁기는 630%의 판매성장률을 보였다. 온라인 쇼핑을 통한 가전제품 구매에서 이들 소형가전제품이 차지하는 비중은 2015년 26%에서 2018년 50%까지 증가하였다.[6] 또한 배달앱인 어러머(Ele.me, 餓了嗎)와 메이투안(Meituan, 美團)의 급성장 배경에는 급증하고 있는 싱글족들의 영향력이 크게 작용하고 있다는 평가이다. 최근 1인용 상품 시장이 뜨고 있는 것도 독신경제의 부상을 잘 보여주는 모습 중 하나이다. 100g 포장 쌀, 50mg 위스키, 200ml 와인 등이 대표적이다.

한편 반려동물 산업의 급성장도 독신경제와 관련이 깊다. 2012년 1.11억 마리이던 중국의 반려동물 수는 2015년 1.42억 마리, 2018년 1.75억 마리로 급증하였다. 이는 1980~90년대에 태어난 젊은이의

---

5) 한재현(2020).
6) 前瞻産業研究院, 2019.11.

70%가 반려동물을 키우고 있다는 조사로도 뒷받침된다.[7] 특히 반려동물을 키우는 인구의 약 절반이 독신자인 것으로 조사되었다.[8] 관련 시장이 확대되고 있는 것은 물론이다. 지난 2012년 5.7조 원(337억 위안)이던 중국의 반려동물 시장규모는 2019년 34.4조 원(2,024억 위안)으로 여섯 배 이상 성장하였다.[9] 지난 10년간 연평균 약 35% 성장해 온 반려동물 시장은 앞으로도 지속적인 성장세가 유지될 전망이다. 중국에서 반려동물을 키우는 가구의 비중이 약 17%로 아직 한국(26%), 일본(37%), 미국(68%) 등에 비해 크게 낮은 수준인 점을 보아도 그렇다.[10]

반려동물 시장규모

	2012	2013	2014	2015	2016	2017	2018	2019
규모(억 위안)	337	510	719	978	1,220	1,340	1,708	2,024

자료: 前瞻産業研究院.

독신경제의 성장은 질적 성장을 추구하는 중국경제의 성장구조 전환 추세와도 부합하는 현상이다. 싱글족들은 양보다 질을 추구하고, 가치 있다고 판단하는 소비행위에 큰 지출을 하는 것을 개의치 않는 성향이 강하다. 부양 의무가 있는 상황하에서의 가족단위 소비지출 행태에서는 쉽게 찾아보기 어려운 현상이다. 결국 기업들로서는 이들을 목표로 하는 제품 개발과 마케팅 전략이 필요한 상황이다. 반려동물 시장의 급

---

7) Global Times, China's growing singleton population brings boom in'lonely economy', 2019.9.18.
8) 반려동물을 키우는 가구의 비중은 독신 51.6%, 기혼 무자녀 23.7%, 기혼 유자녀 24.7% 등으로 나타났다(狗民网, 2015 中國寵物主人消費行爲調査報告, 2015.11.6).
9) 반려동물 관련 제품시장에서 가장 큰 비중을 차지하는 것은 사료 및 간식 등 반려동물 식품시장으로 2019년 규모가 11.9조 원(701억 위안)에 달하였다(KOTRA, 해외시장뉴스 – 꾸준히 성장 중인 중국 반려동물 식품시장, 2020.12.29).
10) 우리나라는 2019년 기준 591만 가구, 1,418만 명이 반려동물을 키우고 있는 것으로 조사되었다(농림축산식품부, 2019년 동물보호 국민의식 조사, 2020.4.29).

중국 반려동물 시장의 급성장은 독신경제와 관련이 깊다는 평가이다. 2019년 관련 시장규모가 34조 원(2천억 위안)을 돌파하였다. 한편 반려동물 종류로는 개 46%, 고양이 31%의 비중을 차지하고 있다.

성장에 따른 반려동물용 의약품, 백신 등의 개발 및 수출을 예로 들 수 있다. 현재 중국 반려동물 의약품 시장에서 수입산이 전체의 70%를 차지하고 있는 상황인 점을 감안하면 시장의 잠재력을 짐작할 수 있다.[11]

다만 중국에서 독신경제 규모가 커지고 있다는 사실은 '독신의 딜레마'도 심화되고 있음을 의미한다. 독신 증가에 따른 인구 감소 압력 확대, 인간관계의 변화 및 도전에 기인하는 정서적 측면에서의 어려움 증가 등이 그것이다. 온라인 접속은 익숙하지만 오프라인에서 타인과의 관계 맺기를 거부하거나 만남을 어려워하는 젊은이들이 많아지고 있는 우리로서는 남의 일이 아니다.

이제 독신화와 고령화는 거대한 시대적 흐름을 가리키는 메가트렌드 (megatrend)가 되었다고 할 수 있다. 이 변화와 위기의 흐름 속에서 살아남기 위해 고민하고 대응책을 모색해 봐야 할 때라는 생각이다. 예를 든다면 앞으로 '반려로봇(companion robot)' 시장의 급성장이 예상된다는 점에서 관련 기술 개발이나 투자는 더욱 활발해질 것이다. 어떤 상황에서도 기회는 있기 마련이다.

---

11) KOTRA, 해외시장뉴스 - 중국 반려동물 수요 지속 증가로 의료산업도 초록불, 2020.9.11.

커피 칸타타

- 윈난성의 차밭이 커피농장으로?

요한 세바스티안 바흐(J.S. Bach)의 곡 중에 일명 '커피 칸타타(Coffee Cantata)'가 있다.[1] 1735년경 작곡된 곡으로 당시 사교장 역할을 하던 커피하우스에서 공연된 것으로 알려져 있다. 커피가 유럽에 전파된 것이 1615년경이니 100여 년 만에 유럽 귀족들 사이에는 커피가 상당히 퍼졌다는 사실을 미루어 알 수 있다. 칸타타란 연극적인 줄거리를 기반으로 노래 몇 개를 엮은 작품을 의미하는데 오페라처럼 가수들이 연기를 하는 것은 아니지만 작은 규모의 오페라 느낌이 나는 곡이라 할 수 있다.[2] 이 커피 칸타타는 '커피는 어쩜 그렇게 맛있을까' 등의 아리아가 나오는 재미있는 곡이다. 이 일화를 보면 결국 유럽에서 커피가 유행하기 시작한 것은 이미 300년이 넘었다는 점을 알 수 있다.

그것이 무엇이 되었든 중국인들이 좋아하기 시작하면 전 세계적으로

---

1) 여기에서 한 가지 짚고 넘어갈 것이 바흐를 음악의 아버지라고 표현하는 것이다. 서양음악사에서 바흐의 중요성을 지칭하는 의미이겠으나 이는 일본에서 만든 표현으로 학술적인 근거가 없으며 다른 국가에서는 사용되지도 않는다. 맹목적 사용을 자제해야 한다고 본다.
2) 민은기, 난생처음 한 번 들어보는 클래식 수업4 - 헨델 멈출 수 없는 노래, ㈜사회평론, 2020.

품귀 현상이 일어나면서 가격이 오른다는 말이 있다. 중국의 거대한 인구와 소비잠재력을 이르는 말이다. 최근 이 속설을 강화시켜 줄 만한 상품이 또 하나 등장했다. 바로 커피이다.

중국은 그동안 차(茶)의 나라였다. 당(唐)나라 때부터 차를 마시는 풍습이 널리 퍼진 것으로 알려져 있다. 중국의 2018년 차 생산량은 262만 톤에 달하여 세계 1위였다. 이는 2위 인도(131만 톤) 및 3위 케냐(49만 톤)를 크게 앞서는 수준이다.[3] 소비량에서도 중국은 연간 73만 톤을 소비하여 압도적인 1위를 차지하고 있다.[4] 차나무는 열대 또는 아열대 기후로 온난 습윤한 지역에서 잘 자라는 까닭에 중국의 남서지방 그 중에서도 윈난(雲南)성이 예로부터 차 재배 지역으로 유명하였다. 2019년 기준으로 윈난성의 차 재배 면적은 $467km^2$에 달한다.[5]

그러나 최근 중국인들 특히 대도시의 젊은 직장인들이 커피를 선호하게 되면서 중국의 커피 소비량이 급증하고 있다. 중국에서 커피의 주요 소비계층은 1, 2선 도시에 거주하는 90년대 이후 출생한 20, 30대의 직장인 여성인 것으로 나타났다.[6] 중국인들의 2018년 커피 소비량은 19.2만 톤에 달하였다. 아직은 차 소비량에 비해 1/4 수준이지만 2006년 소비량이 2.6만 톤이었던 점을 감안하면 불과 12년 만에 일곱 배가 증가한 폭발적인 성장세이다. 중국은 현재 인도네시아, 브라질, 베트남 및 콜롬비아 등으로부터 상당량의 커피를 수입하고 있다. 더구나 현재 중국인들의 커피 선호가 아직은 대도시 그리고 젊은 계층에 치중되어 있는 상황인 점을 감안하면 앞으로 중국의 커피시장이 성장할 여지가 대단히 큼을 유추해 볼 수 있다. 시장조사업체 유로모니터

---

3) Statista.
4) 2016년 기준이다. 1인당 소비량으로는 터키가 세계 1위이다.
5) 이는 우리나라 세종특별자치시의 넓이와 비슷하다. 한편 윈난성은 중국 전체 차 재배 면적의 15.2%를 점하고 있어 1위이며 구이저우(貴州)성이 15.1%로 2위이다.
6) 한려화, 격화되는 중국 커피시장의 새로운 소비 트렌드는?, 한국무역협회 창사무역관, 2020.9.11.

(Euromonitor)에 의하면 2018년 1인당 커피 소비량에서 중국은 다섯 잔에 불과하여 주요국에 비해 아직 크게 낮은 수준이다. 글로벌 평균 커피 소비량인 132잔에 훨씬 못 미친다. 이와 같은 중국의 커피 소비 수준은 차 문화가 익숙하지 않은 미국이나 우리나라 등은 논외로 한다 해도 같은 중화권인 싱가포르, 홍콩, 대만 등에 비해서도 크게 낮은 상황이라 할 수 있다.

주요국 1인당 연간 커피 소비량(2018년)

	미국	한국	일본	싱가포르	홍콩	대만	중국
소비량(잔)	262	231	207	177	149	23	5

자료: Euromonitor.

현재의 추세를 감안하면 중국 커피시장의 잠재력은 무궁무진하다고 할 수 있다. 중국식품협회에 의하면 2013년 중국의 커피시장 규모는 약 2.7조 원(156억 위안)이었다. 2018년 9.7조 원(569억 위안)으로 성장한 이 시장은 2023년에는 31조 원(1,806억 위안)까지 성장할 것으로 전망된다. 불과 10년 만에 열 배 이상의 급성장이 예상되는 시장인 셈이다. 또한 소비량 면에서도 중국은 2018년 기준으로 세계 10위(연간 19.2만 톤 소비)의 국가가 되어, 12위인 우리나라(16.6만 톤)를 앞서게 되었다.[7]

소비 확대에 대응하여 중국의 커피 생산도 급격하게 증가하고 있다. 2018년 기준으로 중국은 세계 13위의 커피 생산국이다.[8] 이와 관련하여 중국의 전통적인 차 재배 지역인 윈난성의 변화가 놀랍다. 윈난성이 커피 재배의 중심지로 떠오르게 된 것은 1980년대에 중국 커피시장에

---

7) 소비량이 많은 국가(지역)는 EU(276.3만 톤), 미국(162.8만 톤), 브라질(139.2만 톤) 등의 순이다(USDA).
8) 생산량이 많은 국가는 브라질(388.8만 톤), 베트남(182.4만 톤), 콜롬비아(83.2 만 톤) 등의 순이다. 중국은 13.2만 톤을 생산하고 있다(USDA).

처음 진출한 스위스의 네슬레(Nestle)사가 가격경쟁력 제고를 위해 윈 난성에서 커피를 재배하기 시작한 것에 연원이 있다. 현재 중국에서 생 산되는 커피의 99%는 윈난성이 담당하고 있다. 2001년만 해도 윈난성 의 커피 재배 면적은 36km² 정도였는데, 2018년에는 이 면적이 180km² 로 약 4배가 증가하였다.[9] 아직은 차 재배 면적의 1/3 정도인 커피 재 배 면적이지만 만약 현재의 추세가 계속된다면 윈난성의 차밭이 커피 농장으로 변하는 속도는 점차 빨라질 것이 틀림없다.

한편 중국 커피산업의 폭발적 성장은 한 기업의 드라마틱한 흥망성 쇠를 낳기도 하였다. 중국 토종기업이던 커피전문점 루이씽(瑞幸, Luckin) 의 굴기와 몰락이 그것이다. 2017년 창립한 루이씽은 2019년 5월 나스 닥(NASDAQ)에 상장하여 2019년말 시가총액이 60억 달러를 넘는 등 급성장하였다. 루이씽은 한때 중국 커피시장에서 스타벅스를 위협하는 존재라는 평가를 받을 정도로 소위 잘 나가는 기업이었다. 1991년 처 음 중국시장에 진출한 스타벅스는 2018년 중국 프랜차이즈 커피시장 점유율 59%로 압도적인 1위였다. 그러나 2019년말에는 루이씽의 점포 수가 스타벅스를 넘어서면서 중국 커피시장 1위 자리가 바뀌는 것이 아니냐는 섣부른 전망도 한때 나왔었다.[10] 그러나 이는 신기루였다. 루 이씽은 외형적 몸집 불리기를 위해 할인판매 등의 수단을 동원하였으 며 이 급성장 과정에서 적자가 누적되었고 이를 숨기기 위한 분식회계 가 이루어졌던 것이다. 결국 2020년 4월, 루이씽커피는 2019년 실제 매출이 당초 발표한 해당 연도 매출의 절반에 가까운 약 3,800억 원(22 억 위안)이나 부풀렸다는 점을 공표했고 주가 폭락 사태 속에 거래가 중단되었다. 그리고 6월에는 상장폐지되었다. 더불어 미국 당국은 루이 씽에 약 2,000억 원(1.8억 달러)의 벌금도 부과하였다. 루이씽은 아직

---

9) 雲南省咖啡行業協會, 2019年雲南省咖啡産業發展報告, 2020.6.11.
10) 2018년 3월말 기준으로 290개에 불과하던 루이씽 점포 수는 2018년말 2,073개 에 이어 2019년말 4,507개로 스타벅스(4,292개) 점포 수를 추월한 바 있다.

영업 중이지만 잃어버린 소비자들의 신뢰를 회복하기가 상당 기간은 쉽지 않을 것으로 예상된다.

결국 루이씽의 탈락으로 중국 커피시장에서 스타벅스의 지위는 더욱 확고해질 가능성이 높다.[11] 현재 패밀리마트, 세븐일레븐과 같은 편의점 기업도 이미 커피 브랜드사업에 뛰어든 상황이기는 하지만 스타벅스의 인지도와 젊은이들의 호감도 등을 따라잡기는 당분간 힘들 것으로 보이기 때문이다. 스타벅스는 2020년 9월 4,700개를 돌파한 중국 내 매장을 2022년까지는 6,000개로 확대할 계획임을 발표한 바 있다.

중국도 이제 점차 우리나라가 그랬던 것처럼 기존의 인스턴트 커피 중심에서 원두커피 등으로 선호가 옮겨갈 것이며 스페셜 커피 등 고급품에 대한 수요도 증가할 것이다. 이는 우리의 미각이라는 것이 쓴 것에 대한 혐오감으로 인해 새로운 먹거리를 받

중국 내 점포 수에서 한때 스타벅스를 넘어서기도 했던 중국 커피 기업 루이씽(瑞幸, Luckin)은 2019년 나스닥에 상장되며 정점을 맞았다. 그러나 회계부정으로 1년여 만에 나스닥에서 퇴출되는 불명예를 맞았다.

아들일 때는 달게 해서 먹다가 점차 익숙해지게 되면 단 것을 덜어내는 쪽으로 변한다는 과학적 사실에도 부합한다.

자 그렇다면 우리에게는 문제이다. 중국인들이 차(茶)의 생활화에서 커피의 생활화로 돌아서는 순간 우리는 어쩌면 지금보다 조금은 아니 어쩌면 훨씬 더 비싸진 커피를 마시게 될지 모르기 때문이다.

---

11) 한편 중국 내 한국계 커피 프랜차이즈로는 만(MAAN)커피, 주커피(Zoo coffee) 등이 있으며, 만커피의 경우 2019년 기준 중국에서 620개의 매장을 운영중이다 (한려화(2020)).

쉬코노미(SHEconomy)

- 중국경제 성장동력으로서 여성의 힘

가정에서 남녀의 역할과 관련하여 어디에선가 들은 우스갯소리 한
마디.

질문자: 집안에서 어떤 사항들에 대해 아내분이 결정하시는지요?

남　성: 음… 작은 일들은 아내가 결정하고 큰 일은 제가 결정하지
　　　　요. 아내는 아이들 학교는 어디로 보낼 것인지, 집은 어디로
　　　　언제 옮겨야 하는지, 자동차는 언제 어떤 종류로 바꿀 것인
　　　　지 등을 결정합니다.

질문자: (놀라며) 그럼 선생님께서 결정하시는 큰 일은 무엇인지요?

남　성: 음… 기후변화가 우리 지구에 미치는 영향을 고려할 때 어
　　　　떻게 사는 것이 좋을지, 남북통일 이후의 한반도 정세 변화
　　　　에 어떻게 준비해야 할지, 정의롭게 살기 위해 우리가 해야
　　　　할 것은 무엇인지 등이죠…

질문자: ??

아직 남녀평등의 시대라고 하기에는 한참 멀지만 여성들의 지위가

조금씩 향상되어 온 것만은 부인할 수 없는 사실이다. 특히 가정생활의 경제적 의사결정과 관련하여 여성들의 영향력은 급속도로 확대되고 있다. 2010년 시사주간지 타임스(The Times)가 소비시장의 핵심 키워드로 '여성'을 꼽으며 쉬코노미(Sheconomy)를 사용한 이후 이 용어는 널리 퍼지게 되었다.[1] 이는 여성의 사회·경제적 지위가 높아짐에 따라 재테크 및 소비 등의 다양한 방면에서 여성이 주체가 되어 소비활동을 하게 되는 현상을 일컫는 용어이다.

　중국에서는 쉬코노미를 타경제(她經濟)라고 부르는데 우리말로는 여성경제 내지 그녀경제라고 번역할 수 있겠다. 이 용어는 중국 교육부가 2007년에 선정한 171개 신조어 중의 하나이기도 했다. 공산혁명의 성공 이후 1949년 개국한 현대중국의 초기 슬로건 중의 하나가 '여성이 하늘의 절반을 감당할 수 있다(婦女能頂半邊天)'였다. 그만큼 여성의 사회적 활동이 강조되었다고 할 수 있다. 1990년 기준으로 중국 여성의 경제활동 참가율은 79.4%에 이르러 거의 세계 최고 수준이었다. 지금은 하락중이라고 하지만 2020년 경제활동 참가율도 68.2%로 OECD평균(64.4%)보다 높은 수준이다. 물론 세계평균(52.3%) 및 한국(60.0%)보다 높다. 참고로 중국처럼 공산당이 집권하고 있는 사회주의 국가인 베트남의 여성 경제활동 참가율은 79.0%에 달해 중국보다 10%p 높은 상황이다.

주요국 여성(15~64세)의 경제활동 참가율(2020년)

	독일	일본	중국	미국	OECD	한국	글로벌	인도
참가율(%)	74.5	71.9	68.2	67.1	64.4	60.0	52.3	21.9

자료: World Bank.

---

1) The Times, Woman Power: The Rise of the Sheconomy, 2010.11.20.

직업 및 사회활동 참여도가 높았던 중국 여성들이 이제는 소비활동도 주도하게 되면서 타경제라는 용어가 각광을 받게 되었다고 할 수 있다. 특히 결혼관의 변화와 함께 고학력·고소득 여성의 인구가 증가하면서 여성들의 생활 양식 내지

화장품이나 건강식품 등의 쇼핑, 오락 및 양육 등의 분야를 중심으로 중국의 타경제(sheconomy)는 빠르게 성장하고 있는 중이다.

소비 습관에 변화가 발생하게 되었고 이와 같은 사회변화는 이들을 대상으로 하는 소비시장이 급성장하게 되는 계기로 작용하였다. 다양성과 개성을 바탕으로 자주적이면서도 여유를 중시하는 소비성향이 증가함에 따라 이를 충족시키기 위해 다양한 상품들이 등장하게 된 배경이다.

중국의 한 연구[2])에 의하면 중국은 25~40세 여성 인구가 2.9억 명에 달하는 가운데, 75%의 가정에서 소비 결정권을 여성이 주도하는 것으로 나타났다. 실제 쇼핑 횟수에서도 남성이 월 5.5회인 반면 여성은 7.2회에 이르는 것으로 조사되었다.[3]) 한편 국가통계국 자료에 따르면 2018년 여성 인구 6.8억 명 중 소비 여력이 있는 중산층 여성 인구만 7,746만 명에 이른다. 이와 같은 배경하에 여성들이 주로 소비하는 상품의 수입도 급증하고 있다. 예를 들어 2019년 중국의 소비재 수입은 전년 대비 19%가 증가하였는데, 화장품은 두 배 이상인 39%가 증가한 것으로 나타났다. 2020년 기준으로 중국의 타경제 관련 시장규모는

2) 每日财经讯, 彩妆品牌主必看 : 美柚独家揭秘消费者的五大特点, 2021.1.3.
3) Mob研究院, 2020 她經濟 研究報告, 2020.3.9.

816조 원(4.8조 위안)으로 추정되고 있다.[4)]

아직은 전반적으로 여성의 임금이나 직급 등이 남성에 비해 낮다는 점을 감안하면[5)] 향후 남녀 불평등 상황이 개선되고 여성의 지위 향상이 이루어질 경우 타경제는 더욱 확장세를 나타낼 가능성이 크다. 예를 들어 학력 면에서 여성의 비율 향상은 계속되고 있다. 석사생 여학생 비율은 2010년 47.8%에서 2018년 49.6%로 증가하였으며, 학사생 여학생 비율은 50.9%에서 52.5%로 증가하여 남학생을 추월한 지 이미 오래된 상황이다.[6)]

앞으로 중국에서 쇼핑, 오락, 양육, 건강 등의 관련 분야를 중심으로 타경제는 폭발적으로 증가할 것이다. 예를 들어 중국에서 14세의 영유아와 어머니들을 대상으로 한 산업을 의미하는 무잉(母嬰, 어머니와 아기)시장은 여성들의 구매력 상승과 자녀에 대한 차별화·고급화 양육 움직임과 맞물려 급성장하고 있다. 관련 시장규모가 2018년 510조 원(3조 위안)에서 2022년 952조 원(5.6조 위안)까지 성장할 것으로 전망되고 있다.[7)]

내수중심으로의 성장방식 전환을 추진중인 중국경제의 새로운 성장동력으로서 타경제가 어떻게 구체적인 모습으로 발현될지 그리고 얼마나 빠른 성장세를 보일지 기대된다.

---

4) 艾媒咨询, 2020中国人群经济调研及分析报告, 2020.11.20.
5) 2019년 기준으로 중국 여성노동자 임금은 남성의 77% 수준이다. 한편 중간관리자급의 여성 비중은 31%, 최고관리자급은 19%로 아직은 직장에서 관리자 계층의 여성 비중이 낮은 편이다.(Mob研究院(2020)).
6) 中国国家统计局, 中国妇女发展纲要(2011~2020年), 2019.12.11.
7) 艾媒网, 2020年中国母婴行业市场规模及母婴用品消费情况分析, 2021.1.15.

관광산업

– 하드웨어와 소프트웨어의 괴리

　2019년에 스페인을 찾은 외국인 관광객은 8,370만 명이었다. 같은 해의 스페인 인구가 4,700만 명임을 감안하면 인구보다 약 두 배 많은 관광객이 스페인을 방문한 셈이다. 이는 태양과 해변(Sol y Playa)으로 표현되는 자연경관과 풍부한 역사유산 때문이다.[1] 역사유산을 대표하는 지표 중 하나가 유네스크(UNESCO)가 선정하는 세계문화유산일 것이다. 스페인은 2019년말 현재 세계에서 세 번째로 많은 48개의 세계문화유산을 보유하고 있다.[2]

　그렇다면 이탈리아와 함께 가장 많은 55개의 세계문화유산을 보유하고 있는 중국의 상황은 어떨까?[3] 음, 외국인 관광객이 증가하고는 있지만 아직은 많이 부족해 보인다. 2010년 중국을 찾은 외국인 관광객은 2,613만 명이었다. 10년 후인 2019년 이 수는 3,188만 명으로 증가하였다. 연평균 증가율이 약 2%밖에 되지 않는다. 이는 같은 기간 중 해외관광을 떠난 중국인 수와 비교하면 명확해진다. 2010년 해외로 떠

---

1) 신정환·전용갑, 두 개의 스페인, 한국외국어대학교 지식출판콘텐츠원, 2020.
2) 유네스코 세계문화유산 홈페이지(http://whc.unesco.org).
3) 우리나라에는 2019년말 현재 14개의 세계문화유산이 있다.

난 중국인 여행객은 5,739만 명이었다. 2019년에는 약 3배로 증가한 1억 6,920만 명에 달하였다. 이러한 이유로 관광 수입액과 지출액의 차이는 더욱 크게 벌어지고 있는 상황이다. 2010년 관광 수지는 91억 달러 적자에 불과하였으나 2019년은 2,188억 달러 적자로 크게 확대되었다. 한마디로 요약한다면 생활수준이 높아진 중국인들이 해외여행을 크게 늘리고 지출도 증가한 반면에, 중국을 찾아오는 외국 관광객 수는 미세하게 증가하면서 지출은 오히려 줄어들었다고 하겠다.

중국의 내·외국인 관광객 수 및 관광수입과 지출

	입국 외국인 관광객		출국 중국인 관광객	
	수(만 명)	관광수입(억 달러)	수(만 명)	관광지출(억 달러)
2010	2,613	458	5,739	549
2013	2,629	517	9,819	1,286
2016	2,813	444	13,513	2,501
2019	3,188	358	16,920	2,546

자료: 중국국가통계국, UNWTO.

그렇다면 중국이 풍부한 문화유산과 자연 절경을 지니고 있음에도 불구하고 관광지로서 여타 주요 관광대국만큼 선택을 받지 못하는 이유는 무엇일까?

첫째는 관광 인프라가 부족하다는 점이다. 교통, 숙박, 음식, 쇼핑 등 관광지까지 가고 먹고 자고 물건을 사는 환경 면에서 중국은 아직 불편한 점이 많다. 이렇게 된 데에는 관련 산업 대부분에서 개방이 제한적이다 보니 관광업에 종사하는 기업에서 혁신을 추구할 유인이 부족했던 점이 가장 큰 요인으로 꼽힌다. 예를 들어 중국에서 대표적으로 천혜의 자연환경을 지닌 것으로 평가되는 윈난(雲南)성 리장(麗江)의 경

리장고성(丽江古城)은 중국인들이 꼭 한 번 가보고 싶어 하는 최고의 여행지 중 하나이다. 1997년에 세계문화유산으로 지정되었다.

우 우리나라에서 가는 직항편이 없다. 우리나라에서 리장을 갈 경우 윈난성의 성도인 쿤밍(昆明)을 거쳐 가는 방법 등이 있는데 거의 하루를 허비할 생각을 해야 한다. 비행기 연착도 자주 발생한다.[4]

둘째는 언어문제이다. 대도시와 유명 관광지 일부를 제외하고는 글로벌 공용어라 할 수 있는 영어가 거의 통하지 않는다. 이는 스페인 상황과 대조된다. 스페인도 중국처럼 내국인들의 영어 실력이 시원찮은 경우가 많다고 한다. 그러나 대다수 서구권에서 제2외국어로 스페인어를 선호하다 보니 스페인어를 구사할 수 있는 외국인을 찾기가 그리 어렵지 않은 상황이므로 외국인들이 스페인을 여행할 때 언어에 관련된 불평이 덜하다고 한다.[5] 중국어는 우리나라를 포함한 몇 개 국가를 제외한다면 여전히 대부분의 외국인들에게 미지의 낯선 언어이다.

셋째는 사회주의 체제에 대한 본질적 거부감 문제이다. 여전히 중국은 폐쇄적인 성격이 짙은 국가이다. 중국을 여행하기 위해서는 대부분 국가의 국민들이 비자가 필요하다. 현재 비자 없이 중국을 방문할 수 있는 국가는 모로코, 에쿠아도르 등 10여 개 지역에 불과한 실정이다. 비자발급 절차도 간단하지 않다. 그냥 비행기표 사서 훌쩍 떠날 수 있

---

4) 저자는 2011년 리장 여행시 한국으로 돌아올 때 8시간 연착한 경험이 있다. 물론 아무런 설명이나 보상은 없었다.
5) 신정환·전용갑(2020).

는 국가가 아닌 것이다. 또한 공공의 안녕과 이익이라는 이유로 개인의 자유가 제한되는 경우도 빈번하다.6)

마지막으로, 환경문제이다. 세계문화유산 네 개가 몰려있는 중국의 수도 베이징은 한 번은 꼭 가볼 만한 곳이다. 문제는 이곳의 환경이 그야말로 최악이라는 것이다. 맑은 하늘을 보기 어렵고 봄에는 미세먼지와 황사, 여름은 무더위, 겨울은 매서운 추위 등으로 쾌적하게 여행할 수 있는 시기가 1년에 며칠 되지 않는다. 과거 2008년 베이징 올림픽 때 세계적인 마라톤 선수들 가운데 일부가 베이징의 환경오염을 이유로 출전을 포기한 사례는 중국의 환경문제를 적나라하게 드러내는 사건이었다.

중국의 소득수준 향상과 함께 국민들의 여가에 대한 수요는 급속하게 증대되었으며 또한 앞으로도 이 추세는 지속될 것이다. 중국 국내 여행객 수가 1994년 5.2억 명에서 2019년 60.1억 명으로 25년 만에 열 배 이상 급증한 것은 이를 잘 보여준다.7) 이는 적어도 중국인들 스스로는 앞에서 이야기한 네 가지 요인의 영향을 상대적으로 덜 받는다는 점 때문일 것이다. 그러나 외국인들은 그렇지 않다.

굴뚝 없는 산업이라는 진부한 표현을 들먹이지 않더라도 관광산업은 향후 늘어나는 여가와 친환경 추세에 발맞추어 글로벌 성장세가 지속될 것이다. 중국이 진정으로 이 트렌드에 부응하는 문화 관광 선진국이 되기 위해서는 아직 해결해야 할 과제가 많은 듯하다.

---

6) 저자는 과거 베이징에서 서울로 오는 비행기를 기다릴 때, 외국 국가원수 비행기가 도착한다는 이유로 베이징 공항의 모든 비행기 이착륙이 2시간 동안 금지되는 것을 경험한 바 있다.
7) 中國國家統計局, 中國統計年鑑 2020.

중국경제의 경착륙 가능성

– 지나친 우려 혹은 타당한 추정?

    2010년대 초까지만 해도 중국의 경제성장률이 8%가 넘는 것은 당연한 일로 여겨졌었다. 2012년 성장률이 7.9%에 머물렀을 때 중국 언론의 헤드라인이 포빠(破八)였음은 이를 잘 나타낸다. 포빠란 8이 깨졌다는 의미로 성장률이 8% 밑으로 내려갔음을 지칭하는 말이다. 우리는 8% 성장의 의미를 쉽게 인식하지 못하는데 이를 달리 표현한다면 지금의 경제규모가 9년 후면 두 배로 커진다는 의미이다. 금리가 8%라고 가정할 때 지금의 1억 원이 9년 후에는 2억 원이 된다는 의미이니 매년 8% 증가한다는 것이 얼마나 큰 숫자인지를 체감할 수 있을 것이다.[1]

    이처럼 중국경제가 높은 성장률에 집착했던 것은 집권 공산당의 정치적 정당성이 지속적인 경제성장과 이로 인한 경제적 과실의 향유에 주로 의존하였기 때문이다. 심리학자 프랜치(John French)와 라벤

---

1) 참고로 소개한다면 복리로 인한 크기 변화를 쉽게 계산하는 것으로 '72의 법칙 (The rule of 72)'이 있다. 72를 해당 X%로 나누면 원금이 두 배에 걸리는 시간이 된다는 것이다. 만약 연 금리가 8%라면 72/8 = 9 즉, 원금이 두 배가 되는데 9년이 걸리고 4%라면 72/4 = 18 즉, 18년이 걸린다는 의미이다.

(Bertram Raven)은 권력이 유지될 수 있는 여섯 가지 이유 내지 근거로 강제성, 보상, 정당성, 참고적, 전문성, 정보력을 들고 있다.[2] 이에 따르면 '보상'문제에 관한 한 중국 공산당은 경제성장을 통한 과실의 분배로 그동안 충분히 권력 유지 요건을 충족시킨 셈이다. 시진핑 주석이 2035년까지 중국의 경제규모를 두 배로 키우겠다는 목표를 공식적으로 언급한 것도 이와 같은 배경에서 나온 발언이다.[3]

그러나 중국은 더 이상 과거와 같은 고속성장을 할 수 있는 상황이 아니다. 투자의 한계효율성 저하, 양적 성장에 치우친 성장방식이 초래한 소득분배 불공평 및 환경오염 등의 다양한 문제들 때문이다. 중국의 경제성장률은 2012~14년 중 7%대, 2015~19년 중 6%대로 하락하였다. 2018년 중국의 경제성장률은 1990년(3.9%) 이후의 사상 최저치인 6.6%로 하락한 바 있으며 2019년은 6.1%로 다시 한번 그 기록을 경신하였다. 또한 2020년은 코로나19의 영향으로 인해 성장률이 1976년(-1.6%) 이후 가장 낮은 2.3%에 그쳤다. 기저효과가 반영될 2021년을 제외한다면 2022년 이후 기껏해야 4~5%대에 머무를 가능성이 높아지고 있는 상황이다.[4]

중국경제 기간별 성장률

	1990~94	1995~99	2000~04	2005~09	2010~14	2015~19
성장률 평균(%)	10.9	9.1	9.2	11.5	8.7	6.7

자료: 중국국가통계국.

2) 말콤 글래드웰, 타인의 해석, 김영사, 2020.
3) 2020.11.3.
4) IMF는 2021년 4월 경제전망에서 중국경제가 2021년은 8.4%, 2022년은 5.6% 성장할 것으로 전망하였다(IMF, World Economic Outlook, 2021.4). 한편 중국 정부는 2021년 중국경제 성장률 목표를 다소 보수적인 수준으로 평가되는 6.0% 이상으로 설정한 바 있다(전인대 업무보고, 2021.3.5).

결국 중국 정부로서는 중국경제의 연착륙을 유도하면서 질적인 성장을 달성해야 하는 과제를 안게 된 셈이다. 문제는 중국경제가 순조롭게 연착륙할 수 있을 것인가 하는 점이다. 특히 미·중 무역전쟁, 코로나19, 홍콩 사태 등 관련 불확실성이 여전하다는 점에서 중국경제 경착륙 우려가 지속되고 있는 상황이다.

중국경제의 경착륙 혹은 연착륙 여부를 판단하는 절대적인 기준은 없다. 다만 코로나19 사태 이전에 주요 글로벌 투자기관들의 중국경제에 대한 비관적 전망치가 5% 초반이었음을 감안할 때 현재로서는 3% 이하의 성장을 경착륙으로 가정할 수 있다. 그렇게 보면 이를 초래할 경로는 크게 다음의 세 가지 정도일 것으로 판단한다.

첫째는 미·중 무역전쟁 장기화와 갈등이 지속되면서 미국의 대중 관세율 인상, 중국기업 제재 강화, 투자·인적 교류 제한 등의 조치가 유지될 경우이다. 바이든 행정부가 들어섰지만 미국의 대중 강경 기조는 쉽게 완화되기 어려울 것이다. 현재와 같은 대립 기조가 당분간 지속될 경우 추가적인 고용 악화,[5] 투자 및 소비 심리 위축 등으로 중국경제 성장세의 급락이 발생할 가능성이 있다. 미·중간 갈등과 경쟁은 헤게모니 쟁탈의 성격이 짙다는 점에서 단순히 경제적 득실만 따져서 결정하는 차원을 넘어선 것으로 보인다.

둘째는 홍콩 사태가 추가적으로 악화되는 경우이다. 이미 미국의 홍콩에 대한 특별대우[6] 취소 등으로 중국경제의 불확실성은 매우 높아진 상황이다. 1989년 천안문 사태 당시에도 미국을 중심으로 서구권 국가들이 중국에 대한 전략적 물품 수출 제한, 자금거래 제한 등의 조치를 취하였으며 경제심리 악화에 따른 투자 급감 등으로 중국경제는 성장

---

5) 미·중 무역전쟁으로 초래된 중국의 실업자 수는 2018년에만 180~190만 명으로 추산되고 있다(CICC, 2019.7).
6) 미국은 그동안 홍콩을 관세, 투자, 비자 발급 등에서 중국과는 다르게 특별 대우하였으며 이는 홍콩이 국제금융 허브가 되는데 중요한 역할을 하였다는 평가이다.

률이 급락[7]한 경험
이 있다. 또한 무역
및 금융허브로서의
홍콩 지위가 위태로
워질 경우 중국의
수출, 해외직접투자
및 기업의 자금조달
등에도 애로가 발생
할 것으로 예상된
다. 홍콩문제는 단

중국은 홍콩을 대체할 금융허브로 상하이(上海)를 적극 육성하고 있다. 그러나, 상당 기간은 홍콩을 따라잡기 힘들 것으로 예상된다.

기간에 해결될 것으로 보이지 않으며 점진적으로 홍콩의 경쟁력 약화를 초래할 가능성이 높다.

마지막은 기업부채를 중심으로 관련 리스크가 확대되는 경우이다. 상환능력 이상으로 기업부채가 급격히 누적되면서 실물 및 금융시장 리스크를 초래할 경우 중국경제 성장세가 급락할 가능성이 있다. 기업의 자금 여건과 투자심리 약화에 따른 디폴트 급증, 중소은행 중심의 도산 가능성 확대 등으로 중국경제 성장세에 치명적 영향을 줄 수 있는 것이다. 디레버리징 정책으로 2017년 이후 감소세를 보이던 기업부채비율이 성장을 위한 유동성 공급 확대정책에 따라 2019년에 다시 증가세로 전환[8]된 것은 이러한 우려를 확대시키는 요인이다. 더구나 코로나19 사태에 대응한 적극적 재정·통화정책에 따라 유동성이 추가적으로 증가하면서 관련 리스크는 더욱 증가하고 있다.

만약 중국경제가 경착륙한다면 교역 경로 및 금융 경로 등을 통해

---

7) 중국경제 성장률은 88년 11.2%에서 89년 4.2%, 90년 3.9%로 하락하였으며 91년에야 9.3%로 회복되었다.
8) 중국의 GDP대비 기업부채 비율은 2018년 12월 149.1%로 저점을 기록한 이후 다시 상승하여 2020년 6월은 162.5%를 기록하였다(BIS).

다양한 국가에 영향을 미칠 것으로 예상된다. 지리적으로 가깝고 밀접한 교역 관계에 있는 아시아 국가들, 자원수출국인 남미, 걸프연합국(Gulf Cooperation Council), 독립국가연합(Commonwealth of Independence States) 등이 특히 큰 영향을 받을 것으로 보인다. 또한 소위 디커플링(decoupling)-리커플링(recoupling) 논쟁도 중국경제와 밀접한 관계가 있다는 평가이다. 한 연구에 의하면[9] 그동안 관찰되었던 선진국-신흥국간 성장률의 격차(growth gap)를 의미하는 디커플링 현상은 상당 부분 중국경제의 고속성장과 관련되어 있다. 만약 중국경제가 경착륙할 경우 이러한 디커플링 현상은 상당 부분 사라지게 될 것이라는 주장이다. 즉, 선진국과 신흥국 경제가 같은 방향으로 움직이는 리커플링 현상이 일어날 것으로 예상한다. 2007~09년 6%에 이르던 선진국-신흥국간 성장률 갭은 만약 중국경제가 경착륙할 경우 1% 미만으로 하락할 것이라는 추정이다.

그럼 중국경제가 정말 경착륙할 것인가? 이는 쉽게 단정하기 어려운 문제이다. 상황별로 다양한 상황이 전개될 수 있기 때문이다. 이와 관련하여 참고할 만한 연구가 하나 있다. 2019년 9월 세계은행(WB)과 국무원발전연구센터(国务院发展研究中心)는 공동으로 작성한 보고서[10]에서 세 가지 시나리오별로 중국의 장기 성장률을 전망한 바 있다. 이 세 가지 시나리오는 각각 완전한 개혁(Comprehensive reforms), 중간 정도의 개혁(Moderate reforms) 및 제한적인 개혁(Limited reforms)이었다. 여기에서 개혁은 세계경제포럼(WEF: World Economic Forum)의 글로벌 경쟁력 지수(GCI: Global Competitiveness Index)상 28위(2018~19년 기준)에 있는 중국이 상위 10위 정도의 국가에 상응하는 경쟁력을

9) L. Gauvin & C.C. Rebillard, Towards recoupling? Assessing the global impact of a Chinese hard landing through trade and commodity price channels, wileyonlinelibrary.com/journal/twec, 2018.3.
10) World Bank Group & Development Research Center of the State Council, PRC, Innovative China, 2019.9.

확보하기 위한 제반 개혁으로 정의하였다.[11] 그리고 각각의 시나리오별로 향후 중국경제 성장률을 전망하였다. 이상의 세 가지 시나리오에 따르면 2021~30년의 경우 완전한 개혁 및 중간 정도 개혁시 5.1%, 제한적 개혁시 4.0% 성장할 것으로 전망하였다. 한편 2031~40년의 경우에는 완전한 개혁시 4.1%, 중간 정도 개혁시 2.9%, 제한적 개혁시 1.7% 성장할 것으로 전망하였다. 즉, 개혁 정도에 따라 차이는 있겠지만 적절한 개혁 조치가 이루어지지 않을 경우 중국경제가 경착륙 위험에 처하게 될 것임은 거의 확실하다는 점을 알 수 있다. 더구나 이 시나리오는 현재의 코로나19와 같은 세계적인 리스크 요인은 감안조차 되지 않았다는 사실을 감안하면 현실은 훨씬 더 나빠질 수 있다는 점을 유념해야 할 것 같다.

결국 관건은 중국 정부가 체제의 제약 및 기득권층의 저항 등을 얼마나 극복하고 개혁조치를 효율적으로 추진해 나갈 수 있을 것인가에 달려 있다 하겠다. 현재로서는 쉽지 않은 과제임에 틀림없다.

---

11) 경쟁력 요소로는 인프라 구조의 질, 고등교육 진학률, 상품시장 효율성, ICT를 포함한 기술활용 속도 등이 포함되었다.

중국의 디지털화폐

– 중국인민은행의 도전은 성공할까?

비트코인(bitcoin) 열풍이 처음 우리 사회를 휩쓴 지도 몇 년이 되어 간다.[1] 2019년 6월에는 페이스북(Facebook)이 자체적인 디지털화폐인 '리브라(Libra)' 발행 계획을 발표하면서 큰 관심을 끈 바 있다. 그러나 이 계획은 가치보장 및 각국의 통화주권 문제 등이 제기되면서 추진이 쉽지 않았다. 결국 페이스북은 2020년 12월 리브라의 명칭을 '디엠 (Diem)'으로 바꾸고 다양한 통화에 연동하는 디지털화폐라는 당초 계획을 수정하여 달러화에만 연동하는 방식의 디지털화폐로 추진 방향을 변경하였다. 앞으로의 진전 상황을 지켜볼 일이다.

암호화폐, 가상통화, 디지털화폐 등 다양한 이름으로 불리고 있는 새로운 지급결제 수단의 탄생과 확산은 어찌 보면 IT 기술의 발달에 따른 필연적 현상이라고도 할 수 있다.

민간부문이 주도하는 다른 국가와는 달리 중국은 정부가 주도하여

---

1) 비트코인 가격은 2017년 2만 달러를 넘어서는 등 급등하였다가 2018년에는 3천 달러 선으로 폭락한 바 있다. 그러나 2020년에 들어 다시 회복세를 보이면서 2020년 12월에는 다시 2만 달러를 회복하였으며 2021년 초에는 급등락을 반복하였다.

디지털화폐 발행을 추진하고 있다. 중국인민은행이 그 중심에 있다. 여기서 한 가지, 한국은행은 한국의 중앙은행이고 일본은행은 일본의 중앙은행이므로 중국은 중국은행이 중앙은행일 것 같지만 그렇지 않다. 중국은행은 특히 외환업무에 강점이 있는 국유 대형상업은행의 하나일 뿐이다. 중국의 중앙은행은 중국인민은행(PBC: People's Bank of China)이다. 더구나 중국인민은행은 우리처럼 행정부와 독립된 기관이 아니라 국무원 산하에 있는 정부 부처의 하나이다.

중앙은행이 디지털화폐(CBDC: Central Bank Digital Currency)를 발행할 필요성이 있는지에 대해서는 찬반 견해가 엇갈린다. 신용리스크 축소, 현금에 비해 높은 거래 투명성, 통화정책의 여력 확충 등은 중앙은행 디지털화폐의 장점이다. 반면 은행 자금중개 기능 약화, 금융시장의 신용배분 기능 축소, 중앙은행에의 정보 집중에 따른 개인정보보호 문제 등은 부작용으로 지적되는 부분이다.[2]

중국인민은행은 법정 디지털화폐를 발행하여 시장을 선점하고 통화주권을 강화한다는 목적하에 그동안 관련 연구를 지속해 왔다. 여기에는 국내 통화시장에 대한 통제력 강화와 함께 글로벌 가상화폐 시장 선점을 통한 '위안화 국제화'의 가속화라는 의미도 포함되어 있는 것으로 해석되고 있다. 타국보다 상대적으로 정보보호 문제에 대한 인식이 낮은 상황하에서 금융시장 발달이 더딘 것도 중국인민은행이 디지털화폐 연구 및 발행을 적극적으로 추진한 배경이다.

중국인민은행은 2014년 초에 디지털화폐 연구조직을 신설하였으며 2015년 시범(Prototype)시스템을 구축하고 검증한 데 이어 2017년에는 디지털화폐연구소를 설립하였다. 이후 법정 디지털화폐 발행을 위한 시범운영을 지속하고 있으며 법적인 준비도 진행중이다. 법적인 준비의 예로 들 수 있는 것이 2020년 10월부터 추진중인 '중국인민은행법

---

2) 한국은행, 중앙은행 디지털화폐, 2019.1.

(中华人民共和国中国人民银行法)' 개정작업이다.[3] 개정법안 19조에서는 '법정화폐인 인민폐는 물리적 형태와 디지털 형태를 포함한다'고 규정하여 디지털화폐 발행에 대한 법적 근거를 명시적으로 마련하였다. 또한 22조에서는 '어떠한 법인이나 개인도 인민폐를 대신하는 디지털화폐를 만들고 판매할 수 없도록 금지'하고 처벌규정도 신설하였다.

그동안 일부 국가에서 제한적인 형태의 법정 디지털화폐만 발행된 상황에서 과연 중국이 언제 정식으로 디지털화폐를 출시할지에 대한 궁금증이 높아지고 있는 상황이다.[4] 국제결제은행(BIS)에 따르면, 조사대상 65개 국가 중 86%의 중앙은행에서 중앙은행 디지털화폐와 관련된 업무를 수행하고 있는 가운데[5] 중국은 디지털화폐 분야에서는 선도적인 국가로 꼽히고 있다.

그럼, 중국인민은행이 현재 준비중인 디지털화폐에 대해 간략하게 살펴보자. 현재 중국인민은행 디지털화폐는 구조가 2원적이다. 중국인민은행은 상업은행에 중앙은행 디지털화폐를 발행하고 환수하는 역할을, 상업은행은 개인 및 기업에 이를 공급하여 유통시키는 역할을 담당하는 시스템이 바로 그것이다.[6] 이렇게 2원적 시스템을 구축한 것은 우선 상업은행 예금에 대한 구축효과(crowding out effect)를 피하기 위

---

3) 이 개정 법률안이 2021년 확정된다면 2003년 이후 18년 만의 법 개정이 된다.
4) 베네수엘라가 2018년 자국 생산 원유에 연동된 암호자산(Petro)을 발행하였으나 가치가 유가에 연동되어 변동될 수 있고 강제통용력도 없다는 점에서 중앙은행 디지털화폐로 보기에는 무리라는 지적이다(한국은행, 2019). 스웨덴 중앙은행은 2020년 2월부터 디지털화폐인 e-krona를 시범 테스트 중이다. 한편 2020년 7월에는 유럽의 리투아니아에서 LBCOIN이라는 중앙은행 디지털화폐가 출시되었으나 이는 제한된 수량만 발행된 디지털 기념화폐에 불과했다.
5) BIS, Ready, steady, go? - Results of the third BIS survey on central bank digital currency, BIS Papers No 114, 2021.1. 이 조사는 2020년 4사분기에 이루어졌으며 우리나라를 포함하여 전 세계 주요국 중앙은행이 대부분 참여하였다. 한국은행의 경우 디지털화폐연구팀(Digital Currency Research Team)에서 관련 기획 및 조사연구 업무를 담당중이다.
6) 금융결제원, 중국의 CBDC 발행 추진 동향, KFTC 지급결제동향 제297호, 2019.9.

해서이다. 이는 중앙은행이 직접 디지털화폐를 발행할 경우 상업은행 예금과 경쟁 관계에 놓이게 되면서 상업은행 예금이 감소할 수 있는 가능성을 차단한다는 의미이다. 또한 중앙은행이 국민에게 직접 통화를 공급함에 따른 과도한 리스크 집중을 예방하기 위한 목적도 있다. 이는 통화정책 파급경로의 전이에 따른 위험 회피를 위해 2원적 구조를 선택하게 되었다는 뜻이다.[7] 한편 중국인민은행은 디지털화폐 발행 과정에서 지급준비금을 차감하고 환수과정에서 다시 입금하는 방식을 취할 계획이다. 이는 새로운 디지털화폐가 기존의 본원통화(M0)를 대체한다는 의미이다. 법정화폐인 위안화와 1 : 1로 교환되며 발행시 100% 발행기금이 적립되고 발행총액을 본원통화 수준으로 설정하였다는 점 등도 이와 같은 배경에서 나온 것이다.

한 가지 유의해서 봐야 할 것은 중국인민은행이 이 디지털화폐 즉, 디지털위안화(數字人民幣)를 지칭할 때 중앙은행 디지털화폐(CBDC)가 아니라 '디지털화폐 및 전자지급결제(DCEP: Digital Currency and Electronic Payment)'라는 용어를 사용하고 있다는 점이다. 이는 새로운 디지털화폐가 단순히 본원통화를 대체하는 것을 벗어나 지급결제의 폭을 넓히겠다는 의도를 가진 것으로 해석할 수 있다. 이미 중국은 알리바바와 텐센트로 대표되는 대규모 지급결제 플랫폼을 운영중이다. 알리바바의 알리페이(alipay, 支付寶)는 2019년 기준으로 20종의 통화를 이용하여 56개국에서 결제가 가능하다. 텐센트의 위챗페이(wechatpay, 微信支付)도 17종의 통화를 이용한 49개국에서의 결제가 가능하다. 중국인민은행은 향후 중앙은행 디지털화폐를 이용하여 알리페이나 위챗페이를 능가하는 초국가적인 지급결제시스템 설립을 추구할 가능성이 있다. 이렇게 될 경우 이는 현재 IMF의 특별인출권(SDR)과 유사한 전자특별인출권(eSDR)의 성격을 지니게 될 것이다.

---

7) Fan.Y., Central Bank's Digital Currency: A Few Consideration, 2018.1.25.

한편 중국 정부의 디지털화폐 추진에는 알리페이나 위챗페이로 대표되는 기존 비은행지급결제 기관들의 영향력이 과도해지는 것을 막기 위한 의도도 있는 것으로 평가된다. 알리페이나 위챗페이는 중국의 제 3자 지급결제(third-party payment)[8] 시장의 90% 이상을 장악하고 있는 상황이다. 중국 정부가 2020년 8월 알리페이 및 위챗페이의 시장지배적 지위 남용에 대해 조사를 벌인 배경이다. 또한 2020년 10월 중국인민은행이 6개 소액결제업체에 대해 관련 규정 위반 등을 이유로 약 300억 원(1.8억 위안)의 벌금을 부과한 사건도 같은 맥락하의 조치라 할 수 있다.

중국의 제3자 지급결제시장에서 알리페이와 위챗페이 점유율(%)

	2015	2016	2017	2018	2019	2020.9
알리페이(Alipay)	68.4	55.0	53.7	54.3	55.1	54.5
위챗페이(Wechatpay)	20.6	37.0	39.5	39.2	38.9	39.5
합계	89.0	92.9	93.2	93.5	94.0	94.0

자료: iResearch.

한편 중국인민은행 디지털화폐의 구체적인 충전은 알리페이나 위챗페이의 현금 충전 방식과 유사한 것으로 나타났다. 2020년 10월중 광둥성 선전시[9]에서 5만 명의 개인을 대상으로 한 시범사업에서 나타난 결과이다. 당시 디지털위안화를 5만 명에게 개인당 200위안씩 배포하여 슈퍼마켓, 음식점 등 3,400여 개의 상점에서 사용토록 한 바 있다.

8) 제3자 지급결제란 결제시 현금(양자 결제)이나 은행을 통해 결제하는 것이 아닌 여타 제3자(카드사, 결제대행업자 등)를 통해 결제하는 방식을 말한다.
9) 선전시는 2019년 8월 국무원이 '중국특색 사회주의 시범지역'으로 선정하면서 법정 디지털화폐 유통 및 모바일 결제 혁신의 시범지역으로 활용할 것임을 발표한 바 있다.

구체적인 방법은 스마트폰에 디지털위안화 앱을 다운받고 중국, 공상, 건설, 농업 등 4대 은행의 디지털지갑을 설치한 후 200위안의 디지털위안화를 수령 후 사용하는 방식이었다.

2020년 12월에는 장쑤(江苏)성 쑤저우(苏州)에서 10만 명의 주민들에게 디

중앙은행의 디지털화폐(CBDC: Central Bank Digital Currency) 발행이 본격화될 경우 비트코인(bitcoin), 이더리움(ethereum) 등 기존의 가상화폐들 운명이 어떻게 될 것인지에 대해서는 논의가 분분한 상황이다.

지털위안화를 일인당 200위안씩 배포하여[10] 1만 개 이상의 상점에서 시범 사용하도록 하였다. 이때에는 특히 전자상거래 업체인 징둥(京東)이 참여하여 최초로 온라인상에서도 디지털위안화 사용을 테스트하였다. 또한 2021년 2월 수도인 베이징에서도 5만 명의 주민들에게 일인당 200위안의 디지털위안화를 배포하고 온·오프라인에서 사용하는 테스트를 실시하였다. 한편 2021년 3월에는 쓰촨성에서 20만 명의 주민들에게 총 4,000만 위안의 디지털위안화를 지급하고 테스트를 실시하였다. 이처럼 중국 정부는 다양한 지역에서의 시범 운용을 통해 2022년 베이징 동계올림픽 전까지 디지털위안화를 어느 정도 안착시키겠다는 계획인 것으로 추정된다. 관련하여 협력 기업들도 늘어나고 있다. 디디추싱(滴滴), 메이퇀(美團), 비리비리(B站), 알리페이(支付寶), 바이트댄스(字節跳動) 등이 전략적 협력 기관으로 선정됐다. 예를 들어 4억 명이 넘는 회원을 확보한 메이퇀과 같은 온라인 플랫폼과의 협업 성공 여부는 디지털 위안화의 보급 확대를 가늠하는 시금석으로 작용할 것

---

10) 취급은행은 중국, 공상, 건설, 농업 등 기존의 4대 은행 이외에 교통은행(交通銀行) 및 우편저축은행(邮储银行)이 추가되어 총 여섯 개였다.

으로 보인다.

과연 중국인민은행의 디지털화폐는 성공할 수 있을까? 오랜 기간 준비해 왔음에도 불구하고 중국 정부는 매우 신중하게 추진하고 있는 모양새이다. 이는 이 프로젝트가 통화주권 강화, 시장 선점 및 민간 지급결제기관의 영향력 억제라는 미시적 목적 이외에 달러 영향력 약화 및 위안화 국제화라는 원대한 목표와도 관련이 있는 핵심적인 국가정책 과제이기 때문이다. 예를 들어 일대일로(一帶一路, Belt and Road Initiative)[11] 국가들과의 교역이나 원유 수입에 디지털위안화를 사용할 경우 향후 달러 패권에 대한 중대한 도전이 될 수도 있다.

앞으로 실물화폐의 디지털화로 인해 화폐 발행, 유통, 투자 등 모든 측면에서 변화가 발생할 것이다. 더구나 디지털화폐가 빅데이터, AI, 사물인터넷(IoT: Internet of Things), 블록체인 등 다양한 기술과 결합하면서 그 가능성과 잠재력은 폭발적으로 증가할 것이다. 이는 새로운 통화시스템이나 결제시스템이 출현할 가능성이 커진다는 의미이다. 만약 중국의 디지털위안화가 성공적으로 출시된다면 미래 시장과 국제규칙을 선도하는 국가가 될 가능성이 높아진다. 다만, 여러 가지 한계점을 감안할 때 그것이 그리 쉬워 보이지는 않는다.

우선 중앙은행 디지털화폐 발행시에 따를 수 있는 은행의 금융중개기능 및 금융안정성에 대한 부정적 영향을 감안할 때 그 추진이 신중할 수밖에 없다는 점이다. 은행예금의 일부가 디지털화폐에 대한 수요로 전환될 경우 민간의 은행예금 감소요인으로 작용하여 은행의 자금조달 비용을 높이면서 은행의 금융중개기능 및 수익성 악화를 초래할 가능성이 있다.[12]

---

11) 동남아시아와 아프리카를 연결하는 해상실크로드(일대)와 중앙아시아, 러시아 및 유럽을 연결하는 육상의 교통·통상 네트워크인 대륙의 실크로드(일로) 개발 계획을 지칭하며 중국이 2013년부터 추진하고 있다.
12) 이승호, 중앙은행 디지털화폐(CBCD)의 의의, 영향 및 시사점, 자본시장포커스 2021-03호, 한국자본시장연구원, 2021.01.19.~02.01.

둘째로 중국 금융시장의 폐쇄성이다. 지금처럼 금융시장 개방성이 낮은 상황에서 디지털 위안화의 역외 확산은 당분간 제한적일 수밖에 없기 때문이다.

셋째로 금융소외 현상도 빼놓을 수 없는 문제이다. 코로나19로 비대면 결제가 빈번해지면서 중국에서는 현금결제가 거부되거나 일부 노년층이 공공요금을 납부할 때 곤란을 겪는 상황이 발생하였다. 이에 대한 대응으로 중국인민은행은 2020년 12월 위안화 현금 지급 원활화를 위한 행정조치를 발표하기도 하였다.[13]

마지막으로 개인정보보호, 해킹 등의 문제에 대한 대책도 소홀히 할 수 없는 과제들이다. 지급결제정보의 중국인민은행 집중은 지금도 개인정보 및 프라이버시 보호 소홀로 비판받고 있는 중국의 감시국가화 경향을 더욱 가속화시킬 가능성이 높다.

---

13) 中國人民銀行公告 [2020]第18號, 2020.12.9. 주요 내용은 공공기관 등에 현금 수납 전용 창구 설치, 기업의 경우 비현금 지급방법으로의 유도 금지 등이다.

중국의 소프트파워 육성전략

- 상하이타워와 공자학원

    중국 상하이에 있는 상하이타워는 높이가 632미터로 2020년 현재 세계에서 두 번째로 높은 빌딩이다. 600미터 이상의 마천루를 의미하는 메가초고층(megatall) 건물의 하나이다.[1] 상하이의 중심가 야경은 이미 뉴욕, 홍콩의 야경 부럽지 않게 화려하다. 중국경제의 급성장으로 인한 경제적 부(富)의 증가를 대표적으로 보여주는 모습이라 하겠다.

    이외에도 다양한 모습에서 중국의 외양적 성장은 눈부시다. 우선 부자 인구가 급증하고 있다. 2019년에 행해진 한 조사[2]에 의하면 2018년 기준으로 중국에서 투자자산 17억 원(1,000만 위안) 이상을 보유한 인구만 197만 명에 달하는 것으로 나타났다. 2008년에 30만 명이었던 점을 감안하면 10년 만에 여섯 배 이상 증가한 수치이다. 또한 중국은 미국에 이어 세계 2위의 군사비 지출 국가인 동시에, 2위의 R&D 지출

---

1) 2020년 현재 메가초고층 건물은 3개가 있으며, 두바이의 부르즈 칼리파(Burj Khalifa, 828미터) 및 메카의 마카 클락 로얄타워(Makkah Clock Royal Tower, 601미터)가 나머지 2개이다.

2) Bain & Company·China Merchants Bank, China Private Wealth Report, China's Private Banking Industry: Back to Basics, 2019.10.

국가이다. 세계 1위의 자동차 생산 및 소비 국가이기도 하다. 2019년 중국에서 판매된 자동차는 2,577만 대에 달하였다. 글로벌 판매량의 28.5%이다. 2위인 미국의 판매량이 1,748만 대였고 3위인 일본이 519만 대였으니 중국의 소비력이 얼마나 막대한지를 잘 알 수 있다.

이처럼 경제력이나 군사력 등 겉으로 보이는 중국의 하드파워(Hard power, 경성권력)는 여느 국가 못지않게 거대해졌다고 할 수 있다.

주요국 자동차 판매량(2019년)

	중국	미국	일본	독일	인도	브라질	한국	러시아
대 수(만대)	2,577	1,748	519	402	382	279	179	178

자료: International Organization of Motor Vehicle Manufacturers.

그렇다면 교육·학문·예술 등 이성과 감성을 포함하는 문화적 영향력으로서, 강제력이 아닌 설득과 매력을 통해 상대방이 자발적으로 따르도록 하는 능력을 의미하는 소프트파워(Soft power, 연성권력)[3]는 어떠할까?

중국에서 소프트파워에 대한 논의가 본격적으로 시작된 것은 1993년 상하이 푸단대학의 왕후닝(王滬寧) 교수가 '국력으로서의 문화 : 소프트파워(作爲國家實力的文化 : 軟權力)'를 발표하면서부터이다.[4] 종합적인 국력으로서 소프트파워의 중요성을 이때부터 인식하기 시작하였다고 할 수 있다. 경제 및 외교적인 측면에서는 중국이 최초로 주도하여 2016년 설립된 다자간개발은행인 아시아인프라투자은행(AIIB: Asia Infrastructure Investment Bank)이 소프트파워 육성을 위한 대표적 노력이라 할 수 있다. 아시아인프라투자은행은 신흥국이나 저개발국에 대

---

3) 소프트파워는 1980년대에 '미국쇠퇴론'논란에 대응하여 조지프 나이(J.S. Nye, Jr.)교수가 제기한 개념이다.
4) 유희복, 중국현대를 읽는 키워드 100, 네이버 지식백과. 2021년 현재 왕후닝 교수는 중국 정치권력의 중심인 7인의 중앙정치국 상무위원 중 한 명이다.

한 개발금융 지원시에 여타 서구 선진국이나 국제기구 등과는 다르게 인권이나 환경 등과 관련된 까다로운 조건을 요구하지 않는다. 이들 국가들의 호감을 얻고 영향력을 확대하기 위한 방편에서이다. 한편 문화적인 측면에서 중국 정부가 소프트파워 강화전략의 일환으로 추진하는 대표적인 정책은 '공자학원(孔子學院, Confucius Institute)'의 적극적인 보급이다. 공자학원은 중국어 및 중국문화 전파를 위해 설립된 비영리 문화기구이다. 우리나라의 '세종학당'이나 독일의 '괴테인스티튜트(Goethe-Institut)', 스페인의 '세르반테스 문화원(Instituto Cervantes)'과 유사한 기구라 할 수 있다. 공자학원은 2004년 11월 서울에 최초 설립된 것을 시작으로 2020년 11월 현재 162개국에 541개가 설립되어 있다. 짧은 기간에 놀랄 만한 속도로 보급된 셈이다.

언어 및 문화 보급 등을 위해 설립된 주요국 기구(2020년 11월 현재)

	공자학원 (孔子學院)	세종학당	괴테 인스티튜트 (Goethe-Institut)	세르반테스 문화원 (Instituto Cervantes)
설립	2004년	2012년	1951년	1991년
분포	162개국 541개	76개국 213개	98개국 157개	45개국 86개
비고	한국에 23개	중국에 28개	한국에 5개 중국에 2개	한국에 1개 중국에 2개

자료: 각 기관 홈페이지.

중국 정부의 이러한 노력들은 실질적으로 얼마나 결실을 맺고 있을까? 중국어, 중국문화, 중국예술에 대한 세계인들의 호감도는 어느 정도일까? 국민들의 문화 및 교양수준, 예술 감각, 창의성은 다른 주요 국가들을 충분히 뒤쫓아가고 있을까?

결론부터 말한다면 아직은 갈 길이 멀다는 점이다. 현대 중국은 건국한 지 이미 70년을 넘겼다. 그러나 개국 초기 및 문화대혁명의 혼란 시기 등을 제외한다면 실질적으로 중국이 웅비하기 시작한 것은 40년이 조금 넘었다. 빈곤 상태에서 벗어나 이제야 비로소 기본적인 생활이 가능한 시대가 된 것이다. 중국의 1인당 GDP는 2019년에야 1만 달러를 넘었고 글로벌 순위는 아직 68위에 불과하다.5) 문화와 예술 등에 대한 인식과 역량 제고 노력은 이제 시작 단계에 있다고 할 수 있다. 더구나 인권, 환경, 자유, 민주주의 등 인류의 보편적 가치체계에 대한 중국의 수용 능력과 관련하여 여전히 많은 국가에서 의구심을 가지고 있는 것도 사실이다. 이런 배경에서는 중국의 소프트파워가 영향력을 발휘할 여지가 극히 제한될 수밖에 없다.

한편 이와 관련하여 일부에서는 중국이 현재 배양을 위해 노력중인 것들은 소프트파워에 해당하지 않으며 이를 샤프파워(Sharp power)로 불러야 한다고 주장한다. 샤프파워란 한 나라가 교묘한 수법을 동원하여 다른 나라에 구사하는 영향력을 의미한다.6) 이 용어는 2017년 11월 미국민주주의진흥재단(National Endowment for Democracy)이 국제관계 평론잡지인 포린어페어스(Foreign Affairs)에서 처음 언급하였다. 그리고 이의 대표적인 사례 중 하나로 중국의 공자학원을 들고 있다. 공자학원은 중국어 및 중국문화 보급보다는 그동안 체제 홍보의 역할에 치우치면서 학문의 자유를 침해한다는 비판을 종종 받아왔다. 특히 미국의 대학을 중심으로 공자학원을 폐쇄하는 경우가 발생하고 있는 것은 이와 같은 이유에서이다. 2014년 시카고대와 펜실베이니아대, 2015년 스웨덴의 스톡홀름대, 2018년 미시간대 등이 대표적이다. 2018년 이후에도 최소 15개의 미국 대학에서 공자학원을 폐쇄하였으며, 그 결과 2019년 9월 88개에 이르던 미국 내 공자학원 수는 2020년 11월 현재 75개로 감소한 상황이다.

---

5) World Bank, 2020.7.
6) 영향력 행사 방법으로는 회유, 협박, 여론조작, 음성자금 동원 등이 있다.

2004년 최초 설립된 공자학원(孔子學院)은 중국어 및 중국문화 보급을 위해 설립된 기관이다. 2020년 11월 현재 162개국에 541개가 설립되어 있다. 그러나 이 학원은 체제 홍보의 역할에 치중한다는 비판을 받고 있는 상황이다.

정부의 지원이 물론 일부 도움은 될 수 있으나 본질적으로 소프트파워는 정부가 주도적으로 추진하여 얻어낼 수 있는 힘이 아니다. 소프트파워는 그 사회의 구성원들이 창의적으로 생각하면서 인류사회에 보편적이면서도 매력적인 유무형의 가치를 창출해 낼 때 비로소 글로벌 공동체가 인정하면서 자연스럽게 얻을 수 있는 것이다. 강요나 기만이 아니라 자발적인 설득 과정을 통해 타인이 나의 의견이나 취향을 적극적으로 수용하는 태도를 갖도록 하는 것은 결코 쉬운 일이 아니다. 단순히 경제적 부(富)를 쌓는다고만 해서 되는 일도 물론 아니다. 우리가 벼락부자를 무시하는 이유를 보면 잘 알 수 있다.

중국이 과연 덩치만 큰 졸부(猝富)가 될 것인지, 모두에게 인정받는 품격과 선한 영향력을 가진 진짜 부자가 될 것인지는 앞으로 어떻게 중국의 정치·사회·경제·문화 시스템이 발전해 갈 것인지에 달려 있다고 하겠다.

빅테크

– 성공 배경과 과제

    정보통신기술의 발달로 새로운 용어들이 눈부시게 등장하고 있다. 가히 따라잡기 벅찰 정도이다. 핀테크(FinTech), 빅테크(BigTech), 테크핀(TechFin) 등은 금융 부문에 등장한 대표적인 용어들이다. 모두 정보통신기술(ICT: Information and Communication Technology)과 금융(Finance)이 결합된 신조어들이다. 간단히 말한다면 핀테크는 금융서비스 제공을 목적으로 디지털 기술을 사용하는 것을, 빅테크는 광범위한 비즈니스 라인의 일부로 금융서비스를 제공하는 정보통신기술(ICT) 기업을 지칭한다.[1] 한편 테크핀은 빅테크 기업들이 소셜 네트워크, 전자상거래 등 각자의 분야에서 획득한 소비자 정보와 기술역량을 바탕으로 다양한 금융서비스를 제공하는 것을 의미한다.[2]

    전통적인 은행과는 차별되는 빅테크에 의한 신용공급은 새로운 금융환경을 빠르게 만들어나가고 있다. 국제결제은행(BIS)에 의하면 빅테크

---

1) BIS, BigTech and the changing structure of financial intermediation, 2019.
2) 김자봉, 플랫폼의 금융중개 효율성 제고 효과와 규제감독 과제: 아마존 사례를 중심으로, 금주의 논단, 금융브리프 28권 21호, 한국금융연구원, 2019.10.26.~11.8.

업체들이 공급한 신용공급규모는 2013년 106억 달러에서 2019년 5,720억 달러로 급증하였다. 특히 중국은 1,000억 달러 이상의 신용을 이들 빅테크 업체들이 공급하면서 세계 최대의 규모를 기록하였다.[3] 중국 빅테크 업체들의 신용공급규모는 이미 중국 전체 신용공급의 1%가 넘는 수준이다.

알리바바(Alibaba), 텐센트(Tencent), 바이두(Baidu)로 대표되는 중국의 빅테크 기업들은 그 어느 나라 빅테크 기업들보다 빠른 성장세를 보이고 있다. 이렇게 된 데에는 다음의 세 가지 배경이 존재한다.

우선, 기본적으로 충분한 관련 인력이 공급되고 있다는 점이다. 중국은 우리나라가 급성장을 경험하던 7, 80년대와 같이 새로운 기업과 산업들이 우후죽순처럼 급성장하면서 젊은이들에게 많은 기회를 제공하고 있다. 특히 과학기술 및 엔지니어링 등 이공계 전문가들의 몸값이 높아 학생들도 대학 진학시 이들 분야를 선호하고 합격선도 높다.[4] 중국대학의 STEM(Science, Technology, Engineering, Mathematics)분야 졸업생만 매년 약 500만 명에 달한다. 또한 2019년 미국에서 과학·기술(Science & Engineering)분야 박사학위를 취득한 전체 학생 42,980명 중 중국인 학생이 5,742명으로 비중은 13.4%였다. 미국인을 제외하고 외국인 학생 17,262명만을 기준으로 계산하면 무려 33.3%가 중국인이다. 또한 미국에서 박사학위를 받은 중국 학생의 91.1%가 과학·기술 분야였다.[5] 이 분야에서 얼마나 많은 중국의 인재들이 공급되고 있는지 상징적으로 알 수 있는 수치이다.

---

3) Gulio Cornelli, etc., Fintech and big tech credit : a new database, BIS Working Papers No.887, BIS, 2020.9.
4) 우리나라도 1980년대 중후반에는 비슷하였다. 당시 서울대학교 입시에서 최고 커트라인을 기록한 학과는 전자공학과였다.
5) 이는 인도, 이란, 대만 등 여타국도 마찬가지였으며 90% 내외의 학생들이 이 분야의 학위를 받았다. 학위 취득자 상위 5개국 중 유일한 예외가 우리나라로 과학·기술분야 박사학위 취득자 비중은 70.6%였다.

미국 박사학위 취득자 상위 5개국(2019년)

	중국	인도	한국	이란	대만
전체(명)	6,305	2,050	1,164	959	491
비중(%)*	30.9	10.0	5.7	4.7	2.4
과학·기술 분야(명)	5,742	1,905	822	877	425
비중(%)*	33.3	11.0	4.8	5.1	2.5

* 비중은 외국인 학위 취득자 중 전체 및 과학·기술분야의 해당 국적 보유자 비중.
자료: Survey of Earned Doctorate, NSF.

둘째, 금융업 발전이 더딘 중국에서 이들 빅테크 기업들이 다양한 금융서비스 제공을 통해 소비자의 금융 접근성을 높이는 역할을 수행할 수 있었기 때문이다. 중국은 결제수단을 비롯하여 금융서비스 발전이 선진국보다 훨씬 뒤처져 있다. 이런 상황에서 기존에 운영해오던 전자상거래, 검색, 소셜 네트워크 사업 등을 통해 자금제공자와 자금수요자에 대한 빅데이터를 축적할 수 있었던 빅테크 기업들은 결제서비스 제공 등을 통해 직접 금융업에 진출하게 되었다. 즉, 빅테크 기업들은 주력 비금융 사업에서 형성한 네트워크를 기반으로 이용자의 서비스 접근성을 높이는 동시에 축적된 데이터를 분석하여 개별화된 금융서비스를 제공할 수 있었다. 이는 기본적으로 이들 기업들이 네트워크 외부성(network externality)을 가지고 있었기 때문에 가능한 일이었다.[6] 네트워크 외부성이란 참여자가 많아질수록 빅데이터를 활용한 서비스의 개선이 더 이루어짐으로써 네트워크 참여 효과가 더 커지는 효과를 말한다. 예를 들어 알리바바의 금융 관련 분야가 독립하면서 2014년 설립된 앤트그룹(螞蟻集團)은 상거래를 위한 간편결제서비스를 시작으로 축적한 상거래 정보를 활용하여 신용평가, 소액대출, 자산운용 등의 서

6) Hyun Song Shin, Big Tech in finance:opportunities and risks, BIS speech, 2019.

알리바바 산하의 앤트그룹(螞蟻集團)은 중국 최대의 빅테크 업체 중 하나이다. 그러나, 최근 중국 금융당국의 빅테크 관련 규제가 강화되면서 어려운 시기를 겪고 있다. 앤트그룹은 우리나라 주요 빅테크 기업인 카카오페이의 2대 주주(39.1% 지분)이기도 하다.

비스를 제공하고 있다. 지급결제 수단이었던 알리페이 계좌를 이용하여 운용하는 모바일 자산운용 펀드상품인 위어바오(餘額寶)가 대표적이다. 위어바오는 자금의 90% 이상이 은행예금으로 운용되는 투자손실 위험이 적은 MMF 상품이면서도 수익률이 6~7%로 높아 큰 인기를 얻은 바 있다.[7] 또한 텐센트는 이용자 간 간편송금 서비스를 제공하는 동시에 이들의 연결구조에 관한 정보를 수집하여 보험상품 등의 마케팅이나 가격책정 등에 활용하고 있다. 한편 바이두는 검색결과를 전자상거래 플랫폼으로 연계하는 등의 서비스를 제공하고 있다.[8]

마지막으로 들 수 있는 것은 중국 정부의 네거티브 규제방식이다. 개혁개방 정책을 통해 계획경제체제에서 시장경제체제로의 전환을 이끈 덩샤오핑은 시장경제에 대한 경험과 이해 부족으로 속출하는 문제들에 대해 일단 '지켜보자(看一看)'는 입장을 견지하였다.[9] 이러한 입장은 이후 중국 정부의 정책 수립 및 시행에 하나의 원칙으로 자리잡았다. 새로운 제도를 도입할 때, 우선은 시행해 보고 만약 문제점이 발견되면 추후에 이를 수정하는 방식이 널리 사용되었다. 그 경우에도 원칙

---

7) 2017년말 관리자산이 265조 원(2,413억 달러)에 이르렀다. 2020년말 기준으로는 200조 원(1,819억 달러) 수준이다.

8) 이보미, 빅테크의 금융업 진출 현황 및 시사점, 금융 포커스, 금융브리프 29권 01호, 한국금융연구원, 2019.12.21~2020.1.3.

9) 노은영, 중국의 인터넷금융 감독 법제에 관한 소고, 증권법연구, 제16권 제2호, 한국증권법학회, 2015.

적으로는 허용하되 문제가 되는 부분만 규제하는 네거티브 방식이 기본이다. 이러한 원칙은 빅테크 기업들의 경우에도 동일하게 적용되었다. 알리바바의 알리페이가 2004년 최초 출시되었을 때에도 중국 정부는 시장 변화를 관망만 하였다. 6년이 지난 2010년에야 중국인민은행은 '결제관리방법'을 제정하여 빅테크 기업에 대해 비은행 결제기관으로서의 법적 지위를 보장해주는 동시에, 소비자보호를 위한 의무와 책임 등을 규정하였다.10)

중국의 빅테크 기업들이 금융중개의 효율성을 증진시키고 소비자에게 다양한 금융서비스를 제공하는 것은 바람직한 일이다. 그러나 한편으로는 이미 거대 공룡기업이 되어 버린 이들 기업들에 대한 우려도 없지는 않다. 이들의 과도한 시장지배력 행사로 인한 경쟁 제한이나 금융시장의 과도한 쏠림 현상 가능성이 있기 때문이다. 또한 금융상품 간 연계성이 증가함에 따라 금융시장의 리스크도 커질 수 있다. 중국인민은행은 빅테크 업체의 지급시장 독점 폐해가 커지게 되자 2017년에 빅테크 업체의 지급거래를 전담하는 청산기구인 '왕롄(网联)'을 설립한 바 있다. 게다가 빅테크 업체들은 고객 선불예탁금의 100% 수준만큼 중국인민은행에 준비금 형태로 적립하도록 의무화하는 조치도 시행중이다.

따라서 현재는 효율성과 공정성의 문제를 동시에 고려하면서도 후자에 약간 더 정책의 무게중심이 쏠려 있는 상황으로 해석된다. 중국 정부가 최근 빅테크 기업들에 대한 통제를 더욱 강화하기 시작한 배경이다. 중국 정부는 2020년 11월 초 온라인 소액대출 사업에 대한 규제 내용을 담은 '온라인 소액대출업무 관리방안11)'을 발표하였다. 이 방안은 자기자본 확충, 1인당 대출액 제한(개인은 10만 위안, 기업은 100만 위

---

10) 노은영, 중국 비은행 지급결제기관의 모바일결제에 관한 규제 연구, 금융법연구 제16권 제3호, 2019.
11) 中國人民銀行·中國銀行保險監督管理委員會, 網絡少額貸款業務管理暫行辦法, 2020. 11.2.

안) 등의 규제 내용을 담고 있다. 이 방안 발표 직후 당시 역사상 최대 기업공개(IPO)로 예상[12]되던 앤트그룹의 상하이·홍콩 증시 상장도 무기한 연기되었다.

2021년 1월에도 중국인민은행은 '비은행결제기구조례[13]' 초안을 통해 결제업체에 대한 반독점 규제 의지를 명확하게 밝혔다. 이 초안은 비은행지급결제시장에서 한 개 업체의 시장점유율이 1/2을 넘을 경우, 두 개 업체의 시장점유율이 2/3를 넘을 경우 등에 반독점 조사를 실시하는 내용 등을 담고 있다. 이와 같은 일련의 조치들은 사실 중국 정부가 알리바바와 텐센트로 대표되는 빅테크 기업들이 규제의 사각 지대에서 과도하게 세력을 넓히고 있는 현상에 대해 경고하는 것이라고 할 수 있다.[14] 중국인민은행이 중앙은행 디지털화폐를 직접 개발하여 시범운영을 하기 시작한 것도 앤트그룹과 텐센트가 장악한 금융 기능의 통제권을 다시 국가로 회수하는 작업의 일환이라는 지적도 있다.[15] 또한 2020년 12월에는 최초의 국유 인터넷 전문은행이 설립되었다. 우정저축은행이 설립한 중요우요우후이완지아(中郵郵惠萬家)은행이 그것이다. 이 역시 앤트그룹과 텐센트가 주도하고 있는 인터넷 전문은행분야에 대한 국가의 개입이 시작된 것으로 해석할 수 있다.[16]

한 가지 유의해야 할 것은 빅테크 기업에 대한 국가의 규제 강화 추세가 중국만의 현상은 아니며 글로벌 공통 현상이라는 점이다.[17] 이는

---

12) 당초 370억 달러의 투자금을 모을 것으로 예상되었다.
13) 中國人民銀行, 非银行支付机构条例(征求意见稿), 2021.1.20.
14) 앤트그룹은 결국 2021년 2월 구조개혁방안을 발표하였다. 모바일 결제, 소액대출 및 블록체인 등 모든 사업분야를 총괄하는 금융지주사로 전환한다는 것이 방안의 핵심이다. 금융지주사로 전환되면 일반 상업은행과 마찬가지로 최소자기자본비율을 비롯한 각종 관리감독 기준을 엄격하게 적용받게 된다.
15) 한겨레, 박민희의 시진핑 시대 열전 12-마윈, 빅데이터로 국가에 맞선 돈키호테?, 2020.12.9.
16) 2020년말 현재 앤트그룹이 지배주주인 마이뱅크(網商銀行, Mybank)와 텐센트가 지배주주인 위뱅크(微衆銀行, Webank)가 중국의 인터넷 은행업을 주도하고 있다.

소비자보호 및 기업의 독점방지에 대한 합의가 이미 넓게 이루어져 있다는 의미이다. 다만 중국의 경우는 국가의 통제권 상실에 대한 우려라는 요소가 추가된 것이 아닐까 하는 추측이 든다. 이는 빅테크 관련 일련의 조치들이 결국 국가 통제력 강화정책의 일환이라는 의미이기도 하다. 결국 중국은 공산당이 지배하는 국가자본주의 사회이기 때문이다. 중국에서 진정으로 큰(big) 기업은 공산당이라는 기업이다.

---

17) 2020년 12월 EU집행위원회는 글로벌 빅테크 규제를 위한 디지털 시장법(Digital Market Act)과 디지털 서비스법(Digital Services Acts)안을 발표하였다. 온라인 플랫폼 기업이 인수합병을 할 때 EU에 사전신고를 의무화하고, 공정경쟁을 저해하는 경우 매출의 6~10%까지 벌금을 부과하는 내용 등을 담고 있다(홍지연, 글로벌 빅테크에 대한 규제 강화 추세, 자본시장포커스 2021-02호, 한국자본시장연구원, 2021.1.5.~1.18).

플랫폼 경제

– 알리바바와 아마존 간 대결의 승자는?

영국 런던의 킹스크로스(Kings Cross) 역에 가면 아마 세계에서 가장 유명하다고 할 수 있는 플랫폼(platform)을 만날 수 있다. 바로 플랫폼 9¾이다. 세계적인 베스트셀러 소설 「해리포터(*Harry Potter*)」에서 주인공들이 마법학교 호그와트(Hogwarts)로 들어가는 그 입구이다. 상상의 플랫폼이던 이곳을 워낙 많은 사람들이 찾다 보니 지금은 역의 별도 공간에 관광객을 위해 만들어놓았다.

이처럼 플랫폼은 원래 기차를 타고 내리는 승하차 공간을 가리키는 말이었다. 그런데 지금은 뜻이 훨씬 크게 확장되어서 사용중이다. 특정 장치나 시스템 등에서 이를 구성하는 기초가 되는 틀이나 골격을 뜻하기도 하고 혹은 다수의 공급자와 수요자가 거래에 참여할 수 있도록 구축된 거래환경을 의미하기도 한다.[1]

플랫폼을 활용하여 성공한 아마존(Amazon), 애플(Apple), 페이스북(Facebook) 등의 글로벌 기업들로 인해 이제는 플랫폼 경제라는 표현이 어색하지 않은 시대가 되었다.

---

1) 위키피디아.

중국도 플랫폼 경제의 선도국인 미국을 맹추격하고 있다. 알리바바(Alibaba, 阿里巴巴)의 티몰(T-mall)은 아마존이나 이베이(e-bay)를, 텐센트(Tencent, 騰訊)의 위챗(Wechat)은 페이스북을, 바이두(Baidu, 百度)는 구글(Google)을 벤치마킹하고 있다. 비록 혁신의 면에서 이들 중국 기업들이 미국 기업들에 뒤지는 것은 사실이지만 그 차이는 점차 좁혀지고 있으며, 일반 소비자들의 활용에서는 더 활발한 측면이 있는 것도 사실이다. 예를 들어 2019년 중국의 전자상거래 시장 규모는 1조 9,348억 달러로 전체 글로벌 시장의 54.7%에 달하였다.[2] 중국은 2013년 이후 미국을 제치고 전자상거래 시장 글로벌 1위 자리를 고수하고 있다.

전자상거래 시장규모(2019년)

	중국	미국	영국	일본	한국	독일	프랑스
규모(억 달러)	19,348	5,869	1,419	1,154	1,035	819	694

자료: Emarketer.com.

그렇다면 중국 플랫폼 경제의 특징은 무엇일까?

우선, BAT(Baidu, Alibaba, Tencent)의 영향력이 압도적이라는 점이다. 검색 부문은 바이두, 전자상거래는 알리바바, 게임·메신저는 텐센트가 시장을 지배하고 있다.[3] 특히 모바일 지급결제는 알리바바와 텐센트가 시장을 양분하고 있다. 여기에서 '지급결제'란 경제활동의 결과 발생하는 채권과 채무 관계를 소멸하고 화폐적 가치의 이전을 통해 처리하는 행위를 지칭한다.[4] 알리바바의 알리페이와 텐센트의 위챗페이

---

2) Oberlo, Ecommerce sales by country in 2019, www.oberlo.com.
3) 다만 최근에는 경쟁이 치열해지고 있다. 특히 전자상거래의 경우 징둥(京東)이나 핀둬둬(拼多多) 등이 알리바바의 강력한 경쟁자로 떠올랐다. 한편 동영상 공유 사이트인 틱톡(TIKTOK)의 급성장도 놀랍다.
4) 이현태 등(2018).

는 온·오프라인 지급결제를 통합하여 현금뿐만 아니라 신용카드나 직불카드 등 기존의 전자지급 결제수단까지 대체하면서 거대한 지급결제 플랫폼을 형성하고 있다.

BAT는 막대한 자금력과 사용자를 바탕으로 다양한 플랫폼 시장에 영향력을 행사하거나 직접 운영하고 있다. 알리바바의 경우 기존의 전자상거래(티몰(天猫)과 타오바오(淘寶))[5]는 물론이고 배달 서비스(餓了么), 동영상(YOUKU(優酷)), 핀테크(ANT Group(螞蟻集團)) 등 진출 영역이 광범위하다. 텐센트도 PC용 메신저인 QQ와 모바일용 메신저인 위챗(Wechat) 이외에 영상 플랫폼인 텅쉰스핀(騰訊視頻)을 운영중이다. 한편 검색엔진 업체인 바이두는 중국판 넷플릭스라 할 수 있는 동영상 플랫폼 아이치이(IQIYI)를 2012년 인수한 이후 운영하고 있다. 물론 미국의 경우에도 FANG(Facebook, Amazon, Netflix, Google)이 지배적인 플랫폼 기업이기는 하나 중국의 경우 그 집중도나 영향력이 더 크다고 할 수 있다. 이와 같은 상황에서는 고착(lock-in)효과가 나타날 수밖에 없다. 고착효과란 이미 투자된 비용이나 습관 때문에 더 나은 서비스나 제품이 등장해도 익숙해진 서비스를 계속 이용하는 현상을 의미한다. 중국의 페이스북이라 할 수 있는 텐센트의 SNS인 위챗(Wechat)의 경우 한 달 동안 해당 서비스를 이용한 사용자 수를 나타내는 월간 활성 사용자(MAU: Monthly Active User)의 수가 2020년 12억 명을 넘어섰다. 사실상 거의 모든 중국인들이 활발하게 이 앱을 사용하고 있다는 말이다. 텐센트는 이처럼 막대한 사용자를 배경으로 위챗을 이용한 각종 요금 납부 서비스 및 이체결제 등의 서비스도 제공하고 있다. 이와 같은 지배력을 바탕으로 텐센트의 매출은 2015년 17.5조 원(1,029억 위안)에서 2019년에는 63.5조 위안(3,733억 위안)으로 단 4년 만에 3.6배 성장

---

5) 티몰(T-mall, 天猫)은 B2C 전문 플랫폼으로 신뢰도가 더 높으며, 타오바오(Taobao, 淘寶)는 B2C 및 C2C를 포괄하는 플랫폼으로 판매 상품이 다양하지만 품질 차이가 크다는 단점이 있다는 평이다.

하였다.

두 번째는 중국의 플랫폼 기업들이 정부의 강력한 지지와 간여 속에서 발전해 왔다는 점이다. 플랫폼은 원래 '개방과 공유'라는 자유로움을 핵심가치로 성장한 새로운 소통방식이라는 점에서 이러한 특징은 플랫폼 경제와 어울리지 않는 조합이다. 그렇지만, 현재 중국이 가장 강력하게 플랫폼 경제를 이끌고 있는 상황이라는 역설 앞에서 정부와 시장에 대한 이분법적 구분을 재고해야 한다는 지적이 있다.[6] 이는 정부의 지원과 개입이 새로운 분야의 개척 및 혁신기업 성장에 도움이 될 수 있음을 의미한다. 특히 변화가 빠르고 불확실성이 큰 분야에서는 더욱 그러한 측면이 있다.

중국의 대표적인 메신저 서비스인 텐센트 위챗(Wechat)의 월간 활성 사용자(MAU: Monthly Active User) 수가 2020년 12억 명을 돌파했다. 위챗 모바일 게임 사용자 수도 5억 명을 넘어섰다.

마지막은 거대한 소비시장을 바탕으로 한 급격한 성장세를 들 수 있다. 중국 플랫폼 기업들은 중국 소비자들을 대상으로 빠르게 성장하여 중국이나 동남아 시장 등에서는 이미 상당 부분 미국 기업들을 위협하는 수준으로까지 변모하였다. 예를 들어 중국 최대 전자상거래 업체 알리바바는 매출액 기준의 글로벌 500기업 순위에서 2019년의 182위(561억 달러, 2018년 매출액)에서 2020년은 132위(732억 달러, 2019년 매출액)로 급상승하였다.[7] 물론 알리바바의 매출은 아직 세계 최대 온라

---

6) 민귀식, 서평 – 중국 플랫폼의 행동방식 <이승훈 지음, 와이즈베리>, 중국연구 제44권 제1호, 2020 봄.

인판매 업체인 아마존(Amazon)의 약 20% 수준이지만 시가총액은 40% 수준에 이르고 있다.[8] 최근 급격하게 성장한 중국의 OTT업체인 아이치이(IQIYI)의 2020년말 기준 유료가입자 수는 1.01억 명이다. 2015년의 107만 명에서 4년 만에 거의 열 배가 증가한 것이다. 이는 글로벌 OTT 강자인 넷플릭스 유료 가입자 수(2.04억 명, 2020년말 기준)의 절반 수준이기도 하다.[9]

그럼, 앞으로 중국의 플랫폼 경제는 어떻게 될까? 중국의 거대 플랫폼 기업들이 글로벌 기업으로 성장하여 미국 기업들과 자웅을 겨룰 수 있을까? 과연 중국의 플랫폼 경제가 양적인 성장에서 질적인 도약으로 순조롭게 이행할 수 있을까?

5G, 빅데이터, 인공지능 등에 대한 막대한 투자를 앞세워 중국이 플랫폼 경제의 성장과 영향력 확대를 위해 노력할 것임은 틀림없다. 또한 실제로 다양한 부문에서 혁신을 이끌고 있기도 하다. 알리바바의 타오바오 특가판(淘宝特价版) 등에서 운영중인 소비와 제조를 직접 연결하는 C2M(Customer to Manufacturer) 플랫폼이 대표적이다. 이는 유통과정을 생략하고 소비자와 중소 제조기업을 직접 연결하여 상품을 판매하는 방식이다. 즉, 기존에는 공장에서 만든 제품을 소비자에게 일방적으로 판매하는 방식이었다면 C2M은 고객 요구를 반영한 맞춤형 제품을 공장에서 만들어내는 방식이다. 이 방식은 유통 비용을 절약하며 소비자중심의 시장을 형성하게 만든다는 장점이 있다.[10]

---

7) Fortune, 2020 Fortune Global 500.
8) 2021년 4월 9일 기준으로 아마존 시가총액은 1.70조 달러, 알리바바는 0.66조 달러 수준이다.
9) 아이치이는 이미 한국 콘텐츠 업계의 큰 손으로 떠올랐으며, 2020년 상반기에만 한국 드라마 30여 편을 구입한 것으로 알려졌다(한겨레, NETFLIX 신한류 구세주인가 콘텐츠 포식자인가, 2020.12.1).
10) 2020년 3월 출시된 타오바오 특가판은 출시 6개월 만에 월간 활성 사용자 수가 5,000만 명을 넘어섰다(iResearch).

중국과 미국 주요 플랫폼 기업 비교

	온라인 쇼핑		SNS	
	알리바바 (阿里巴巴)	아마존 (amazon)	텐센트 (騰訊)	페이스북 (facebook)
설립	1999년	1994년	1998년	2004년
글로벌 기업 순위	132위	9위	197위	144위
매출	732억 달러	3,861억 달러	699억 달러	860억 달러
시가총액	0.66조 달러	1.70조 달러	0.75조 달러	0.89조 달러
직원	11.7만 명	79.8만 명	6.3만 명	4.5만 명

	검색 엔진		OTT	
	바이두 (百度)	구글 (Google)	아이치이 (愛奇藝)	넷플릭스 (Netflix)
설립	2000년	1997년	2007년	1997년
글로벌 기업 순위	–	29위	–	–
매출	164억 달러	1,825억 달러	46억 달러	250억 달러
시가총액	777억 달러	1.54조 달러	133억 달러	2,459억 달러
직원	4.2만 명	11.9만 명	0.8만 명	0.7만 명

* 1) 글로벌 기업 순위는 2020 Fortune Global 500 기준
  2) 매출은 2020년 기준. 단, 알리바바는 2019년
  3) 시가총액은 2021년 4월 9일 기준
자료: 각 기업 홈페이지, 2020 Fortune Global 500.

다만 현 단계에서 중국 플랫폼 기업들의 과제가 그리 쉬워 보이지는 않는다. 우선 반도체를 비롯한 기술 부문의 대외의존성은 중국의 플랫폼 경제가 안고 있는 가장 큰 취약점이다. 예를 들어 중국은 산업용 고급 센서의 80%, 고급 소프트웨어의 90%를 수입에 의존하고 있는 상황

이다.[11] 한편 중국경제와 사회의 폐쇄성을 감안할 때 중국 기업들이 혁신을 얼마나 지속적으로 추진해 나갈 수 있을지도 의문이다. 점점 영향력이 증대되고 있는 거대 플랫폼 기업들을 견제하기 위한 중국 정부의 최근 행보도 기업 입장에서는 대응하기 까다로운 문제라고 할 수 있다. 2020년 11월 초안을 발표하고 2021년 2월부터 실시하고 있는 '플랫폼 경제 반독점 지침[12]'이 대표적이다. 이 지침은 플랫폼 기업들의 시장지배적 지위 남용, 가격담합, 독과점 거래, 빅데이터와 알고리즘 기술을 이용한 경쟁 저해 행위 등을 규제하고 있다.

11) MERICS, China's digital platform economy: Assessing developments towards Industry 4.0, 2020.5.29.
12) 國家市場監督管理總局, 關于平台經濟領域的反壟斷指南, 2021.2.7.

우주산업

– 창어(嫦娥)와 아폴로(Apollo)

중국 고대 설화에서는 하늘에 떠 있는 달을, 창어(嫦娥, 항아)라는 선녀가 살고 있고 옥토끼가 절구질을 하는 공간으로 묘사하곤 했다. 중국 문학의 정수로 일컫는 당시(唐詩) 가운데 달(月)을 묘사하는 글들이 그렇게 많은 것도[1] 사람의 감정을 담아내고 투사하는 상징물로서 달이 지니는 독보적인 위상을 보여준다 하겠다. 1969년 아폴로(Apollo) 11호의 달 착륙[2]으로 선녀와 옥토끼가 없다는 것은 증명(?)이 되었지만 지금도 우리는 한가위 보름달을 보며 소원을 빌고 그리운 사람을 떠올리고는 한다.

중국은 2004년부터 달 탐사 프로그램인 창어프로젝트(嫦娥工程)를 실시하고 있다. 낭만의 상징이던 달이 이제는 탐사와 개발의 대상이 된 것이다. 이 프로젝트는 50여 년 전부터 추진중인 중국의 우주개발 산업의 일환이다.

그동안 중국은 우주강국이라는 꿈을 실현하기 위해 우주개발에 지속

---

1) 달(月) 이외에 많이 등장하는 단어는 술(酒), 이별(別), 꿈(夢) 등이다.
2) 미국은 아폴로 우주계획(1961~1972년)을 통해 총 여섯 차례에 걸쳐 달 착륙과 탐사를 진행하였다.

적으로 투자하면서 노력해 왔다. 1970년 첫 인공위성인 '동팡홍(東方紅) 1호' 발사를 성공시킨 게 시작이었다. 이는 러시아, 미국, 프랑스 및 일본에 이어 세계 다섯 번째로 자체 로켓을 이용한 자국산 위성발사 성공이었다. 이후 1984년 실험용 통신위성, 1988년 기상관측 위성, 1999년 첫 무인 우주선 발사에 성공하였다. 2003년에는 첫 유인 우주선인 선저우(神舟) 5호의 발사와 회수에 성공하였다. 당시 중국 최초 우주인이었던 양리웨이(楊利偉)는 우주에서 만리장성은 보이지 않는다는 고백(?)을 하여 많은 중국인들을 실망에 빠뜨린 바 있다.3) 또한 2008년 우주유영, 2011년 실험용 우주정거장과 무인 우주선과의 도킹에 이어 2013년에는 세계 세 번째로 달 탐사선 창어(嫦娥) 3호를 달에 착륙시켰다. 2019년에는 창어 4호가 미지의 영역으로 여겨지던 달 뒷면에 착륙하였다. 한편 2020년 7월에는 화상탐사선 톈원(天問) 1호 발사에 성공하였다.4) 순조롭게 운행하여 화성에 착륙할 경우 구소련 및 미국에 이어 중국은 세 번째의 화성 착륙 국가가 되는 셈이다. 또한 중국은 이미 로켓 발사와 관련하여 수많은 경험을 축적중이다. 2020년 7월 기준 중국의 로켓 발사 횟수는 368회에 이르며 발사 성공률도 90% 이상으로 알려져 있다.5) 한편 2020년 10월 현재 중국은 지금까지 총 여섯 차례의 유인 우주선을 발사해 14명의 우주인을 지구 밖으로 올려 보낸 경험이 있는 상황이다. 2020년 4월 현재 지구 위를 돌고 있는 인공위성은 2,666개인데, 이 중 중국은 미국에 이어 두 번째로 많은 356개의 인공위성을 운영중이다.

---

3) 우주에서 보이는 지구상의 유일한 인공 건축물이 만리장성이라는 언급은 대표적인 거짓말 중 하나이다.
4) 톈원 1호는 2021년 2월, 세계에서 여섯 번째로 화성궤도 진입에 성공하였으며 준비를 거쳐 6월 이후 화성 착륙을 시도한다는 계획이다.
5) KOSTEC, 중국의 우주개발 동향 및 시사점, Issue Report, Vol.09, 2020.8.

	미국	중국	러시아	영국	기타	전체
수(개)	1,308	356	167	130	705	2,666

자료: The Union of Concerned Scientists.

중국은 앞으로도 2022년에 우주정거장(space station)을 구축하고, 2030년 경 목성탐사선을 발사하는 등 2050년에는 세계를 주도하는 우주강국으로 올라선다는 야심찬 목표를 가지고 있다.[6]

이와 같은 중국의 우주개발 계획들은 중국을 우주개발의 선도국가로 도약시키겠다는 중국의 우주몽(宇宙夢, China Space Dream)이다. 이는 중화민족의 재도약과 부흥을 꿈꾸는 중국몽(中國夢, China Dream)의 일부이다. 이처럼 중국이 우주개발에 노력하는 배경에는 안보 및 경제적 이유가 있다.

중국은 2004년부터 달탐사 프로그램인 창어 프로젝트(嫦娥工程)를 실시하고 있다. 무인우주선은 이미 세 차례 달에 착륙하였으며, 2030년 전후로 유인우주선을 달에 보낸다는 계획이다.

우선 안보·전략적인 이유이다. G2국가로 대두한 중국은 다양한 방면에서 미국을 따라잡기 위해 노력중이다. 미국은 우주개발 분야에서도 단연 최정상 국가이다. 유인우주선 발사에서 우주정거장까지 40년이 걸린 미국의 사례에 비춰 볼 때 중국이 이 기간을 20여 년으로 단축하고 있는 것은 압축 고속성장 전략의 산물이라 할 수

---

6) KOSTEC(2020.8).

있다. 미국의 GPS(Global Positioning System)에 대항하여 중국이 자체적인 독자적 위성항법시스템[7]인 베이도우(北斗, Beidou)를 운용하고 있는 것도 미국의 영향력에서 벗어나려는 노력이다. 베이도우는 1978년 도입된 GPS보다 훨씬 늦은 1994년에야 개발이 시작되었지만 기술이 상당히 진전되었다는 평가를 받고 있다. 현재 베이도우 위성은 전 세계 195개국 수도 중 165개 도시 상공을 GPS 위성보다 더 짧은 주기로 통과하는 것으로 알려졌다. 이는 그만큼 더 자주 위치정보용 신호를 지상에 제공할 수 있다는 의미이다.[8] 이와 같은 발전에 힘입어 베이도우 항법시스템 관련 시장도 점점 확대중이다. 2019년 중국의 위성 항법 및 위치서비스 산업 매출액은 전년보다 14.4% 증가한 약 59조 원(3,450억 위안)에 이르렀다.[9]

나머지 하나는 경제적인 이유이다. 아직은 불확실성이 많고 현실성이 떨어진다고 하지만 달의 광물을 포함하여 우주 물질의 경제적 가치는 무궁무진한 것으로 알려져 있다. 예를 들어 중국은 에너지 부족 문제 해결을 위해 2050년까지는 우주 공간에 태양열 발전소(space-based solar power station)를 건립할 계획을 세우고 있다.[10] 또한 중국은 일대로 국가들을 중심으로 인공위성 완제품 수출 및 인공위성 상업 발사서비스를 제공하고 있다. 2019년 현재 중국이 그동안 여타국에

---

7) 글로벌 네비게이션 시스템이라고도 한다. 수신자가 지구에서 인공위성을 통해 수신자의 위치, 주변 지도 등의 정보를 전송받고 목적지로 가는 쉬운 경로 따위를 유추할 수 있도록 도와주는 시스템이다(위키백과). 현재 미국의 GPS와 중국의 베이도우 이외에 러시아의 글로나스(GLONASS)와 유럽연합의 갈릴레오(Galileo) 등 총 4개의 위성항법 시스템이 있다.

8) Nikkei, In 165 countries, China's Beidou eclipse American GPS, 2020.11.25, http://asia.nikkei.com.

9) 中国卫星导航定位协会, 2020中国卫星导航与位置服务产业发展白皮书, 2020.7. 한편 2016년 매출액이 36조 원(2,118억 위안)이었으니 단 3년 만에 60%가 넘게 성장한 셈이다.

10) Namrata Goswami, China in Space : Ambitions and Possible Conflicts, Strategic Studies Quarterly, Vol.12 No.1, JSTOR, 2018 Spring.

수출한 통신위성이 20여 개, 제
공한 상업 발사 횟수만 60여 회
에 이른다.[11] 2007년 나이지리
아(3.0억 달러), 2015년 라오스
(2.6억 달러), 2016년 벨라루스
(2.8억 달러) 등에 대한 통신위성
수출은 대표적인 사례들이다. 이
처럼 우주개발과 관련된 중국의
수출 통로를 옛날 비단길에 빗대
어 우주 비단길(Space Silk Road)
이라고도 부른다.

중국 우주산업의 핵심을 담당하고 있는 중국항천과기그룹(中国航天科技集团有限公司, China Aerospace Science and Technology Corporation)의 전신은 1956년 설립된 국방부 제5연구원이었다. 매출 39조 원(2,311억 위안, 2018년), 직원 수 18만 명에 이르는 거대 국유기업이다.

현재는 우주개발 경쟁과 관련
하여 미국이 한참 앞서 있는 상
황이다. 예를 들어 2021년 2월
현재 중국은 이제 막 화성궤도 진입에 성공하여 착륙을 시도중인데 반
해 미국은 이미 화성에서 두 대의 탐사로봇을 운영중인 상황이기 때문
이다.[12] 다만 중국의 국가적인 차원의 대규모 투자와 열정 등을 감안
할 때, 과거 미국과 구소련간 치열한 우주개발 경쟁이 벌어졌듯이 앞으
로 우주공간을 두고 미국과 중국간 새로운 형태의 갈등과 경쟁이 발생
할 수 있겠다는 생각이 든다.

11) USCC, China's Ambitions in Space: Connecting the Final Frontier, US-China
    Economic and Security Review Commission, 2019
12) 화성궤도 진입도 물론 어려운 일이지만 착륙은 훨씬 더 까다로운 작업으로 알려
    져 있다. 미국은 그동안 다섯 대의 탐사로봇을 화성에 착륙시킨 바 있으며,
    2021년 4월 현재, 2012년에 착륙시킨 큐리어시티(Curiosity)와 2021년에 착륙시
    킨 퍼서비어런스(Perseverance)를 운영중이다.

중국의 우주개발 과정

	내용	특이 사항
1970	첫 인공위성 동팡홍(東方紅) 1호 발사	세계 다섯 번째
1984	첫 실험용 통신위성 발사	
1988	첫 기상관측 위성 펑윈(風雲) 발사	
1999	첫 무인 우주선 선저우(神舟) 1호 발사	
2003	첫 유인 우주선 선저우(神舟) 5호 발사	최초 우주인 양리웨이(楊利偉)
2007	달 탐사선 창어(嫦娥) 1호 달 선회궤도 진입	
2008	선저우(神舟) 7호 첫 우주 유영	
2011	실험용 우주정거장과 무인 우주선 도킹	
2013	달 탐사선 창어(嫦娥) 3호 달 착륙	세계 세 번째
2019	달 탐사선 창어(嫦娥) 4호 달 뒷면 착륙	세계 최초
2020	화상탐사선 톈원(天問) 1호 발사, 화성 궤도 진입	화성 착륙 성공시 세계 세 번째
2020	창어(嫦娥) 5호 달 착륙 후 시료 채취	
2022(계획)	우주정거장 톈궁(天宮)구축	우주인 상주 목표

자료: 언론보도자료 종합.

참고문헌

■ 단행본

고희영, 다큐멘터리 차이나, 나남, 2014
그레이엄 앨리슨, 예정된 전쟁-미국과 중국의 패권 경쟁, 그리고 한반도의
　　운명, 세종서적, 2018
김능우 등, 중국 개항도시를 걷다-소통과 충돌의 공간, 광주에서 상해까지,
　　현암사, 2013.5
김병수, 마음의 사생활, 인물과 사상사, 2016
김성곤, 김성곤의 중국한시기행, 김영사, 2021
김언종, 한자의 뿌리 1, 문학동네, 2001
　　　, 한자의 뿌리 2, 문학동네, 2001
댄 존스 & 마리나 아마랄, 역사의 책-이토록 컬러풀한 세계사, 윌북, 2019
로버트 그린, 인간 본성의 법칙, 위즈덤하우스, 2019
마이클 센델, 공정하다는 착각, 와이즈베리, 2020
　　　　　, 돈으로 살 수 없는 것들, ㈜미래엔, 2012
마크 포사이스, 걸어다니는 어원사전, ㈜윌북, 2020
말콤 글래드웰, 타인의 해석, 김영사, 2020
메리 셸리, 프랑켄슈타인, 문학동네, 2012
민은기, 난생처음 한 번 들어보는 클래식 수업4-헨델 멈출 수 없는 노래,
　　㈜사회평론, 2020
설혜심, 소비의 역사-지금껏 아무도 주목하지 않은'소비하는 인간'의 역사,
　　휴머니스트, 2017
스콧 릴리언펠드 외, 유혹하는 심리학, 타임북스, 2010
신정환·전용갑, 두 개의 스페인, 한국외국어대학교 지식출판콘텐츠원, 2020
윤덕노, 음식으로 읽는 중국사, 더난출판, 2019
조너선 와이너, 핀치의 부리, 동아시아, 2017
조너선 펜비, 장제스 평전, 민음사, 2019
조성준, 세상을 읽는 새로운 언어 빅데이터, 21세기 북스, 2019

조영남, 중국의 엘리트 정치, 민음사, 2019

주영하, 백년 식사-대한제국 서양식 만찬부터 K-푸드까지, ㈜휴머니스트 출판그룹, 2020

정재훈, 생각하는 식탁, 다른 세상, 2014

주경철, 대항해시대, 서울대학교 출판부, 2008

지야 통, 리얼리티 버블, 코쿤북스, 2021

키트 예이츠, 수학으로 생각하는 힘, 웅진지식하우스, 2020

팀 스펙터, 다이어트 신화-우리가 먹는 음식 음식 뒤에 숨어 있는 진짜 과학(Diet Myth), 서커스출판상회, 2019

한국은행, 경제금융용어 700선, 2018

한재현, 쉽게 배우는 중국경제, 박영사, 2020

홍윤기·김준연·권운영, 문화를 잇다 중국을 짓다, 도서출판 뿌리와 이파리, 2019

■ 보고서

권홍매, 중국 반려동물 수요 지속 증가로 의료산업도 초록불, KOTRA 중국시장 주간뉴스 701호, 2020.9.11

금융결제원, 중국의 CBDC 발행 추진 동향, KFTC 지급결제동향 제297호, 2019.9

김민수, 세계 곡물수급 동향 및 전망, 해외곡물시장 동향, 한국농촌경제연구원, 2020.6

김성애, 중국 12월 1일부 '수출통제법' 시행, KOTRA 중국시장 주간뉴스 제705호, 2020.10.23

김수경, 감염병·이념·제노포비아: '코로나19'의 정치화와 반중(反中) 현상, 다문화와 평화 제14집 1호, 2020

김우주, 신종인수공통전염병의 출현 전망과 대응 전략, 고려의대 감염내과, 2016년 대한인수공통전염병학회 춘계학술대회, 2016

김자봉, 플랫폼의 금융중개 효율성 제고 효과와 규제감독 과제: 아마존 사례를 중심으로, 금주의 논단, 금융브리프 28권 21호, 한국금융연구원, 2019.10.26~11.08

김진희·최명철, 중국혁신의 아이콘 화웨이의 발전과정 연구, 경영사연구 제

34집 제3호, 2019.8.31

김혜진·이정민, 외교적 갈등이 경제에 미치는 영향(The Economic Costs of Diplomatic Conflict), BOK 경제연구, 2020-25, 2020.11.26

노은영, 중국 비은행 지급결제기관의 모바일결제에 관한 규제 연구, 금융법연구 제16권 제3호, 2019

_____, 중국의 인터넷금융 감독 법제에 관한 소고, 증권법연구 제16권 제2호, 2015

농림축산식품부, 2019년 동물보호 국민의식 조사, 2020.4.29

류빈, 중국에 부는 라면 열풍, 라면 전문식당도 유행, KOTRA 중국시장뉴스, 2019.11.28

민귀식, 서평 - 중국 플랫폼의 행동방식 <이승훈 지음, 와이즈베리>, 중국연구 제44권 제1호, 2020 봄

손창우, 한·중·일 배터리 삼국지와 우리의 과제, IIT Trade Focus, 한국무역협회, 2020년 31호

연원호 등, 첨단기술을 둘러싼 미중간 패권 경쟁 분석, KIEP 오늘의 세계경제, Vol.20, No.18, 2020.6.24.

오유진 등, 코로나19 發, 글로벌 밸류 체인(GVC)의 충격과 한국 산업의 리밸런싱 방향, 하나은행 하나금융경영연구소, 2020.12.9

우샤오롱·김병재, 공유경제 성과에 영향을 미치는 서비스 요인과 소비자 요인에 관한 연구- 중국 공유자전거 시장을 중심으로, 한국항공경영학회지 제17권 제1호, 2019.2

윤경우, 코로나19로 촉진된 글로벌 대변혁과 중국의 디지털 전환 가속화, 중국지식네트워크, 2020.6

윤동환, 그린스완의 출현과 시사점, KDB미래전략연구소 미래전략개발부 Weekly KDB Report, 2020.8.10

이보미, 빅테크의 금융업 진출 현황 및 시사점, 금융 포커스, 금융브리프 29권 01호, 한국금융연구원, 2019.12.21 ~ 2020.1.3

이상현, 코로나19 이후 미중 패권 경쟁 전망과 한국의 대응, KDI 북한경제리뷰 동향과 분석, 2020.8

이석현, 중국의 재해·재난 연구와 '재난인문학', 인문학연구 제59집, 2019.2.24

이선형, 박나연, 최근 호주·중국 갈등 관계의 주요 내용과 시사점, KIEP 세계경제 포커스 Vol. 3 No.38, 2020.12.30

이승호, 중앙은행 디지털화폐(CBCD)의 의의, 영향 및 시사점, 자본시장포커

스 2021-03호, 한국자본시장연구원, 2021.1.19.～2.1

_____, 홍콩 페그제 환율의 안정성과 금융허브 위상, 자본시장포커스 2020-18호, 한국자본시장연구원, 2020.8.4～8.17

이유진, 세계 소비재시장 잠재력 분석 및 우리나라 수출 경쟁력 현황, IIT Trade Focus, 2019년 36호, 한국무역협회, 2019.10

이현태·서봉교·조고운, 중국 모바일 결제 플랫폼의 발전과 시사점: 알리바바 사례를 중심으로, KIEP 연구자료 18-04, 2018.12

이현태·정도숙, 포스트 코로나시대 중국의 글로벌가치사슬 변화 전망과 시사점, 중국지식네트워크, 2020.6

이희옥, 미중관계의 대전환과 중국의 전략적 대응, KDI 북한경제리뷰, 2020.8

정환우 등, 중국의 전자상거래 시장 현황과 진출 방안, KOTRA자료 19-071, 2019.12

조고운, 최근 중국의 금융시장 개방 추진 현황 및 평가, KIEP 기초자료 19-20, 2019.11.20

천병철, 인수공통전염병의 역학적 특성과 생태학적 이해, 한국농촌의학회지, 제26권 제1호, 2001

천천(陣晨), 공유자전거 사례로 본 중국 공유경제의 문제, 성균중국연구소, 2019

최계영, 미·중 ICT 기술패권 경쟁과 상호의존성의 무기화, KISDI Premium Report 19-05, 정보통신정책연구원, 2019.9

최문정·김명현, 코로나19 팬데믹의 글로벌 가치사슬에 대한 영향 및 시사점, BOK 이슈노트, 제2010-10호, 2020.8

한국무역협회, GVC 구조 변화 동향 및 코로나19 영향(발표자료), 2020

_____, 2001～2018 북한 무역 10대 국가와 품목 추이 및 시사점, 2019.12.2.

한국은행, 경제전망보고서, 2021.2.25

_____, 중앙은행 디지털화폐, 2019.1

_____, 2020년 결제통화별 수출입, 보도자료, 2021.4.22

한국중화총상회·한국부울경중화총상회, 華商, 2020 한·세계화상 비즈니스 위크, 2020.11.12

한려화, 격화되는 중국 커피시장의 새로운 소비 트렌드는?, 한국무역협회 창 사무역관, 2020.9.11

홍지연, 글로벌 빅테크에 대한 규제 강화 추세, 자본시장포커스 2021-02호, 한국자본시장연구원, 2021.1.5.~1.18

KOSTEC, 중국의 우주개발 동향 및 시사점, Issue Report, Vol.09, 2020.8

KIEP 북경사무소, 중국 공유경제의 발전 현황과 향후 전망, KIEP 북경사무소 브리핑, 2019.6.3.

KITA, 2020년 북한-중국 무역동향과 시사점, KITA 남북경협 리포트 2021 Vol.1, 2021.2

KOTRA, KOTRA 해외시장뉴스, 꾸준히 성장 중인 중국 반려동물 식품시장, 2020.12.29

_____, KOTRA 해외시장뉴스, 중국 반려동물 수요 지속 증가로 의료산업도 초록불, 2020.9.11

狗民网, 2015 中國寵物主人消費行爲調査報告, 2015.11.6

國家衛健委, 2020中國居民營養與慢性病狀況報告, 2020.12.23

艾媒网, 2020年中国母嬰行业市場規模及母嬰用品消費情況分析, 2021.1.15

艾媒咨询, 2020中国人群经济调研及分析报告, 2020.11.20

雲南省咖啡行業協會, 2019年雲南省咖啡産業發展報告, 2020.6.11.

全球華智庫, 世界華商發展報告2019, 2020.8

中國僑聯工作, 華僑華人與中國改革開放40年, 2028.12.21

中國企業聯合會 & 中國企業家協會, 2020年中國500强企業分析報告, 2020.9.28

中国旅游研究院, 2019中国夜间经济发展报告, 2019.11.16

中國社會科學院 世界社保研究中心, 中国养老精算报告2019-2050, 2019.4.10

中国卫星导航定位协会, 2020中国卫星导航与位置服务产业发展白皮书, 2020.7

中國銀保監會, 中國影子銀行報告, 金融監管研究 2020年第11期, 2020.12.4

中國人民銀行, 央行金融機構評級結果分析, 中國金融穩定報告(2020), 2020.11.6

_____, 2020年第三季度支付体系运行总体情况, 2020.11.27

封進, 人口高齡化, 社會保障及對勞動力市場的影響, China Economic Studies, No.5, 2019.9

华创证券,房地产及产业链对GDP的影响分析：大比重却小贡献，弱市下维稳为先, 2017.1

iiMedia Research, 2019~2022年 中國夜間經濟産業發展趨勢與 消費行爲研究報告, 2019.8.12

Mob研究院, 2020 她經濟 研究報告, 2020.3.9

Bain & Company · China Merchants Bank, China Private Wealth Report, China's Private Banking Industry: Back to Basics, 2019.10

BIS, BigTech and the changing structure of financial intermediation, 2019

___, Ready, steady, go? – Results of the third BIS survey on central bank digital currency, BIS Papers No 114, 2021.1

B. Jones & J. Bowman, China's Evolving Monetary Policy Framework in International Context, Research Discussion Paper, RDP 2019-11, Reserve Bank of Australia, 2019

Corinne Le Quéré, et al., Temporary reduction in daily global CO2 emissions during the COVID-19 forced confinement, Nature Climate Change, 2020.5

Council on Foreign Relations, China's Environmental Health crisis, 2016.1

Credit Suisse, Global Wealth Databook 2019, 2019.10

D.E. Bloom, M. Kuhn, K.Prettner, Modern Infectious Disease: Macroeconomic Impacts and Policy Responses, NBER Working Paper 27757, NBER, 2020.8

D.S. Hamermesh & J.E. Biddle, Beauty and the Labor Market, NBER Working Paper No.4518, 1993.11

Fan. Y., Central Bank's Digital Currency: A Few Consideration, 2018.1.25

G. Hale & S. Leduc, COVID-19 and CO2, FRBSF Economic Letter, 2020-18, 2020.7.6

Gulio Cornelli, etc., Fintech and big tech credit : a new database, BIS Working Papers No.887, BIS, 2020.9

Hyun Song Shin, Big Tech in finance:opportunities and risks, BIS speech, 2019

Ivar Kolstad, Too big to fault? Effects of the 2010 Nobel Peace Prize on Norwegian exports to China and foreign policy, CMI Working Paper, 2016.3

J. Fernald, I. Malkin, and M. Spiegel, On the Reliability of Chinese Output Figures, FRBSF Economic Letter, 2013.3

Jieli Lu, et al., Curbing the obesity epidemic in China, The Lancet Diabetes & Endocrinology, Volume 4, Issue 6, 2016.6.1

L. Gauvin & C.C.Rebillard, Towards recoupling? Assessing the global impact of a Chinese hard landing through trade and commodity price channels, wileyonlinelibrary.com/journal/twec, 2018.3

McKinsey & Company, China consumer report 2020, 2019.12

McKinsey Global Institute, China and the world-Inside the dynamics of a changing relationship, 2019.7

MERICS, China's digital platform economy: Assessing developments towards Industry 4.0, 2020.5.29

_____, Resilience and decoupling in the era of great power competition, China Monitor, 2020.8.20

Namrata Goswami, China in Space : Ambitions and Possible Conflicts, Strategic Studies Quarterly, Vol.12 No.1, JSTOR, 2018

Patrick BOLTON et al., The green swan- Central banking and financial stability in the age of climate change, BIS, 2020.1

Shaomin Li, The Relocation of Supply Chains from China and the Impact on the Chinese Economy, China Leadership Monitor Issue 62, 2019

Sherman Robinson and Karen Thierfelder, US-China Trade War: Both Countries Lose, World Markets Adjust, Others Gain, Policy Brief 19-17, PIIE, 2019.11

Steve Loughnan et al, Economic Inequality Is Linked to Biased Self-Perception, Psychological Science, September 2011

Surveillance Studies Centre, Surveillance Capitalism: An Interview with Shoshana Zuboff, Surveillance & Society 17, Queen's University, Canada, 2019

Thomas G.Rawski, What is happening to China's GDP statistics?, China Economic Review 12, 2001

UN, 2020 World Happiness Report, 2021.1

USCC, China's Ambitions in Space: Connecting the Final Frontier, US-China Economic and Security Review Commission, 2019

USDA Livestock and Poultry: World Markets and Trade, 2020.10

WEF, Global Competitiveness Report 2019, 2019.10.8

_____, Global Gender Gap Report 2020, 2019.12.16.

World Bank, China 2030 : Building a modern, harmonious, and creative high-income society, 2013

_____, Doing Business 2020, Comparing Business Regulation in 190 Economies, 2019.10.24

World Bank Group & Development Research Center of the State Council, PRC, Innovative China, 2019.9

World Bank Group, Obesity: Health and Economic Consequences of an Impending Global Challenge, 2020.1

WTO, Trade in Medical Goods in the context of tackling COVID-19, 2020.3.3

X.Y. Dong & V.M. Joffre, Inclusive Growth in the People's Republic of China, ADB East Asia Working Paper Series No.23, 2019.11

■ 신문, 잡지 및 기타

뉴스핌, 최헌규 특파원의 금일 중국 – 지구전엔 총알보다 쌀, 신냉전에 전략 물자가 된 식량, 2020.8.20

서울경제, 신년 해외 특별 인터뷰-세계적 경제사학자 니얼 퍼거슨 교수, "냉전시대 핵무기 경쟁하듯-미·중 반도체 전쟁 계속될 것", 2020.12.30

서울신문, 중국식 경제보복의 칼 – 13억명 인도의 '한중령', 2020.7.9.

통계청, 2020년 출생·사망 통계 잠정 결과, 2021.2.24

한겨레, 누가 주윤발조차 침묵하게 했는가, 한겨레 아카이브 프로젝트 시간의 극장 제15화 홍콩, 2020.9.7

_____, 박노자의 한국, 안과 밖, '혐중'을 넘어: 균형 잡힌 중국관을 위해서, 2020.9.16

_____, 박민희의 시진핑 시대 열전 11 – 디지털 법가, 감시 자본주의 신세계를 열다, 2020.11.25

_____, 박민희의 시진핑 시대 열전 12 – 마윈, 빅데이터로 국가에 맞선 돈키호테?, 2020.12.9

_____, 박민희의 시진핑 시대 열전 13 – 화웨이의 대장정, '불균질하게' 갈라지는 세계, 한겨레, 2020.12.23

_____, 호주 몰아붙이는 중국 – 중, 호주 화인까지 무역보복 – 미 동맹국에 사전경고 보내나, 2020.12.8

_____, NETFLIX 신한류 구세주인가 콘텐츠 포식자인가, 2020.12.1.

한국일보, 경제는 큐코노미 체제, 사회는 코로나 카스트…, 2020.8.6

_____, 기획 Deep Wide, 화웨이, 트럼프 아닌 美의 문제 바이든 시대 와
도 갈등 계속된다, 2020.8.27

_____, 박성진-한문 성경 번역의 유려함, '利盡天下', 2020.12.22

_____, "에어비앤비 빈방이 없다" - 코로나 호황 누리는 '공유경제의 역
설', 2020.11.24

_____, K 드라마에 차이나머니가 파고든다-한한령 속 중국 자본 유입의
명암, 2021.1.11

经济观察网, 社会保险制度实行以来三项社会保险基金首次出现收不抵支, 2021.
1.26

国家发展改革委, 关于进一步完善社会救助和保障标准与物价上涨挂钩联动机制
的通知, 2016.8.22.

_____, 缓解生猪市场价格周期性波动调控预案, 2012.5.11

國家市場監督管理總局, 關於平台經濟領域的反壟斷指南, 2021.2.7

國家衛健委, 2020中國居民榮養與慢性病狀況報告, 2020.12.23.

国务院, 關於鼓励华侨和香港澳门同胞投资的规定, 1990.8.19

_____, 關於堅決制止耕地"非農化"行爲的通知, 2020.9.10

_____, 關於防止耕地"非糧化"穩定糧食生産的意見, 2020.11.17

_____, 關於华侨投资优惠的暂行规定的通知, 1985.4.2

_____, 新能源汽车产业发展规(2021-2035), 2020.11.2

_____, 排污许可管理条例, 2020.12.9

每日财经讯, 彩妆品牌生必看：美柚独家揭秘消费者的五大特点, 2021.1.3

新浪財經, 中國人的生育意願比日韓更低, 2019.12.19

_____, 2020年能否稳住房地产, 2019.12.23

新華財經, 黃益平 - 未來30年中國經濟將面臨哪些挑戰?, 2019.12.18

李迅雷, 2020年能否稳住房地产, 新浪財經, 2019.12.23

人民網, 习近平：中国肯定要迈过"中等收入陷阱", 2014.11.11

中国国家统计局, 第六次全国人口普查, 2011.4.28

_____, 中国妇女发展纲要(2011—2020年), 2019.12.11

_____, 中國統計年鑒 2019

_____, 中國統計年鑒 2020

中國人民銀行, 非银行支付机构条例(征求意见稿), 2021.1.20

_____, 中國人民銀行公告 [2020]第18號, 2020.12.9.

中国人民银行·中国银行保险监督管理委员會, 于建立银行业金融机构房地产贷
款集中度管理制度的通知, 2020.12.31

_____, 網絡少額貸款業務管理暫行辦法,
2020.11.2

Fortune, Fortune Global 500, 2020.7

Global Times, China's growing singleton population brings boom in'lonely
economy', 2019.9.18

H. Brands and J. Sullivan, China has two paths to global domination,
http://Foreign Policy.com, 2020.5.22

Nikkei, In 165 countries, China's Beidou eclipse American GPS, 2020.11.25.

NSF, Survey of Earned Doctorate, 2020

Pew, Unfavorable Views of China Reach Historic Highs in Many Countries,
2020.10.6

The Diplomat, What do Chinese people think of developed countries,
2020.12.18

The Economist, Heroic, expendable, 2019.11.30

_____, Poles apart, 2020.1.4

_____, The real deal-Can China's reported growth be trusted?,
2020.10.15

The Times, Woman Power: The Rise of the Sheconomy, 2010.11.20

The Wall Street Journal, State Support Helped Fuel Huawei's Global Rise,
2019.12.25

■ 이미지 출처

홈페이지

화웨이(28페이지) : www.huawei.com

캉스푸(140페이지) : www.masterkong.com

전국인민대표대회(240페이지) : www.npc.gov.cn

이미지 사이트 Flicker

타이베이 세계금융센터(113페이지) : Jorge Lascar,
  www.flickr.com/photos/8721758@N06/4551391511
홍콩(124페이지) : kudumomo,
  www.flickr.com/photos/9751325@N02/6013643260
중국 전통 결혼식(134페이지) : hanfulove,
  www.flickr.com/photos/97396721@N08/9018330404
농민공(221페이지) : Lindsay Maizland,
  www.flickr.com/photos/lindsaymaizland/9635216333/in/photostream/
충칭(233페이지) : Jay Huang,
  www.flickr.com/photos/50663863@N02/49458737587/

기타 나머지 이미지는 구글 크리에이티브 커먼즈 라이선스(CCL)에서 가져온
것으로, 다음에 언급되지 않은 것은 퍼블릭 도메인임

농민공(59페이지) : 枫彩, Creative Commons Attribution 2.5 China Mainland
공유자전거(75페이지) : Ctny, Creative Commons Attribution-Share Alike 4.0
  International
간체자(95페이지) : Jun Chen, MD, Creative Commons Attribution 4.0
  International
마오안잉(105페이지) : Salam i yéyo, Creative Commons Attribution-Share
  Alike 4.0 International
북한(108페이지) : Roman Harak, Creative Commons Attribution-Share Alike
  2.0 Generic
덩샤오핑(171페이지) : Dutch National Archives, The Hague, Fotocollectie
  Algemeen Nederlands Persbureau (ANEFO), 1945-1989
쉬코노미(276페이지) : Suzy Hazelwood, Creative Commons CC0
리장(280페이지) : ping lin,
  https://web.archive.org/web/20161020063211/http://www.panoramio.co
  m/photo/56468664

저자약력

한재현(韓在賢)

서울대 경영학과 졸업
서울대 행정학 석사
중국 대외경제무역대 경제학 석사
한양대 경제학 박사

한국은행 기획국·총무국 조사역
한국은행 금융안정국·북경사무소 과장
한국은행 조사국 중국경제팀 팀장
현 한국은행 전북본부 기획조사팀 팀장

저서 '쉽게 배우는 중국경제'(2020)

중국경제산책 - 중국경제에 대한 오해와 진실, 그리고 전망

초판발행	2021년 5월 20일
중판발행	2022년 4월 8일
지은이	한재현
펴낸이	안종만·안상준
편 집	우석진
기획/마케팅	정연환
표지디자인	벤스토리
제 작	고철민·조영환
펴낸곳	(주) **박영사**
	서울특별시 금천구 가산디지털2로 53, 210호(가산동, 한라시그마밸리)
	등록 1959. 3. 11. 제300-1959-1호(倫)
전 화	02)733-6771
f a x	02)736-4818
e-mail	pys@pybook.co.kr
homepage	www.pybook.co.kr
ISBN	979-11-303-1273-6 03320

copyright©한재현, 2021, Printed in Korea

정 가   16,000원